GLORIFICATION RELIGIEUSE

DE

CHRISTOPHE COLOMB

OUVRAGES DU MÊME AUTEUR

Écrin de Notre-Dame de Lourdes, contenant l'historique des apparitions, un Mois de Marie, le Rosaire médité, etc. Ouvrage approuvé par LL. EE. les cardinaux Donnet et Pie, par NN. SS. les archevêques et évêques de Chambéry, Toulouse, Brindizi, Ajaccio, Vannes, Nevers, etc. Un joli vol. elzévirien, 2ᵉ édition (Palmé) . . . . **2 fr.**

Trente jours à la campagne, ou le Salut par la nature (Palmé), 5ᵉ édition . . . . **3 fr.**

« ... Nous venons de lire *Trente jours à la campagne*, et cette « lecture nous a charmé. M. l'abbé *Casabianca* a déployé une grande « habileté dans l'application de sa méthode : de plus, il a tiré un « excellent parti des Saintes Écritures. Son livre a de brillantes « qualités et réunit à une gravité toute chrétienne les charmes de « la sainte poésie... »

(L'Univers.)

« M. l'abbé *Casabianca* a étudié sous ses divers aspects la na « ture qui, selon son expression, « n'est que l'alphabet du grand « livre écrit dans les cieux ». Il a soulevé le voile mystérieux qui « recouvre toutes les créatures ; il a montré qu'il existe, entre « elles et nous, des yeux qui voient, des oreilles qui entendent, « des voix qui parlent et des exemples qui édifient... Comme on le « voit, l'idée est aussi élevée, aussi profonde qu'originale : il fallait « un grand talent d'analyse, beaucoup d'érudition pour lui donner « tout son développement. M. Casabianca s'est montré à la hauteur « de la tâche entreprise... »

(Le Monde.)

Le Prêtre en voyage. Cet ouvrage renferme tout ce dont un ecclésiastique a besoin en voyage pour ses devoirs religieux, tel que : Prières diverses, Méditations, Lectures spirituelles, *Preces ante et post missam*, *Excerpta e Novo Testamento et Imitatione Christi*, Sujets d'examen particulier, etc, etc. (Palmé). . . **2 fr.**

Le Berceau de Christophe Colomb et la Corse (Weller). **1 fr. 50**

Le Berceau de Christophe Colomb devant l'Institut et l'opinion publique. . . . . **2 fr.**

Saint François d'Assise. . . . . **1 fr.**

L'ambassadeur Pozzo Di Borgo.

ANGERS, IMP. BURDIN ET Cⁱᵉ RUE GARNIER, 4.

GLORIFICATION RELIGIEUSE

DE

CHRISTOPHE COLOMB

PAR

L'ABBÉ CASABIANCA

SECOND VICAIRE DE SAINT-FERDINAND-DES-TERNES-PARIS
CHANOINE HONORAIRE DE FRÉJUS ET DE LORETTE
MEMBRE DE LA SOCIÉTÉ DES ÉTUDES HISTORIQUES
MEMBRE DE L'ACADÉMIE DES ARCADES DE ROME, ETC.

« Le trait éminemment distinctif de Christophe Colomb, c'est qu'en sillonnant les surfaces immenses de l'Océan, il avait pour but principal, conformément aux desseins de la Providence, dont il était l'instrument conscient, d'ouvrir les voies à l'Evangile dans les nouvelles terres et à travers de nouvelles mers....

« En conséquence, pour célébrer dignement et conformément à la vérité, les fêtes en l'honneur de Christophe Colomb, la Sainteté de la Religion doit s'ajouter aux honneurs des solennités civiles. » (Léon XIII, Encyclique sur Chr. Colomb. *Quarto abeunte sæculo*, 16 juillet 1892.)

PARIS

LIBRAIRIE CH. POUSSIELGUE

RUE CASSETTE, 15

—

1892

GLORIFICATION RELIGIEUSE

DE

CHRISTOPHE COLOMB

PAR

L'ABBÉ CASABIANCA

SECOND VICAIRE DE SAINT-FERDINAND-DES-TERNES-PARIS
CHANOINE HONORAIRE DE FRÉJUS ET DE LORETTE
MEMBRE DE LA SOCIÉTÉ DES ÉTUDES HISTORIQUES
MEMBRE DE L'ACADÉMIE DES ARCADES DE ROME, ETC.

> « Le trait éminemment distinctif de Christophe Colomb, c'est qu'en sillonnant les surfaces immenses de l'Océan, il avait pour but principal, conformément aux desseins de la Providence, dont il était l'instrument conscient, d'ouvrir les voies à l'Evangile dans les nouvelles terres et à travers de nouvelles mers....
>
> « En conséquence, pour célébrer dignement et conformément à la vérité, les fêtes en l'honneur de Christophe Colomb, la Sainteté de la Religion doit s'ajouter aux honneurs des solennités civiles. » (Léon XIII, Encyclique sur Chr. Colomb. *Quarto abeunte sæculo*, 16 juillet 1892.)

PARIS

LIBRAIRIE CH. POUSSIELGUE

RUE CASSETTE, 15

—

1892

DÉCLARATION DE L'AUTEUR

En parlant, dans cet ouvrage, des miracles et de la sainteté de Christophe Colomb, nous n'entendons nullement préjuger le jugement infaillible de Notre Sainte Mère l'Église, à laquelle nous demeurons respectueusement soumis. Nous déclarons vouloir nous conformer rigoureusement aux décrets d'Urbain VIII et de Benoit XIV.

GLORIFICATION RELIGIEUSE

DE

CHRISTOPHE COLOMB

INTRODUCTION

L'année 1892 marquera dans les annales de l'histoire la réparation tardive, mais nécessaire, due à la mémoire de Christophe Colomb et la consécration de sa gloire. Les haines, les calomnies et les persécutions dont on l'a accablé ; les humiliations, les outrages et les amertumes dont on l'a abreuvé ; les dérisions, les moqueries et les sarcasmes dont on l'a poursuivi ; l'abandon, la misère et la faim dans lesquels on l'a plongé ; les chaînes dont on l'a chargé ; la gloire, en un mot, qu'on lui a ravie ; toutes ces injustices, ces vilenies, ces trahisons et ces monstruosités excitent et provoquent aujourd'hui autant de réprobation, de blâme et d'indignation qu'elles avaient, il y a quatre cents ans, déchaîné de joie féroce, trouvé d'auteurs iniques, de dupes complaisantes, d'odieux complices et de lâches approbateurs.

L'histoire, cette généreuse restauratrice du mérite outragé, avec la sereine et loyale impartialité qui la caractérise, ayant dégagé cette imposante figure des obscurités et des humiliants abaissements où l'avaient plongée d'aveugles passions, de mesquins préjugés et d'inavouables instincts, nous la montre dans sa beauté vraie, dans son éclat radieux, dans l'auréole d'une gloire impérissable, et la place sur un piédestal dont la base granitique écrase la perfidie de ses abhorrés détracteurs.

Après avoir flétri, stigmatisé et voué à l'abomination l'astucieuse hypocrisie de Ferdinand, la trahison de Roldan, l'ingratitude d'Aguado, la félonie des Porras, la cruauté de Bobadilla [1] et l'inqualifiable conduite de tous ceux qui se sont acharnés à ternir

---

1. Malgré les injustices et les torts indéniables de plusieurs de ses enfants contre la personne de Christophe Colomb, l'Espagne n'en mérite pas moins la reconnaissance, l'admiration et les louanges de la Religion et de l'Église pour avoir seule, entre les puissances catholiques, cru et acquiescé au projet du Ligurien, et mis à sa disposition, pour le faire aboutir, son or, ses caravelles, ses marins et son influence.

Oui, redisons-le bien haut : c'est la chrétienne, la généreuse, la chevaleresque Espagne qui, après s'être illustrée dans ses luttes séculaires et mémorables contre les Maures et pour la conservation de sa foi antique, a eu l'honneur et la gloire de tracer la première voie aux envoyés du Ciel vers des régions inconnues ; de planter la première croix sur le sol indien ; d'y proclamer pour la première fois le nom du vrai Dieu ; d'y jeter les premières semences de l'Évangile, de transformer en un mot des sauvages en civilisés, des païens en chrétiens. Aussi est-ce avec raison, que notre glorieux Léon XIII, dans sa magnifique Encyclique sur Christophe Colomb, salue en première ligne, avant la brillante Amérique fille de l'amiral et l'heureuse Italie sa mère, la noble et courageuse Espagne, sa patrie adoptive.

son nom et à déshonorer sa mémoire, l'histoire s'empare de l'illustre navigateur et, sur les ossements humiliés de ses ennemis, elle le montre au monde qui l'a vu naître et à celui auquel il a donné le jour pour leur dire : Voici un grand homme, un fier génie, un héros incomparable ; il est votre œuvre, il demeurera votre gloire ! saluez-le avec respect, regardez-le avec admiration, aimez-le avec enthousiasme !

Ébloui et comme fasciné par cette brillante figure, le XIXe siècle, qui tient à donner des bases solides à sa foi, de lumineux motifs à son adhésion, de la réflexion et de la maturité à son enthousiasme, le XIXe siècle, disons-nous, avec son esprit investigateur, une rare patience et un entrain que rien ne déconcerte, s'est mis à l'œuvre pour étudier et mieux connaître le héros proposé à son amour. Alors, on le voit voyager sur terre et sur mer, fouiller les archives, remuer les bibliothèques, interroger les documents, visiter le berceau, la tombe et les champs des pacifiques batailles de l'intrépide marin, exhumer ses écrits et ses notes, les écrits de ses enfants, les chroniques des historiens, les récits de ses amis, et de ses ennemis. La France et l'Italie, l'Espagne et l'Angleterre, la Hollande et le Portugal, l'Amérique, l'Allemagne et la Turquie rivalisent de zèle dans ces attrayantes recherches, et, à l'heure qu'il est, on peut dire que les ouvrages sur Christophe Colomb ont atteint un chiffre énorme et que sa colossale figure et son incommensurable entreprise sont connues sous leurs faces multiples, et même mieux connues après quatre siècles qu'elles ne l'étaient dans celui qui a été témoin de ses exploits.

Il y a plus ; essentiellement pratique et ne se contentant pas de rendre à Christophe Colomb un hommage purement littéraire et historique, notre siècle tient à donner à son admiration une forme durable, à concrétiser son enthousiasme et à éterniser sa reconnaissance.

Voilà pourquoi, s'adressant au marbre et au bronze, il leur confie les traits immortels de son héros, et l'on verra, dans quelques mois, la statue de l'Amiral de l'Océan s'élever majestueuse en Italie et en Espagne, à New-York, à Saint-Domingue et sur d'autres points de l'univers ; de brillantes expositions [1] se préparent à Gênes et à Madrid, à Chicago, à Washington et à Mexico ; Buenos-Ayres et l'État de l'Équateur, l'Uruguay et la République Argentine, Huelva, Phila-

---

[1]. Pour concourir à l'exposition de Chicago en l'honneur de Christophe Colomb, Léon XIII a décidé d'exposer les deux célèbres cartes géographiques qui sont conservées au Musée Borgia de la Propagande.

Sur l'une, d'auteur inconnu, sont retracées les premières découvertes accomplies en Amérique il y a quatre siècles, avec l'indication, au fur et à mesure, des découvertes successives. C'est sur cette carte que, par ordre d'Alexandre VI, fut tracée au 30ᵉ degré de latitude la ligne de division, pour éviter la guerre entre l'Espagne et le Portugal, qui se disputaient la possession des nouvelles terres. Cette carte est dessinée sur parchemin et a une grande valeur historique.

L'autre carte, non moins célèbre, est celle qui fut exécutée en 1529 par Diego Ribero ; il s'y trouve l'indication de tout le monde connu en ce temps-là, y compris les parties de l'Amérique qui avaient été explorées. Sur cette carte aussi est reproduite la susdite ligne de délimitation.

'delphie et Quito, Vénézuéla et Baltimore, Guayaquil et Québec, Toronto et Panama, Michigan et Haïti [1] s'apprêtent à de magnifiques solennités.

Ici, c'est l'Union américo-latine [2] qui se fonde pour célébrer la mémoire du grand homme; là, ce sont des sociétés savantes, des académies, des cercles qu'on met sous le vocable de l'illustre navigateur.

L'Espagne offre un prix de 30,000 francs au meilleur ouvrage qui lui sera présenté sur Christophe Colomb, et Paris a construit un magnifique panorama où l'on assiste aux principales scènes de la vie du héros, depuis son débarquement à San Salvador jusqu'au cachot qui paya son génie [3]. Tout cela est

1. Les États-Unis envoient à Madrid, comme cadeau, un navire qui est la reproduction fidèle de la caravelle sur laquelle Colomb partit de Palos. Les Suédois y envoient des travaux et des cartes de navigateurs de leur pays; le savant Nordenskiold s'y emploie d'une façon spéciale. En Russie, le général d'Armenkoff s'occupe également du centenaire; et le Comité français se donne beaucoup de peine pour que tout arrive à temps.

2. Cette société a son siège à Paris, 18, rue Montmartre; elle a pour président M. de Hérédia, ancien ministre.

3. La France ne voulant pas rester étrangère à la célébration de la gloire de Christophe Colomb, a organisé à la Bibliothèque nationale une exposition de cartes relatives à l'Amérique, qui permet de suivre l'histoire de la découverte du nouveau continent jusqu'en 1800. C'est à M. G. Marcel que revient l'honneur d'avoir assemblé les documents géographiques provenant des ministères de la Marine, de la Guerre, des Affaires étrangères, des Archives nationales, de l'École hydrographique normande et des bibliothèques particulières. Cette exposition du plus haut intérêt a été ouverte officiellement le 13 juillet 1892, à 11 heures du matin, par M. Bourgeois, ministre de l'Instruction publique et le duc de Mandas, ambassadeur d'Espagne. S'il nous est permis, à nous Français, de

beau, grandiose, émouvant, surtout quand on voit le
Nouveau-Monde charger le sénat de New-York, d'in-
viter l'Ancien à aller admirer les progrès scientifiques,

regretter que notre pays n'ait pris aucune part directe à la découverte de l'Amérique, nous avons tout de même le droit et la satisfaction d'affirmer que la France n'a été ni étrangère, ni indifférente
à cette découverte. La preuve qu'elle n'y a pas été étrangère, c'est
que le roi Charles VIII avait écrit à Christophe Colomb pour qu'il
vînt lui soumettre ses plans ; c'est l'amiral lui-même qui nous apprend, par deux fois consécutives, qu'il répondit négativement afin
de réserver ses découvertes aux rois d'Espagne. « Dix-sept ans,
écrit-il, se sont écoulés depuis que je suis venu servir les princes
à l'égard de l'entreprise des Indes. Huit années se passèrent en
discussions, et enfin mes projets furent tournés en ridicule. Je les
poursuivis néanmoins et répondis à la *France*, à l'Angleterre et au
Portugal que je réservais au roi et à la reine d'Espagne ces pays
et cette domination : « Y respondi à *Francia*..... que para el rey y
la reya eran estan tierras y senoria[1]. » Ailleurs, il dit que ç'a été
pour servir Leurs Altesses qu'il n'a écouté ni la France, ni aucune
autre nation dont les princes lui ont écrit des lettres qu'elles peuvent
voir entre les mains du docteur Villalono : « *Por servir à Vuestras
Allezas yo no quise entender con Francia ni Inglaterra... de las
cuales principes vieron vuestras altezas las cartas por mano del doctor
Villalono*[2]. »

Une autre preuve que la France n'y a pas été étrangère, nous la
trouvons dans ce fait que Christophe Colomb, dégoûté des refus, de
l'opposition et des moqueries de Ferdinand, de sa cour et de Salamanque, se décida à partir pour la France ; la reine Isabelle ayant
appris ce départ et connaissant la lettre du roi de France, expédia
à toute vitesse un de ses officiers pour ramener Colomb qu'il put
rattraper à deux lieues de Grenade, et ce fut ainsi, par une habile
manœuvre, et en prenant les frais de l'expédition à sa charge personnelle, que cette femme supérieure frustra la France d'une gloire
qui devait rejaillir tout entière sur le royaume de Castille et d'Aragon.

Nous en avons enfin une nouvelle preuve, dans le point de départ

1. Navarette, *Coleccion de los viages*, t. II, p. 254.
2. Las Casas, *Historia de las Indias*, t. I, liv. I. ch. xxxi, p. 242.

artistiques et industriels qu'il a faits depuis que s'est levé sur lui le soleil de la civilisation. Il est vraiment touchant de voir ce monde plein de jeunesse et de vigueur, d'activité et de génie, faisant les honneurs de son étonnante prospérité à un monde qui semble chan-

des conjectures de Christophe Colomb. Nous savons, en effet, par lui-même, qu'il étudiait avec un extrême soin et qu'il annotait même un ouvrage scientifique de premier ordre intitulé: *De Imagine Mundi; yo allé, en un libro viejo de Cristobal Colon, de las obras de Pedro de Aliaco..... escritas palatras en la margen del tratado de Imagine Mundi*[1]. Eh bien! ce traité, comme on vient de le voir, a pour auteur un Français, le cardinal Pierre d'Ailly, évêque de Cambrai et surnommé l'Aigle des docteurs de la France[2]. Non seulement la France n'a pas été étrangère à la découverte du Nouveau-Monde, mais elle y a applaudi comme elle applaudit à toutes les grandes et belles entreprises qui font l'honneur et le bonheur de la Société. Nous savons, en effet, que ce fut Charles VIII qui s'empressa le premier d'annoncer la grande nouvelle au frère de l'amiral, Barthélemy Colomb qui, revenant de son voyage infructueux d'Angleterre, traversait Paris pour se rendre en Espagne; l'historien espagnol Herrera ajoute même que le roi lui donna 100 écus pour faire son voyage[3].

Ce fut également un géographe français de Lorraine, qui publia à Saint-Dié, dans les Vosges, en 1507, sous le pseudonyme de *Martinus Hylacomilus*, un grand ouvrage de *Cosmographie* suivi des *Relations des voyages* d'Americo Vespucci, vulgarisant ainsi les découvertes maritimes; nous avons cependant le pénible devoir de reconnaître que c'est ce même auteur qui a le premier attribué faussement à Americo Vespucci la découverte faite par Christophe Colomb, qu'il l'a baptisée du nom d'Amérique, et qu'il a ainsi frustré l'illustre Génois d'un honneur qui n'était réservé qu'à lui seul.

1. Las Casas, t. 1, liv. 1, ch. xxvii, p. 213.
2. Pierre d'Ailly, né à Compiègne en 1530, a composé entre autres ouvrages un livre curieux intitulé : *Concordantia astronomiæ cum theologia et Concordantia astronomiæ cum historia*. Vienne, 1490. Venise, 1594. In-8.
3. Herrera, *Histoire des Indes occidentales*, t. I, liv. II, ch. xv.

celer sous le poids de sa vétusté et de son antique gloire ! à un monde qui semble avoir besoin des exemples et des leçons de son filleul pour réapprendre et pratiquer les bienfaits de l'indépendance et les prérogatives de la liberté.

Aucun conquérant, aucun génie n'a excité pareille curiosité, provoqué pareille sympathie, mérité pareille admiration. C'est qu'aucun conquérant, aucun génie n'a fait verser moins de larmes et de sang que Christophe Colomb et n'a rendu plus de services à l'humanité : aucun comme lui n'a poussé l'abnégation jusqu'à l'héroïsme, et n'a eu pour tombeau qu'un misérable linceul d'auberge. Voilà pourquoi son tombeau, comme celui du Christ, devient subitement glorieux d'une gloire impérissable, universelle, immortelle !

Mais, hâtons-nous de le reconnaître ; dans cette explosion d'universelle sympathie, c'est la raison qui acclame la raison ; c'est la science qui admire la science ; c'est l'homme qui glorifie l'homme.

Eh bien ! cette admiration purement humaine et scientifique, malgré tout ce qu'elle a de grand, de noble et de louable, nous nous permettrons de dire qu'elle est tronquée, incomplète, défectueuse, et qu'il lui manque un nouvel élément pour la rendre parfaite et à la hauteur du sujet qui l'a méritée ; cet élément, c'est la glorification religieuse.

Il semble qu'on a négligé, ou du moins oublié, qu'à côté de l'homme, du penseur, du savant et du marin, il y a, dans Christophe Colomb, le chrétien, l'homme inspiré, l'apôtre, l'ambassadeur divin : on n'a pas assez remarqué que sur sa caravelle flotte l'étendard de la croix ; qu'au souffle du vent qui remplit sa voile se mêle celui du Saint-Esprit ; que c'est le doigt de Dieu qui dirige son astrolabe et sa boussole, que c'est au nom de la *Sainte Trinité* qu'il donne le signal du départ et au nom de la Religion qu'il prend possession de ses découvertes. Or, c'est le côté important et capital, resté trop longtemps dans l'ombre, dans la vie de Christophe Colomb, que nous nous sommes appliqué, à la suite des remarquables travaux du comte Roselly de Lorgues, de mettre en lumière et d'en faire apprécier la valeur. Le surnaturel éclate avec une évidence invincible dans les plans, les écrits et les actions de l'illustre navigateur. Mais, pour cela, il faut étudier son cœur, son âme et sa foi. Quand on pénètre plus avant dans cette merveilleuse nature, on y trouve non seulement l'étoffe d'un chrétien singulièrement doué comme piété tendre, foi vive et zèle ardent, mais aussi l'étoffe d'un chrétien extraordinaire, d'un véritable saint.

N'oublions pas que les trois derniers quarts du xv° siècle ont été on ne peut plus féconds en sainteté : n'est-ce pas dans cette brillante période que nous assistons à la canonisation de saint Antoine de Florence, de saint François de Paule, de saint Casimir de Pologne, de saint Denys le Chartreux, de saint Jean de Capistran, de saint Diégo, de sainte Catherine de Bologne, de sainte Véronique de Milan, de sainte Jeanne Scopello, de Sainte Catherine de Sienne, de sainte Catherine de Gênes, de sainte Thérèse d'Avila? à la béatification d'Antoine Stroconio, de Jean de Duklac, de Pacifique de Cérédano, de Pierre de Moliano, de Vincent d'Aquila, de Thomas à Kempis, d'Albert de Sazane, de Nicolas de Fluc, d'Amédée de Savoie, de Marguerite de Savoie et de Catherine de Palenza ?

Eh bien ! si Dieu, dans cette courte période, a marqué de l'empreinte de la sainteté tant de contemporains de Christophe Colomb, qu'y aurait-il d'étonnant à ce qu'il eût accordé cet insigne privilège à l'illustre découvreur de l'Amérique ?

Ici, nous nous heurtons contre une question grave, ardue et délicate, la question de la moralité de Christophe Colomb. Deux écoles s'en sont emparées : et elles en ont donné deux solutions diamétralement opposées : nous nous plaisons à reconnaître qu'elles l'ont fait sans parti pris, avec loyauté et dans un but sincère de vérité ; connaissant les brillants champions de ces deux écoles, leur droiture, leur respect des convictions et leur probité historique, nous leur devons ce public témoignage, en dépit des accusations que dans le feu de la discussion, ils se sont lancés de part et d'autre.

L'une de ces écoles fait de Christophe Colomb un démon de perversité et de corruption, méritant par conséquent les mépris de ce monde et la géhenne de l'autre ; l'autre école en fait un ange de pureté et de vertu, défiant toute attaque, digne des plus grands honneurs et d'une admiration sans réserve.

Entre ces deux opinions extrêmes et également fausses, à notre humble avis, il y a place pour une opinion moyenne, plus modérée et plus large, plus sage et plus juste : c'est celle qui consiste à reconnaître loyalement que l'inventeur de l'Amérique n'a été ni un ange ni un démon, mais simplement un homme, avec les qualités et les défauts, les faiblesses et les grandeurs de l'humaine nature ; un homme que l'amour du devoir et de la vertu, du respect de lui-même et de ses semblables, de Dieu et de l'Église, ont maintenu dans le chemin de la droiture et de la probité, et qui l'y ont ramené lorsque l'infirmité naturelle l'en avait fait dévier ; un homme enfin qui, par la vigueur de sa foi, la flamme de sa charité, l'éminence de sa modestie, la dureté de sa pénitence, la profondeur de son repentir et l'abondance de ses larmes, a su imprimer à sa vie un tel caractère d'élévation et de délicatesse, de magnanimité et de perfection, qu'il a atteint les sommets radieux où s'épanouissent la vertu heroïque et la plus admirable sainteté.

C'est pour donner à cette religieuse pensée tous les développements qu'elle comporte que nous avons entrepris ce travail dont l'imperfection, indépendamment de notre incapacité personnelle, provient de la rareté des loisirs d'un ministère absorbant, et de notre désir de le faire paraître avant le 12 octobre prochain ; c'est aussi et surtout pour aider de nos faibles efforts à la glorification religieuse de Christophe Colomb.

La religion étant l'inspiratrice naturelle, la protectrice attitrée et la consécratrice officielle du talent, du savoir et du génie, n'est-il pas convenable, juste et impérieux que, précédée de la science et de la raison, elle aille, le 12 octobre 1892, faire briller à côté des couronnes d'or, de chêne, et de laurier, symboles fragiles des grandeurs humaines, l'espérance d'une couronne

plus glorieuse et plus durable : celle de la Béatification[1] !

Alors, avec le triple caractère de fille du Ciel, de
maîtresse infaillible et de glorificatrice des âmes,
l'Église pourra dire au monde : Christophe Colomb
est mon enfant; il a sucé le lait de ma doctrine, obéi
aux inspirations de la grâce et exécuté les ordres du
Ciel; en découvrant des nations qui ont engendré
d'immenses avantages matériels et terrestres, il a eu
surtout pour but des biens spirituels et célestes; vous
voyez combien est utile et bienfaisante mon action
dans le monde.

1. Déjà les solennités, que depuis le 1er août on est en train de
célébrer sur les différents points du globe en l'honneur de Christophe Colomb, revêtent un caractère officiellement religieux. A
Huelva, les représentants des diverses puissances ouvrent les fêtes
par des cérémonies religieuses. A Palos, le ministre de la Marine
espagnole, entouré d'une foule immense, prélude au simulacre du
départ de l'Amiral, en assistant à la sainte messe. A la Rabida,
l'alcade de Palos envoie un télégramme au R.-P. Général des Franciscains, « félicitant son ordre qui fut le protecteur, la lumière
et le guide de l'immortel navigateur ». A Rome, les associations
catholiques se rendent processionnellement au *Pincio*, pour déposer sur le buste du héros chrétien une couronne portant cette inscription : *Rome catholique à Christophe Colomb*. A Paris, c'est dans la
cathédrale de Saint-Augustin que l'exposition de la vieille Amérique
reconstituée, montre au visiteur, avec une expression saisissante,
Christophe Colomb conférant avec le P. Antoine de Marchena, prenant possession de San-Salvador au nom de la religion et injustement chargé de chaînes. A Chicago, en souvenir du respect de
l'Amiral pour la sanctification du *dimanche*, le Congrès américain,
décrète que l'Exposition universelle sera fermée ce jour-là. Enfin,
à Gênes, on peut lire au frontispice d'un magnifique pavillon du
palais de l'Exposition cette chrétienne inscription : *Exposition des
missions catholiques américaines*.

Voilà pourquoi, voulant donner à ce grand homme une marque spéciale de ma satisfaction et un témoignage de ma reconnaissance pour tout ce qu'il a fait pour la société, pour le Ciel et pour l'Église, non seulement je suis fière de m'associer aux hommages et à l'admiration que vous lui décernez, mais je veux lui donner quelque chose de plus beau, de plus grand et de plus magnifique; je veux le placer sur mes autels, déposer sur son front le diadème de la sainteté et lui faire rendre partout des honneurs divins; je veux le proclamer le patron des marins, des voyageurs et des savants; je veux le proposer comme modèle à l'humanité et je viens vous dire à tous : admirez, vénérez et priez ce grand saint; suivez ses exemples, imitez ses vertus.

C'est pour travailler à obtenir ce magnifique résultat que nous avons pris la plume.

Y avons-nous réussi? Il ne nous appartient pas de le dire.

Mais si nos faibles efforts sont restés infructueux ou du moins au-dessous de leur objet; si nos arguments sont jugés insuffisants pour faire de Christophe Colomb un bienheureux, au moins, pour le moment, nous aurons toujours la joie d'avoir éclairé d'une lumière agréable et utile la majestueuse figure du découvreur de l'Amérique et la satisfaction d'avoir mis sous les yeux de nos contemporains un modèle digne d'être imité.

Par ces temps de négation du surnaturel, de diminution des idées de haute morale, d'affaissement des caractères et d'entraînement au sensualisme; par ces temps de divisions politiques, de luttes acerbes et de procès scandaleux, il est bon et réconfortant de montrer Christophe Colomb éclairé des lumières de la foi, confiant en Dieu, et méprisant les biens terrestres, exposer et sacrifier son temps, sa liberté, sa vie et son honneur pour un but sublime et surnaturel, la glorification de Dieu et le salut des âmes, d'où découlerait le bonheur de l'humanité ; il est consolant de voir ce mâle caractère, cet esprit fortement trempé dompter les appétits grossiers, étouffer même les aspirations légitimes, vivre sobre, tempérant, mortifié ; pratiquer la justice, oublier les injures et exercer le pardon ; il est consolant de le voir dédaigneux des honneurs humains, au-dessus des acclamations de la foule, détaché des jouissances terrestres pour s'élever dans les hautes régions de la grâce, de la piété et de la vertu ; y fixer son cœur et son âme, y goûter les ineffables délices réservées aux grands chrétiens et de là, exhalant son dernier soupir dans les bras de son Dieu, s'envoler dans le glorieux séjour du *rafraîchissement, de la lumière et de la paix.*

Et maintenant un mot du plan que nous avons adopté pour atteindre ce but.

Ce plan nous est tracé par la marche de la vie de Christophe Colomb. Persuadé qu'il possède tous les éléments de la sainteté, nous avons commencé par en découvrir et en montrer les indices dans le but de sa gigantesque entreprise, en faisant ressortir le caractère surnaturel de sa mission et de son plan ; pour cela nous n'avons eu qu'à interroger ses écrits et ses actions, ainsi que les nombreux écrits de ses contemporains tant ecclésiastiques que séculiers.

Le caractère surnaturel de sa mission solidement établi, nous avons abordé, avec une grande sincérité et une parfaite indépendance, la question de sa moralité ; et, après avoir constaté une défaillance passagère, nous avons abondamment prouvé son expiation par tous les moyens que notre sainte religion met au service des âmes repentantes ; ce qui nous a amené à nous occuper de ses vertus et à parler de ses miracles ; incidemment, nous avons dit un mot de l'homme, de ses qualités personnelles, domestiques, sociales et patriotiques.

Enfin, comme couronnement de notre œuvre, nous avons établi par des *Postulata* adressés à Pie IX lors du concile du Vatican et à Léon XIII, et par le vœu exprimé par l'épiscopat catholique, combien le clergé et les fidèles désirent la béatification du grand serviteur de Dieu.

Notre travail nous vaudra peut-être des adversaires ; notre attitude à leur égard sera bien simple. Sachant par expérience combien il est difficile de convaincre ceux qui pensent autrement que nous, nous nous garderons bien de répondre à leurs attaques ; si leurs critiques sont justes, nous nous corrigerons ; si elles sont fausses, nous nous tairons, par la raison qu'elles tomberont d'elles-mêmes. Souvenons-nous de la fable de Boccalini :

« Un voyageur, dit-il, était importuné dans son chemin, du bruit des cigales ; il s'arrêta pour les tuer ; il n'en vint pas à bout et ne fit que s'écarter de sa

route ; il n'avait qu'à continuer paisiblement son
voyage ; les cigales seraient mortes d'elles-même au
bout de huit jours ».

Daigne le Ciel inspirer à notre glorieux Léon XIII
d'introduire cette cause devant la Congrégation des
Rites ! Si la béatification du vaillant chrétien est pro-
clamée, Christophe Colomb, pour nous servir des
paroles du regretté cardinal Donnet, « apparaîtra aux
yeux de notre génération comme une des plus merveilleuses figures de l'histoire, un des plus extraordinaires moyens que Dieu a tirés des trésors de sa Providence pour intervenir dans les choses de ce monde ;
et la manifestation de ses héroïques vertus sera une
solennelle édification pour les peuples, et une nouvelle
gloire pour l'Église ».

PREMIÈRE PARTIE

Idée générale du caractère génois.

Les hommes de génie, pas plus que les phénomènes extraordinaires, ne sont pas le produit immédiat, instantané de la nature, mais bien le résultat de longs et patients efforts. L'homme, dès les premiers jours de la création, aurait eu beau tendre l'oreille, déchirer le sein de la terre, fouiller le flanc des montagnes, il n'aurait ni entendu les titanesques mugissements des volcans, ni aperçu les bancs épais de charbon et les brillants filons d'or, ni vu jaillir les salutaires sources ferrugineuses. C'est que la nature était trop jeune pour être féconde, trop faible pour être capable de si puissants efforts, trop pauvre pour produire ces merveilles.

Il a fallu que de nombreux et variés agents chimiques, liquides, solides et gazeux entrassent en association, syndiquassent, pour ainsi dire, leurs efforts. Ce ne fut qu'après leurs ingénieuses combinaisons, leurs industrieux amalgames, leur mystérieuse et longue incubation, que la nature put enfanter ses trésors.

Voilà pourquoi lorsque le chimiste veut étudier d'une manière consciencieuse et complète ces phénomènes et les produits de la nature, il ne se contente pas de les examiner dans leur individualité, mais il remonte aux causes qui les ont engendrés et au berceau qui les a vus naître ; et c'est

avec une légitime fierté que nous constatons les généreux
efforts de notre siècle pour les recherches des documents
primitifs dans les diverses branches de la science physique,
morale, historique et religieuse et que nous applaudissons
aux succès des infatigables scrutateurs qui, par leurs exhu-
mations documentaires, et leurs lumineuses investigations,
ont permis de reconstituer, avec une précision presque ma-
thématique, la physionomie vraie, authentique et complète
d'un personnage, d'un événement, d'un fait, obscurcie et
ensevelie dans la nuit des temps.

Cette loi que le géologue constate dans l'ordre physique, le
penseur la retrouve dans l'ordre moral. Les grands hommes,
les génies extraordinaires, nés pour le bonheur ou le malheur
de la société, ne sont pas sortis tout d'une pièce d'une famille, d'une cité, d'une époque ; ils sont, eux aussi, le résultat éclatant et logique de plusieurs générations d'intelligence, de volonté et d'imagination ; de travail, de patience et
d'études ; de courage, d'abnégation, d'héroïsme ; de grandeur
d'âme, de magnanimité et de vertu. Alexandre et Napoléon,
Virgile et saint Thomas, le Dante et Bossuet n'ont pas surgi
in promptu dans leur patrie respective ; mais ils supposent
une longue suite et comme une puissante agglomération
d'efforts et de résultats intellectuels, moraux et religieux ;
efforts qui, après des tâtonnements incertains, des productions défectueuses, des manifestations imparfaites, ont fini
par trouver leur moule idéal, leur forme définitive, leur solennelle et brillante consécration dans les personnages extraordinaires dont s'honore l'humanité. Bref, les grands
hommes sont l'addition de leur race. C'est ce qui explique,
pour le remarquer en passant, leur rareté, l'admiration
qu'ils provoquent.

Prétendre que ces brillantes figures sont apparues, *ex
abrupto*, sur la terre, ce serait prétendre qu'une fleur n'a
d'autre berceau que sa corolle, que la coupole de Saint-Pierre

n'a d'autre origine que le ciseau de Michel-Ange et que la tour Eiffel est sortie tout d'une pièce des forges de l'éminent ingénieur, comme Minerve armée du cerveau de Jupiter.

La constatation de cette loi généalogique ne porte aucune atteinte au caractère providentiel de ces hommes supérieurs et n'amoindrit en rien leur mérite personnel ; car, tout en se servant des causes secondes, Dieu a le droit de prédestiner telle de ses créatures, de préférence à telle autre, à jouer un rôle prépondérant dans les affaires de l'humanité ; et la créature qui a été l'objet de ce privilège exceptionnel, tout en tenant une grande partie de ses qualités, de ses ancêtres, n'a pas moins le mérite de correspondre à ces qualités, de s'en rendre digne et de les développer par ses efforts personnels.

Deux grandes et consolantes leçons se dégagent de cette large manière d'envisager la genèse des grands hommes ; la première, c'est que chacun de nous, apportant son modeste tribut à leur formation, il s'ensuit que nous avons le devoir d'apporter la plus grande application possible au développement de nos facultés pour augmenter d'autant notre contingent d'efforts ; la seconde, c'est que, participant à leur formation, nous participons par là même à leur gloire ; de cette façon nous réalisons, sans nous en douter, dans l'ordre de la science, la magnifique conception que l'Église réalise dans l'ordre de la sainteté, la communion des savants faisant le pendant de la communion des saints.

Que si nous descendons, de ces considérations générales, au sujet qui nous occupe dans cette étude, à Christophe Colomb, il nous faudra admettre qu'à l'instar des génies qui l'ont précédé, il est lui aussi le produit merveilleux d'efforts séculaires d'intelligence, de travail et de vertu. Voilà pourquoi, pour bien le connaître, il ne suffira pas de savoir les sublimes pensées qu'il a roulées dans son esprit, les vastes projets qu'il a élaborés dans son imagination, les nobles désirs qu'il a caressés dans son cœur, les paroles tombées de ses lèvres, les écrits sortis de sa plume, les actions qu'il a accomplies, les vertus et les exemples qu'il a laissés, mais il nous faudra sortir et comme nous éloigner de sa personnalité, remonter plus haut, regarder plus loin, au-dessus et autour de lui ; il nous faudra étudier et connaître, du moins dans leurs grandes lignes, la race qui l'a produit, le siècle qui l'a vu naître, le milieu où il a vécu ; alors seulement nous aurons du fameux navigateur une idée adéquate, authentique et lumineuse ; alors seulement nous pourrons porter sur sa personne et sur ses actes un jugement motivé et sûr, une appréciation juste et compétente. Notre but étant d'étudier, dans Christophe Colomb, l'homme religieux, le chrétien, on comprendra aisément que nous n'aborderons qu'avec une grande sobriété le côté purement humain de sa race et de son siècle.

Les plus anciens historiens grecs et romains[1] qui nous parlent des Ligures — vieux ancêtres du grand homme — nous les représentent simples, sobres et frugaux. Se contentant de peu, ils se nourrissent habituellement d'orge, de racines, de fruits, de produits de chasse et ils préfèrent à l'âpreté de leur vin l'eau fraîche des fontaines, le lait de leurs troupeaux et un peu de liqueur d'orge ; considérant le lit comme un tombeau anticipé, ils couchent sur la dure, à l'ombre des arbres ou dans les cavernes des montagnes.

Ennemis de la mollesse et de l'oisiveté, ils trouvent leur bonheur dans l'activité et le travail ; l'agriculture, le commerce, la pêche absorbent leur vie et un de leurs historiens pourra dire que Gênes, leur capitale, est plus heureuse par le travail que par le désœuvrement, *Genua, negotio tamen quam otio felicior*[2].

---

1. Polybe, Mégaly, *Hist.*, liv. II. — Diodore de Sicile, liv. V. — Strabon, *De situ orbis*. — Tite-Live, *Hist.*, liv. XX.
2. Braçelli, *Genuensis oræ Ligusticæ descriptio*, p. 55.

Amis passionnés de leur indépendance, nous les voyons souvent en armes contre l'invasion des barbares du nord et des califes africains, contre les Vénétiens, les Pisans, les Lombards, les Milanais et les Aragonais, qui veulent attenter à la liberté de leur commerce et à leur autonomie communale.

Opiniâtres dans la lutte, vaillants dans la guerre, intrépides dans les dangers, ils font l'admiration du chantre de Mantoue, qui se plaît à proclamer leur légendaire dureté et leur résistance dans les pénibles situations de la vie :

Assuetumque malo Ligurem [1].

Avec les progrès de la civilisation ils se laissent gagner par la soif des richesses; ils deviennent cupides, avares. Amasser l'or et l'argent, faire provision de pierreries, de tissus rares, d'étoffes précieuses deviendra pour eux un besoin ardent, une passion impérieuse que rien n'empêchera de satisfaire.

Oppresseurs, cruels et sanguinaires, malheur aux peuples qu'ils soumettent et qui osent résister à leur domination.

Chicaneurs et processifs, fourbes et astucieux, tous les moyens, les plus usuriers, les plus odieux et les plus cruels, leur sont bons pour assouvir leur sordide avidité : « C'est un fait notoire, dit Benvenuti d'Imola, que les Génois sont communément, généralement et universellement très cupides et que l'avarice les pousse à commettre toute sorte de mal. » *Est hæc nota quod Januenses generaliter et communiter et universaliter sunt cupidissimi et avaritia impellet eos ad omne malum* [2].

2. *Géorg.*, l. II, v. 168.
1. Benvenuti Imolensis, *Com. in Dantis Com.* apud Muratori, t. I, p. 1144.

Mais le caractère dominant des Génois c'est leur passion pour la navigation, les découvertes lointaines, l'esprit d'aventure, l'instinct des conquêtes.

De bonne heure ils s'adonnent à la confection des cartes maritimes. La Bibliothèque de Parme possède une mappemonde portant cette inscription : *Beccharias, civis Januensis, composuit hanc tabubam, anno Domini millesimo CCCCXXVI*[1]. C'est sur cette carte que figurent pour la première fois les îles Canaries et Madère.

L'historien Giovan Andres a édité, en 1815, une grande carte marine intitulée : *Presbyter Bartolomæus, de Parato, civis Januæ, accolitus sanctissimi Domini nostri Papæ, composuit hanc cartam MCCCCLV. 1 Januarici*[2].

En 1291 nous voyons deux Génois, Tedisio Doria et Ugolino Vivaldi, armer deux galères pour aller explorer des terres inconnues et les antiques colonnes d'Hercule.

Dans le siècle suivant (1341) c'est un autre Génois, Nicoloso da Recco, qui va reconnaître les îles Canaries, découvertes quelque temps auparavant par deux de ses compatriotes[3].

Dans l'année 1455, c'est le Génois Antoine Usodimare qui part sous la direction du prince Henri, fils du roi Jean, pour découvrir la côte occidentale de l'Afrique, qui arrive au cap Vert et découvre le fleuve de Gambie[4].

En 1462, c'est encore le Génois Antoine Noli qui fait la reconnaissance des îles du cap Vert[5].

Enfin l'année suivante nous voyons Usodimare et Cadamosto tenter d'autres découvertes et arriver jusqu'au Gange,

---

1. Parma, 1780. P. Paciaudi.
2. Serra, *Storia dell'antica Liguria e di Genova*. Capolago, Suisse, MDCCCXXXV, t. IV, p. 250.
3. *Codice Magliabec*, n° 122.
4. Tiraboschi, *Storia della Letteratura Italiana*, VII, 204.
5. Prévost, *Hist. génér. des Voyages*. La Haye, 1747, t. I, p. 24.

pas loin du cap No, c'est-à-dire au terme des plus anciennes navigations européennes.

Et maintenant que dire des fréquents voyages, des établissements, comptoirs et consulats de Génois en France, en Espagne, en Portugal et en Angleterre, en Sicile, à Tripoli, à Tunis, au Maroc, dans les Pays-Bas, à Constantinople, en Macédoine, à Candie, à Rhodes, en Arménie, en Égypte, à Chypre, au golfe Persique, en Arabie, en Tauride, en Asie, dans la mer Caspienne, jusque dans le Daghestan, à Caffa, dans l'antique Hispanis, à Copa dans la Circassie? Partout où il y avait une côte à découvrir, un bénéfice à réaliser, du commerce à faire, une industrie à exploiter, une langue de terre à conquérir, on était sûr d'y trouver une galère génoise mouiller dans le port et des Génois trafiquer sur terre. Aussi comprenons-nous la grande parole de Gibbon affirmant « que les Génois furent si puissants à certaines époques que l'empire romain serait devenu en peu de temps une province génoise si l'ambition de la République n'eût pas été démolie par la ruine de sa liberté et de sa puissance navale »[1].

Chose digne de remarque! le cosmopolitisme était si inhérent à la nature de ces fiers rois des mers, que, ne trouvant pas toujours un aliment à leur activité dans leur propre pays, ils allaient bravement frapper à la porte des princes étrangers. C'est ce qui fait que nous voyons de nombreux Génois occuper des postes élevés chez les différents peuples de l'Europe. Ici, nous trouvons Ugo Lercari, Benoît Zaccharias, Jacques Levante, Jean Barbovara amiraux des armées françaises[2]. Là, nous trouvons Nicolas Usodimare, Jean Doria, Nicolas Bianchi, Pierre Fregoso à la tête de la marine d'Angleterre. Michel Paléologue confie le commande-

---

1. Gibbon, *Decline and Fall of the Roman Empire*. Boston, 1855, 8 v., ch. LXIII, vol. VII, p. 408.

2. Du Cange, *Gloss.*

ment de sa flotte au Génois Zaccharias; et c'est le Génois Biscarello Giolfi que Caleb Hassan envoie comme ambassadeur de la Perse auprès des chrétiens d'Europe [1].

Et maintenant que dire des Génois au point de vue religieux? Un de leurs historiens, Giustiniani, à la suite des autres écrivains liguriens, affirme que, dès l'année 78 de l'ère chrétienne, saints Nazaire et Celse apportèrent la foi à Gênes et qu'ils y prêchèrent la doctrine chrétienne sans rencontrer la moindre résistance.

Fidèlement attachés à la foi de leurs pères, les Génois restèrent toujours profondément religieux.

Nous en avons pour preuve les trente-deux églises [2] paroissiales qui, au XVe siècle, existent à Gênes, quoique cette

1. Rymer, *Fœdera*, t. II, part. II, p. 173. — William, t. VII, p. 74. — Zurit., II, p. 143, 163, etc. — Serra, *ut supra*, t. IV, p. 90.

2. Voici les noms de ces églises : Saint-André, Sainte-Marie de Gorona, Saint-Pierre da Rena, Saint-Bénigne, Saint-Lazare, Saint-Théodore, Sainte-Marie des Anges, Saint-Sauveur, Saint-Sylvestre, Sainte-Croix, Sainte-Marie de Castello, Saint-Nazaire, Saint-Marc, Saint-Léonard, Saint-Georges, Saint-Turpin, Saint-Donat, Saint-Ambroise, Saint-Laurent, Sainte-Marie des Vignes, Sainte-Madeleine, Saint-Matthieu, Saint-Pierre di Banchi, Saint-Cyr, Saint-Pancrace, Saint-Marcelin, Sainte-Sabine, Sainte-Agnès, Sainte-Foi, Saint-Sixte, Saint-Vitus, Saint-Thomas, Saint-Michel, Saint-Léonard, Saint-Bernard, Saint-Sébastien, Saint-Étienne, Saint-Antoine, Saint-Paul, Saint-François, Saint-Défendant, Saint-Étienne, Saint-André, Saint-Barthélemy, Saint-Jacques, Saint-Augustin, Saint-Sylvestre, Saint-Antoine, Notre-Dame du Chal, Saint-Jacques de la Marine, Saint-Sébastien, Saint-Ambroise, Saint-Jean-Baptiste, Sainte-Catherine, Sainte-Marthe, Saint-Germain, Saint-Cyr, Saint-Nicoloso, Saint-Bernard, Saint-Barthélemy, Saint-Thomas, chapelle des Carmélites, Saint-Antoine, Saint-Jérôme, Saint-Jean l'évangéliste, Sainte-Brigitte, Sainte-Consolation, Saint-Jacques, Saint-Léonard, Saint-Paul, Sainte-Brigitte et une autre chapelle de Sainte-Consolation. Giustiniani, *Castigatissimi Annali di Genova*, l. I., cart. XI, 1537. Bibl. nat., Réserve K. 85.

ville ne compte que six mille deux cent quatre-vingt-dix-huit maisons (environ 100.770 habitants), sans compter les quarante abbayes, monastères, chapelles et oratoires que nous trouvons sur tous les points de cette chrétienne cité.

Nous en avons pour preuve les douze saints : saints Salomon, Félix, Cyr, Romulus, Valentin, Jean le Bon, Désiré, Second, Urcisinus, Albert Moïse, Alexandre Sauli, Catherine, le bienheureux Jacques de Voragines qui ont répandu le parfum de leurs vertus sur la Sérénissime République.

Nous en avons la preuve dans les sept souverains pontifes qui, sous les noms de saint Eutychimius, Adrien V, Sixte IV, Jules II, Innocent VIII et Urbain VII, ont brillé jusqu'à la fin du xve siècle sur la chaire de Saint-Pierre.

Nous en avons la preuve dans l'empressement aussi généreux que religieux des Génois à prendre part aux Croisades; leur zèle, leur dévouement et leur héroïsme leur attireront les plus grands éloges et les plus glorieuses récompenses de la part des chefs des Croisés et des papes. Ici c'est Beaudoin qui fait graver en lettres d'or sur l'architrave du Saint-Sépulcre cette fameuse inscription : *Præpotens Genuensium præsidium* [1]. Là c'est Conrad qui leur fait présent d'une notable partie de la vraie Croix, ce qui leur fournira l'occasion de construire à Gênes une magnifique basilique qui portera la dénomination simple et glorieuse de *Vera*. Tantôt nous verrons le pape Jean XVIII accorder aux Génois la moitié des revenus de la Corse pour avoir chassé de cette île les Sarrasins qui l'infestaient : tantôt nous entendrons Alexandre III les qualifier de vaillants défenseurs de l'Église, *strenuos Ecclesiæ defensores* [2]. Nous voyons enfin le pape Boni-

---

1. Serra, t. II, p. 273 : « Il rè Baldouino ordinó che nell' arcitrave del Santo Sepolcro fossero scolpite a caratteri d'oro le celebri parole : *Præpotens Genuensium præsidium.* »

2. Bref à l'évêque de Gênes.

face VIII écrire trois brefs; le premier à l'évêque de Gênes, Porchetto Spinula; le second aux nobles génois Benedetto Zaccharias, Lanfranco Tartaro, Jacopo Lomellini, et Giovanni Blanco; et le troisième aux nobles dames J. de Carmendino, J. de Ghisulphis, M. de Grimaldis, C. Francœ, A. de Avria. S. Spinula, S. de Cibo et P. de Caris. Ces brefs ont pour but de remercier les nobles dames génoises des offrandes et des secours qu'elles ont donnés aux Croisés; voici quelques lignes seulement de celui qui a été adressé à l'évêque de la ville : « Voici que nous avons trouvé ce que nous attendions. Nous avons vu des femmes adonnées aux œuvres de la piété et des vertus; porter de loin et comme de l'exil, le pain de leur pénitence et de leurs travaux à la patrie; se lever des ténèbres mondaines de la nuit pour mettre en déroute les ennemis domestiques de la Croix; elles se sont livrées à des travaux pénibles; elles ont ouvert leurs mains aux indigents en donnant de larges aumônes aux pauvres exilés de la Terre Sainte. O merveilles! ô prodiges! Les femmes devancent les hommes dans les secours de la Terre Sainte [1].

Nous en trouvons la preuve dans les lois et les institutions génoises qui portent toutes l'empreinte religieuse. Les lois consulaires obligent leurs membres à entrer dans leur charge le jour de la Purification de la sainte Vierge, de s'en

1. Eu quod expectabamus invenimus; vidimus mulieres scilicet fortes, se per pietatis et virtutum opera exercentes, suorum pœnitentia et laborum panem portantes de longe, de exilio scilicet præsentis peregrinationis, ad patriam, et surgentes de nocte mundialium tenebrarum, ut domesticos fidei Crucis adversarios dent in prædam.... Manus suas miserunt ad fortia, et palmas suas aperierunt inopibus, impendendo subventionis, auxilium exulibus Terræ Sanctæ pauperibus. O miranda! o prodigia! fœminæ præveniunt viros in sæpe dictæ Terræ succursum (de Marinis, *Thesaurus antiquitatum et historiarum Italiæ*, t. II, p. 1444, *de Genuensi dignitate, sectio X*).

démettre le même jour et à travailler dans l'intérêt de leur circonscription et pour l'honneur de leur sainte mère l'Église [1].

Les lois financières sont marquées au même coin. « Toutes les choses placées sous l'invocation de Dieu, lisons-nous dans les statuts de la fameuse banque de Saint-Georges, ont un pieux commencement. Par conséquent, pleins de confiance dans sa protection et dans celle de son glorieux patron, la patrie de Gênes, l'office et tous les membres de Saint-Georges ont ouvert une banque pour éteindre la dette publique et déraciner certaines manœuvres frauduleuses de quelques banquiers qui font un grand tort à la prospérité commune. Pleins de confiance dans la Divinité, nous la prions, ainsi que saint Georges et tous les saints du Ciel, de bénir nos vœux et de couronner nos efforts [2]. »

Nous en avons la preuve jusque dans les ordonnances maritimes qui, par respect pour les âmes rachetées par le sang de Jésus-Christ, interdisaient aux citoyens et aux navires génois de faire le trafic des esclaves, hommes ou femmes, *quod sclavi super navigiis non leventur, quod aliqua persona Januensis non possit deferre mumulchos mares vel fœminas* (Statuto di Gazaria).

Nous en avons enfin la preuve dans les armes de la

1. *Statuta vetustissima, ex archiviis Reip. Gen.* Ms. Serra, t. I, p. 258.

2. In Dei nomine, cuncta exordium pium sumunt, ipsiusque confixi auxilio et gloriosissimi ac felicis Januæ vexiliferi sub cujus velo nonnullas Januensi patria triomphos adepta est..... officium et officiales Sancti Georgii banchum sub proffecti tener inchoarunt quatenus debita redigantur ad nihilum. et pravas nonnullas consuetudines bancheriorum resecantur..... Igitur Numine Summo fidentes hoc banchum in nomine tanti ducis mirifici Georgii construerunt..... cum rectis faveat pia Dei gratia votis a corde, precantes ut ejus acta ad laudabilem cœlicolæ finem dignentur adducere » (Archivia di Stato, Cod. Bancorum S. Georgii, 1408, p. 1).

ville de Gênes qui consistent en une croix rouge sur fond blanc portant en exergue, en haut, cette devise :

Ave Rea Libertas

et en bas :

Vexillum Genuæ.

Tel est le caractère général de la race génoise qui a donné le jour à Christophe Colomb ; tel est le milieu dans lequel il a vécu ; telles sont les leçons qu'il a reçues, les exemples qu'il a eus sous les yeux ; telle est l'histoire qu'il a apprise et l'atmosphère qu'il a respirée.

Et, maintenant, si nous confrontons l'illustre navigateur avec ce tableau général, nous verrons qu'il possédait, à un degré supérieur, toutes les qualités de sa race, avec ce correctif tout à son avantage, qu'il avait su changer en vertus généreuses, héroïques, les passions qui avaient été pour ses compatriotes un moyen de déchéance morale.

Personne n'a été plus sobre, plus frugal et plus tempérant que Christophe Colomb. Ses historiens contemporains et son *Journal* de bord nous montrent le vice-roi des Indes se nourrissant presque exclusivement de légumes, de fruits secs et de miel ; mangeant sans répugnance des biscuits moisis ou des aliments en putréfaction auxquels n'osaient toucher ses équipages ; trouvant un doux plaisir dans les jeûnes fréquents, s'interdisant toute sorte de vin et préférant les dures planches du couvent de la Rabida aux lits moelleux des plus riches hôtels.

Le travail, l'étude, l'activité étaient sa passion dominante. Les mathématiques, l'astronomie, la science nautique et la géographie l'absorbaient tout entier. Bien souvent on le voyait consacrer les veillées et les insomnies de la nuit à des études que ne lui permettaient pas les travaux de la journée.

Enfant libre de la mer, il chérissait la liberté par dessus

tout, et c'est pour délivrer de l'odieux esclavage du démon des milliers d'existences qu'il a affronté la dérision des insensés, les fureurs de la mer et l'inclémence des régions lointaines. Qui, plus que Christophe Colomb, a déployé plus d'énergie et d'intrépidité dans les luttes de la vie? plus de patience dans les revers, plus de résistance au milieu des défaillances, plus de magnanimité et de noblesse en présence des calomnies des uns, des défections et des trahisons des autres?

Personne n'a plus aimé l'argent que lui; mais ce n'était pas pour son service personnel; il n'y voyait qu'un instrument puissant pour conquérir des âmes et les gagner au ciel : « L'or est une excellente chose, disait-il; avec l'or, celui qui le possède, fait tout ce qu'il désire en ce monde et fait arriver les âmes au paradis[1]. » Loin d'avoir l'esprit d'oppression de tyrannie, les instincts vengeurs et cruels de sa race, il s'appliquait à se montrer bienveillant, doux et tendre, miséricordieux et généreux à l'égard des faibles et des petits, des calomniateurs et des persécuteurs.

La fourberie du roi Ferdinand, les mutineries et les révoltes de ses équipages, la rébellion de Roldan et d'Escobar, la cruauté de Bobadilla et l'ingratitude insolente des frères Porras, tout en l'attristant profondément, ne lui arrachèrent que des paroles empreintes de clémence et de pardon. « Dieu, se contentait-il de dire, est juste et il fera connaître tout ce qui a eu lieu et pourquoi cela a eu lieu... Notre Seigneur reste avec sa puissance et sa science comme auparavant : il châtie surtout l'ingratitude[2]. » Nous ne dirons rien de

---

1. El oro es excelentisimo; del oro se hace tesoro, y con el, quien lotiene, hace cuanto quiere en el mundo, y llaga á que echa las animas al paraiso. (Navárette, *Coleccion de los viages*, I, p. 309).

2. Dios Nuestro Senor esta con sus sfuerzas y saber, como solia, y castiga en todo cabo, en especial la ingratitud de injurias (Nav., t. I, p. 276).

son amour pour les voyages et les découvertes ; le Nouveau-Monde révélé à l'Europe est plus éloquent que toutes les paroles ; nous nous contenterons, pour montrer à quel degré il possédait tous les instincts de sa race, de faire remarquer qu'à l'exemple des nombreux Génois qui allèrent s'illustrer dans des pays étrangers, Christophe Colomb offrit successivement ses services à la France, à l'Angleterre, au Portugal et à l'Espagne.

Ayant puisé dans le sang, dans l'esprit les annales et les exemples de sa race tant d'aptitude de talent, de qualités, il va de soi qu'il ait puisé, dans la religion de ses ancêtres, la foi, la piété, la vertu et le zèle ardent pour la gloire de Dieu et le salut des âmes qui en ont fait le plus chrétien des navigateurs.

L'histoire est presque muette sur le côté religieux de son enfance. Tout ce qu'elle nous rapporte c'est qu'il vit le jour dans la ville de Gênes[1], quartier Saint-Christophe, sur la paroisse de Saint-Étienne ; sur cette paroisse, nous voyons quatre chapelles sous le vocable de Saint-Antoine, Saint-André, Saint-Barthélemy ; ce furent probablement ces saints vocables qui inspirèrent à Dominique et à Suzanne la pensée chrétienne de donner leurs noms à trois de leurs enfants, Christophe, Barthélemy et Jacques. Roselly de Lorgues, s'appuyant sur la tradition populaire, affirme que Christophe fut baptisé dans l'antique église de Saint-Étienne[2]. Nous savons enfin que dès son enfance il était agrégé à la confrérie de Sainte-Catherine[3]. Tout cela nous fait croire que le futur *Porte-Christ*, issu de parents vertueux, vivant dans un mi-

---

1. D'après une récente découverte de M. Uhagon, historien espagnol, Christophe Colomb serait originaire de Savone ; c'est toujours le continent génois.

2. *Christophe Colomb*, t. I, p. 68.

3. *Paesi scoperti*. Harrisse, t. II, p. 166.

lieu essentiellement religieux, nourrit dès son enfance les sentiments d'une foi vive et d'une tendre piété.

Voici ce que nous en dit son fils Don Ferdinand, qui avait vécu avec lui depuis l'âge de treize ans. « Pour ce qui est des choses de la religion, il était si régulier que, jeûnant fidèlement et récitant chaque jour l'office canonique, il pouvait passer pour un homme qui était dans les ordres. Il était si ennemi des jurons que je ne lui ai jamais entendu en proférer un seul ; et lorsqu'il écrivait quelque chose il ne commençait jamais sans tracer ces mots : « Que Jésus avec Marie soient avec moi dans mes voies, *Jesus cum Maria sit nobis in via*[1]. »

Las Casas, qui le connaissait dès sa jeunesse, nous apprend que dans les choses de la religion chrétienne il était catholique et très religieux. Avant de faire, de dire ou d'entreprendre quoi que ce soit, dit l'évêque de Chiapa, il avait l'habitude de répéter ces paroles : *Au nom de la sainte Trinité, je ferai ceci, j'espère qu'il en sera ainsi ;* c'est ainsi également, qu'au début de chaque lettre il écrivait ces paroles : *Jésus cum Maria sit nobis in via.* Il observait les jeûnes de l'Église avec un grand scrupule ; il se confessait et communiait souvent et il récitait toutes les heures canoniques comme les ecclésiastiques et les religieux[2].

Or, d'après l'oracle de l'Esprit-Saint qui nous dit que l'enfant qui est entré dans une voie dès sa jeunesse continuera à y marcher pendant sa vieillesse, *adolescens juxta viam suam, etiam si senuerit, non recedet ab eá,* si on doit juger de la foi et de la piété de Christophe Colomb dans sa jeunesse par la foi et la piété dont il fit preuve dans sa vieil-

---

1. *Historie di Fernando Colombo*, ch. III.

2. Delle cose religiose fù tanto osservante che in digiuni ed in dir tutto l'officio canonico potea esser stimato professo nell a religione. *Ut suprà.*

lesse, nous avons lieu de conclure qu'elles étaient grandes et admirables. Mais laissons de côté sa jeunesse pour nous occuper des plans et des projets de l'homme mûr. Nous aurons d'ailleurs l'occasion de parler plus loin de ses vertus et de tout ce qui se rattache à l'homme religieux. C'est ici que nous abordons la question principale de ce travail, le plan religieux et surnaturel du héros chrétien.

Caractère surnaturel de la Mission de Christophe Colomb

Tout d'abord, faisons deux remarques fort importantes, puisqu'elles nous serviront à mieux faire ressortir le caractère providentiel de la mission de Christophe Colomb.

La première, c'est que la diffusion du christianisme chez les antipodes était alors la question la plus controversée par les théologiens. L'idée religieuse, la conversion des infidèles, occupaient alors tous les esprits. Ces paroles de Jésus-Christ : *Ite, docete omnes gentes*, poussèrent bien des missionnaires zélés dans des régions inconnues. Roger Bacon, un des esprits les plus éclairés du moyen âge, dit lui-même que la connaissance des lieux de la terre est surtout nécessaire à la république des fidèles, à la conversion des infidèles et à combattre les mécréants de l'antechrist : *Hæc cognitio locorum mundi valde necessaria est reipublicæ fidelium et conversioni infidelium, et ad obviandum infidelibus et antichristo*[1].

La seconde, c'est que dans le monde inconnu d'alors se trouvait l'espérance d'un rédempteur. «Les Salives d'Amérique, dit Rohrbacher, disaient que le *Puru* envoya son fils du Ciel pour tuer un serpent horrible qui dévorait les peuples de l'Orénoque; que le fils du *Puru* vainquit ce serpent et le tua; qu'alors *Puru* dit au démon : Va-t-en à l'enfer, maudit, tu ne rentreras jamais dans ma maison » (Gumilia, t. I). Dans les peintures mexicaines, la *femme au serpent* appelée aussi *femme de notre chair*, parce que les Mexicains la regardaient comme la mère du genre humain, est toujours

1. Bacon, *Opus Majus*, p. 189.

représentée en rapport avec un grand serpent; et d'autres peintures nous offrent une couleuvre panachée, mise en pièces par le grand esprit *Tezcatipoca* ou Téoth, qui prend la forme d'une divinité subalterne (Humboldt, t. Ier). Une prophétie ancienne faisait espérer aux Mexicains une réforme bienfaisante dans les cérémonies religieuses; cette prophétie portait que *Centéok* triompherait, à la fin, de la férocité des autres dieux et que les sacrifices humains feraient place aux offrandes innocentes des prémices des moissons. « Tous les Américains, dit un auteur du XVIIIe siècle, attendaient, du côté de l'Orient, qu'on pourrait appeler le pôle de l'espérance de toutes les nations, les enfants du soleil; et les Mexicains, en particulier, attendaient un de leurs anciens rois qui devait venir par le côté de l'aurore, après avoir fait le tour du monde. Enfin, il n'y a aucun peuple qui n'ait eu son expectative de cette espèce [1]. »

« Avec Christophe Colomb, dirons-nous avec Rorbacher, cette expectative commença à se réaliser pour l'Amérique. L'étendard du roi, du sauveur attendu, la Croix, avait été planté d'abord sur le rivage. Depuis assez longtemps, quelque rumeur de la bonne nouvelle avait pu se répandre en Amérique, soit par le Gronland, où, dès Louis le Débonnaire, nous avons vu des missions chrétiennes, soit par d'autres voies providentielles. Le royaume du Christ en ce monde, l'Église de Dieu va se manifester comme le grand jour. Avec le hardi navigateur, arrivent les ambassadeurs de Jésus-Christ, envoyés par son vicaire pour porter la bonne nouvelle à tous les peuples, et les agréger tous au royaume de Dieu et de son Christ. »

Telle était la grande, sublime et sainte mission de Christophe Colomb, et c'est ici que nous entrons en plein dans notre sujet.

---

1. Boulanger, *Recherches sur le despotisme oriental,* sect. 10.

Notre but est de démontrer qu'indépendamment du désir de faire des découvertes dans l'intérêt de ses protecteurs, le héros des mers avait principalement un but religieux, celui de faire connaître le nom de Dieu, de faire briller les lumières du christianisme aux nombreuses peuplades assises à l'ombre de la mort et de travailler au rachat des Lieux Saints.

En d'autres termes, l'illustre navigateur a poursuivi un but surnaturel et il a voulu remplir une mission religieuse. Ce but, cette mission ressortent, avec la dernière évidence, de ses écrits, de ses actes, de ses vertus, de ses miracles, et enfin de l'opinion des écrivains contemporains et postérieurs.

CHAPITRE Ier

Ses écrits.

Dieu, dont la puissance est infinie, possède plusieurs moyens pour manifester ses volontés ; tantôt il emploiera le langage phonétique ; c'est ainsi que nous l'entendons confier des missions à certains personnages de l'Ancien Testament : « Croissez et multipliez-vous, remplissez la terre : *Crescite et multiplicamini, et replete terram* [1], dira-t-il à Adam et à Ève ». « Quitte ton pays, ta parenté et la maison de ton père, dira-t-il à Abraham, et je te ferai le chef d'une grande nation et je bénirai ton nom, et en toi seront bénis tous les peuples de la terre : *Egredere de terra tua, et de cognatione tua, et de domo patris tui, et veni in terram quam monstrabo tibi ; faciamque te in gentem magnam, et benedicam tibi ... atque in te benedicentur universæ cognationes terræ* [2]. »

Tantôt il emploiera le ministère des anges ; et alors nous l'entendrons dire à Jacob : « A l'avenir tu ne t'appelleras plus Jacob, mais Israël, car si tu as été fort contre Dieu, combien plus ne le seras-tu contre les hommes ? *Nequaquam Jacob appellabitur nomen tuum, sed Israël ; quoniam si contra Deum fortis fuisti, quanto magis contra homines* [3] ? »

C'est par le même ministère qu'il annoncera à la Vierge

---

1. *Genèse*, chap. i, 28.
2. *Genèse*, xii, 1, 2, 3.
3. *Genèse*, xxxii, 28.

Marie sa divine mission et qu'il apprendra aux bergers de Bethléem la naissance du Messie. Tantôt il se servira du calme silencieux du sommeil; c'est ainsi qu'il chargera Samuël d'une mission pour le grand-prêtre Héli, et qu'il ordonnera à Joseph de s'enfuir en Égypte avec l'enfant et sa mère. Tantôt enfin, il parlera à l'esprit, au cœur et à l'âme; ce sera une voix intime, nouvelle, extraordinaire et mystérieuse, mais non moins réelle, non moins divine que les autres; c'est ainsi que Dieu a parlé aux prophètes, à Jeanne d'Arc, à François-Xavier et à tant d'autres grandes âmes qu'il a honorées de ses divines et merveilleuses communications.

C'est ce dernier moyen dont Dieu se servira pour parler à Christophe Colomb et lui faire connaître sa mission. Éclairant son intelligence d'une lumière plus vive, plus pénétrante qu'il avait refusée à ses devanciers, Dieu lui fera connaître qu'il existe d'autres terres par delà les espaces. Allumant dans son cœur un zèle ardent pour le salut des âmes il l'excitera à entreprendre de longues circumnavigations pour arracher les âmes à la domination du démon. Lui révélant les trésors enfouis dans ces contrées inexplorées, il l'engagera à travailler à leur extraction pour en consacrer le produit au rachat des lieux saints; c'est Christophe Colomb lui-même qui nous apprend que c'est Dieu seul qui lui a inspiré cette pensée et qui lui a donné l'intelligence et la volonté nécessaires pour la mettre à exécution. « Notre-Seigneur, dit-il, m'a ouvert l'esprit d'une façon presque palpable, et il m'a donné la force de volonté pour exécuter mon projet [1] ».

Voilà pourquoi il se présente comme l'ambassadeur de Dieu auprès des princes chrétiens pour leur proposer une

---

1. « ... Ansi que me abrio Nuestro Senor el entendimiento con mano palpable..... Y me abrio la volontad para la ejecucion dello. Carta del Almirante al Rey y à la Reina. *Colecion diplom.*, nº CXL.

entreprise qui immortaliserait leur règne en la faisant servir à Notre-Seigneur, répandant son saint nom et la foi parmi tant de peuples[1].

Il va même jusqu'à nous apprendre que Dieu, pour lui faire atteindre plus sûrement son but, « l'a doué d'ingéniosité et d'habileté manuelle pour dessiner des sphères, et y inscrire, à leur place respective, les villes, les rivières et les ports; et qu'il lui a donné l'intelligence de l'astrologie, de la géométrie et des mathématiques[2] ».

Ce qui nous confirme dans notre persuasion, c'est que nous entendons une voix mystérieuse parler au grand homme dans une circonstance mémorable.

Lors de son dernier voyage, assailli par une affreuse tempête, voyant ses caravelles ballotées en tous sens et prêtes à sombrer; entendant les cris, les gémissements et les pleurs de ses équipages au désespoir et se trouvant dans l'impuissance d'apporter le moindre soulagement, il se laisse choir, l'âme navrée, accablée de tristesse, comme autrefois le prophète sous le genévrier du désert ou le divin Maître au jardin des Oliviers; voilà qu'au milieu de son sommeil angoissé il entend une voix compatissante qui lui tient ce langage : « O insensé! lent à croire et à servir ton Dieu, le Dieu de tous les hommes! Que fit-il de plus pour Moïse ou pour David, son serviteur? Dès ta naissance, il prit toujours le plus grand soin de toi; lorsqu'il te vit parvenu à l'âge fixé dans ses desseins, il fit merveilleusement retentir ton nom sur la

1. « Por su infinita bondad hizo a mi mensagero dello, al cual vine con el embajada a su real conspetu movido como à los mas altos principes de cristianos y que tan se ejercitaban en la fé ».

2. « A Nuestro Senor my..... prospercro; y ove del para ello spirito de intelligencia : en la marineria me fiso abundoso ; de astrologia me dio lo que abastaba ; y ansi de geometria y aritmetica; y genio en el anima y manos para debuy ar espera, y en ella las cibdades, rios y montanor islas y puertos, toto en su proprio sito ». Lettre au roi catholique dans Gallardo, *Ensayo*, t. II, col. 503.

terre. Les Indes, cette si riche portion de l'univers, il te les a données comme tiennes ; tu les a distribuées comme il t'a plu ; et en cela il t'a transféré son pouvoir. Il t'a donné les clefs des barrières de la mer Océane, fermées jusque-là de chaînes si fortes ! On obéit à tes ordres dans d'immenses contrées, et tu as acquis une renommée glorieuse parmi les chrétiens.

« Que fit-il de plus pour le peuple d'Israël, lorsqu'il le tira de l'Égypte ? Et pour David même, qui, de simple pasteur, devint roi puissant de Judée ? Rentre en toi-même ; reconnais enfin ton erreur ; la miséricorde du Seigneur est infinie ; ta vieillesse ne fera pas obstacle aux grandes choses que tu dois accomplir. Le Seigneur tient entre ses mains des héritages de longues années. Abraham n'avait-il pas plus de cent ans lorsqu'il engendra Isaac ? et Sara elle-même était-elle jeune ? Tu réclames un secours incertain : réponds : qui t'a tant et si souvent affligé ? Est-ce Dieu ou le monde ? Dieu maintient toujours les privilèges qu'il a accordés et ne fausse jamais ses promesses. Le service une fois rendu, il ne dit point que l'on n'a pas suivi ses intentions, qu'il l'entendait d'une autre manière ; il ne martyrise pas afin de prouver sa puissance. Il suit l'esprit de la lettre. Tout ce qu'il promet, il le tient, et même au delà ! N'est-ce pas son usage ? Voilà ce que ton Créateur a fait pour toi et ce qu'il fera pour tous. Montre maintenant la récompense des fatigues et des périls que tu as essuyés en servant les autres ! » « J'étais, ajoute Christophe Colomb, à demi-mort en entendant tout cela ; mais je ne sus trouver aucune réponse à des paroles aussi vraies. Je ne pus que pleurer mes erreurs Celui qui me parlait, quel qu'il fût, termina en disant : Ne crains pas ; prends confiance : toutes ces tribulations demeureront gravées sur le marbre, et ce n'est pas sans raison [2]. »

1. O ! estulto, y tardo à creer y à servir à tu Dios, Dios de todos !

« Cette lettre, dit Humboldt, je la recommande à ceux qui veulent étudier le caractère de cet homme extraordinaire : le récit de la vision nocturne dans laquelle au milieu de la tempête, une *voix céleste* rassure le vieillard par ces mots : *Iddio maravigliosamente*, etc. » « Ce morceau est plein d'élévation et de poésie » [1]. Et Villemain, en lisant cette page magnifique, ne peut s'empêcher d'écrire : « Il faut clore le xve siècle par cette vision sublime où rien ne manque : le génie, l'enthousiasme et le malheur d'un grand homme[2] ». Comme on le voit, le Ciel faisait de prophétiques communications à Christophe Colomb ; il était heureux

Que hizo el mas por Moysès o por David sù siervo ! « Desque nasciste siempre èl tuvo de ti muy gran cargo. Cuandote vido en edad de que el fue contento, maravillosamente hizo sonar tu nombre en la tierra. Las Indias, que son parte del mundo, tan ricas, te las dio por tuyas : tu las ripartiste adonde te plugo, y té poter pora ello. De los atamentos de la mar Oceana que estaban cerrados con cadenas tan fuertes, te dio los llaves; y fuiste obedescido en tantas tierras, y de los cristianos cobraste tan honrada fama. Que hizo el mas alto pueblo de Israel cuando le saco de Egipto ? Ni por David, que de pastor hizo Rey en Judea! Tornate à el, y conosce y a tu yerro; su misericordia es infinita : tu vejez no impedira à toda cosa grande ; muchas heredades tiene el grandissimas. Abraham pasaba de cien anos cuando engendro à Isaac, ni Sara era moza ? Tu llamas por socorro incierto ; responde, quien te ha afligido tanto y tantas veces Dios o el mundo? Los privilegios y promesas queda Dios, no las quebranta, ni dice despues de haber recibido el servicio que su intencion no eza esta, y que se entendie de otras maneza, ni da martirios por dar color à la fuerza. El va al pie de la letra : todo lo que el promete cumple con acres centamiento. Esto es uso ? Dicho tengo lo quo tu Criador ha fecho por ti y pace con todos. Ahor a media muestra el galardon de estos afanes y peligros que hos passado serviendo a otros. No temas, confia : Todas estas tribulaciones estan escritas en piedra marmol, y no sin causa (De Navarette, t. III, p. 135).

1. De Navarette, t. III, p. 135.
2. *Tableau de la littérature au moyen âge*, t. II.

de reconnaître, tout en se jugeant, ainsi que nous le verrons plus loin, indigne de pareilles faveurs.

Avant de poursuivre notre démonstration, arrêtons-nous un instant à cette sublime vision pour en dégager plusieurs faits importants.

Indépendamment des célestes communications dont elle prouve la réalité, cette vision trace les grandes lignes de la mission surnaturelle de l'illustre Génois. C'est pourquoi nous l'entendons le comparer aux trois plus grands hommes providentiels dont Dieu se soit servi pour accomplir ses projets divins sur la terre : c'est-à-dire, Abraham, Moïse et David.

Dieu avait dit à Abraham de quitter son peuple [1] ; qu'il le rendrait père d'un grand peuple [2], et qu'il rendrait son nom célèbre [3]. Christophe Colomb, comme Abraham, a dû quitter son pays natal, la maison paternelle et ses vieux parents. Les peuples qu'il a conquis et dont il a été réellement le père sont immenses : « On obéit à tes ordres dans d'immenses contrées. » Enfin Christophe Colomb, suivant cette même voix, a acquis une renommée glorieuse parmi les chrétiens, on peut dire la plus glorieuse de la terre.

Dieu avait préservé Moïse, dans son enfance, des eaux du Nil ; n'a-t-il pas préservé deux fois le jeune Christophe des eaux de la Méditerranée dans sa rencontre avec les corsaires et dans les eaux du Portugal ?

Dieu avait fait passer Moïse à travers la mer Rouge comme personne n'y avait jamais passé ; le même Dieu donne à Christophe Colomb les clefs des barrières de la mer Océane, fermées jusque-là aux plus hardis navigateurs. Dieu donne à Moïse le pouvoir d'arracher le peuple d'Israël à la servitude

1. Egredere de terra tua (*Gen.*, xii, 1).
2. Faciamque te in gentem magnam (*Id.*, 2).
3. Magnificabo nomen tuum (*Id.*, 3).

d'Égypte, et nous le verrons donner à Christophe Colomb un pouvoir plus grand encore, celui d'arracher plusieurs peuples païens à la tyrannie du démon. Dieu avait transformé David de berger en roi, et il transforme Christophe Colomb de simple mousse en vice-roi ; David, avec un caillou, extermine le géant Goliath et met en déroute son armée, et Christophe Colomb, avec une poignée de chrétiens, mettra en déroute cent mille Indiens. David échappe aux poursuites de Saül et de ses ennemis conjurés et Christophe Colomb, après avoir été chargé de chaînes par les siens, est reconnu innocent et retrouve son ancien prestige.

Abraham, après l'épreuve que Dieu lui avait commandée, offre un sacrifice au Seigneur ; Moïse, après la victoire contre les Amalécites, lui dresse un autel. David, à la fin de ses jours, offrit à Dieu un magnifique holocauste et fit à son fils Salomon ses paternelles recommandations touchant les lois du Seigneur, et Christophe Colomb, lui aussi, fera célébrer une messe après sa brillante victoire d'Hispaniola, ordonnera la construction d'une église à Saint-Domingue et en mourant il prescrira la célébration de trois messes par jour et laissera à ses héritiers les plus sages recommandations touchant la religion, l'Église et les âmes des trépassés.

Comme on le voit, la voix céleste proclame d'une manière étonnante la mission surnaturelle de Christophe Colomb, chez qui nous trouvons les mêmes caractères et des analogies extraordinaires avec les hommes providentiels qui l'ont précédé.

Ce n'est pas tout encore : à mesure que cette voix se fait entendre, elle devient plus claire, plus explicite, plus expressive ; non seulement elle nous apprend que Dieu a choisi Christophe Colomb pour son ambassadeur, son lieutenant, son héraut sur la terre, mais elle nous dit qu'il lui fait des promesses, qu'il lui a accordé des privilèges et qu'il tiendra ces promesses et maintiendra ces privilèges, *los pri-*

vilegios y promesas que dá Dios, no las quebranta ; tout ce qu'il promet, continue la voix, il le tient, et même au delà : *todo lo que èl promete cumple con acrescentimento ;* Dieu fait plus en faveur de Christophe Colomb. Il se montre d'une libéralité magnifique ; il lui délègue son autorité, il lui donne son pouvoir : « Les Indes, cette si riche portion de l'univers, il te les a données, comme tiennes ; tu les as distribuées comme il t'a plu ; et en cela il t'a transféré son pouvoir. *Tu las ripartiste adonde te plugo ; y te diò poder para ello.* »

Soulignons, en terminant, les dernières paroles de la voix mystérieuse : « Ne crains rien ; prends confiance ; toutes ces tribulations demeureront gravées sur le marbre, et ce n'est pas sans raison. *No temas ; confia ; todas estas tribulaciones estan escritas en piedra marmol, y no sin causa.* »

C'est cette année surtout, et, espérons-le, dans un avenir prochain aux yeux de l'Église, que cette prophétie recevra son glorieux accomplissement ; car, sur tous les points du globe, on s'apprête par la toile, le marbre et le bronze, par les expositions, les panoramas et les académies, les fêtes, les jeux et les chants, à dédommager Christophe Colomb des injustices, des tribulations et des amertumes dont on l'a accablé durant sa vie.

Cette pensée de l'inspiration divine faite à Christophe Colomb, nous sommes heureux de la voir partagée par un de nos grands penseurs et le plus religieux de nos poètes contemporains : « l'instrument caché mais divin de cette Providence, dit Lamartine, quand elle daigne se servir des hommes pour se préparer ou pour accomplir une partie de ses plans, c'est l'inspiration. L'inspiration est véritablement un mystère humain dont il est difficile de trouver sa source dans l'homme même. Elle semble venir de plus haut et de plus loin. Voilà pourquoi on lui a donné un nom mystérieux aussi et qui ne se définit bien dans aucune langue : génie.

La Providence fait naître un homme de génie. Le génie est un don ; il ne s'acquiert pas par le travail, il ne s'obtient même pas par la vertu. A ce génie, la Providence envoie une inspiration. L'inspiration est au génie ce que l'aimant est au métal. Elle l'attire indépendamment de toute conscience et de toute volonté vers quelque chose de fatal et d'inconnu, comme le pôle. Le génie suit l'inspiration qui l'entraîne et un monde moral ou un monde physique est trouvé.

« Voilà Christophe Colomb et la découverte de l'Amérique[1]. »

Docile à cette voix mystérieuse, tout plein de son auguste mission, confiant dans sa réussite, Christophe Colomb s'en repaît et l'étudie tous les jours ; il en fait l'objet de ses entretiens avec les religieux, les évêques, les légats pontificaux ; il la fait passer dans ses notes, dans ses écrits, dans ses communications aux divers personnages qu'il cherche à intéresser à son plan.

Plein de l'inspiration divine et des pensées de son siècle, Christophe Colomb ne laisse échapper aucune occasion pour parler de sa mission. Écoutons-le. Avant même d'entrer en relation avec les rois catholiques, nous l'entendons écrire au savant Florentin Toscanelli que la découverte d'un nouveau monde apportera des avantages inappréciables à toute la chrétienté. *E guadagno inestimabile e di grandissima fama appresso tutti li Cristiani*[2] ».

« D'après les indications que j'avais données à Vos Altesses royales, écrira-t-il au roi et à la reine d'Espagne, sur les terres de l'Inde et sur un prince appelé grand khan, et de ce que plusieurs fois lui et ses prédécesseurs avaient envoyé à Rome y demander des docteurs de notre sainte foi pour qu'ils la lui enseignassent ; comme le Saint-Père ne l'en avait jamais pourvu et que tant de peuples se perdaient en

1. *Christophe Colomb*, p. 4.
2. Seconde lettre de Paul Toscannelli à Christophe Colomb.

croyant à l'idolâtrie... Vos Altesses pensèrent, en leur qualité de catholiques chrétiens et de princes amis et propagateurs de la sainte foi chrétienne... *de m'envoyer, moi, Christophe Colomb, aux dites contrées de l'Inde pour vous faire connaître leurs dispositions et leur état et vous dire la manière dont on pourrait s'y prendre pour les convertir à notre sainte foi*[1]. »

« La fin de cette entreprise, écrira-t-il le 27 novembre 1492, et son accomplissement, n'ont d'autre but que l'accroissement et la gloire de la religion chrétienne[2] ».

« J'espère, écrira-t-il encore, en Notre-Seigneur, de pouvoir publier son saint nom et l'Évangile dans tout l'univers[3]. »

Tantôt il avouera, avec une admirable modestie, « que cette grande et vaste entreprise n'est pas due à ses mérites, mais seulement à la sainte foi catholique, à la pureté de la religion de ses souverains » ; il profite de cet hommage pour engager « le roi, la reine, les princes et les royaumes » à

1. « Por la informacion que yo habia dado a Vuestra Altezas de las tieras de Indias, y de un principe que a llamado *gran can*, que quiere decir en Nuestro romance Rey de los Reyes, como muchas veces èl y sus antecesores habian enviado à Roma à pedir doctores en nuestra santa fé por que le ensenasen en ella, y que nunca el Santo Padre le habia proveido, y se perdian tantos pueblos creyendo en las idolatrias, è recibiendo en si sectas di perdicion, Vuestras Altezas, como catolicos cristianos y principes amadores de la santa fé cristianay y acrecentandores della, y enemigos de la secta de Mahoma e de todas y heregias, pensaron de enviarme à mi Cristobal Colon à las dichas partidas d'India para ver los dichos principes, y los pueblos y tierras, y la disposicion dellas y detodo, y la manera que se puderia tener para la conversion dellas à nuestra santa fé..... ». Navarette, *Colecion los viages*, 1, 2.

2. « Pues esto fue el fin y el comienzo del proposito que fuese por acrecentamiento y gloria de la religion cristiana ». *Journal* de Chr. Colomb, 27 novembre 1492.

3. « Porque yo spero en Nuestro Senor de divulgar su santo nombre y Evangelio en el universo ».

agir de concert et à rendre grâce à Notre-Seigneur des grands succès remportés sur les infidèles ; à organiser des processions, à célébrer des fêtes, afin que Notre-Seigneur tressaille de joie sur la terre, comme il se réjouit dans les cieux en voyant le prochain salut de tant de peuples voués jusqu'à présent à la perdition[1] ».

Tantôt il proclamera qu'il a été choisi pour être le messager du Très-Haut : *Despues de dicho por boca de Isaias, me hiso dello mensagero y amostró en cual parte*[2].

Pour mieux souligner le caractère surnaturel de sa mission, Christophe Colomb écrira une longue lettre au pape, dans le genre des *Commentaires* de César, dans laquelle il assure Sa Sainteté « qu'il a entrepris ces longs voyages au nom et sous l'invocation de la sainte Trinité, pour la gloire et l'honneur de la sainte religion chrétienne, et qu'il espère du Dieu éternel un heureux succès comme pour le passé ». Il prie de plus Sa Sainteté de lui envoyer des religieux pour évangéliser les Indiens. Il demande des prêtres et des religieux bénédictins, chartreux, hiéronymites, des mendiants, pour mener à bonne fin sa sainte entreprise et pouvoir répandre partout le nom de Notre-Seigneur et son saint Évangile[3]. »

1. Con todo, esta impresa digna y admirable, non esta en porporcion de mis meritos, sino que es debida à la sagrada fe catolica, y à la piedad y religion de Nuestros Reyes..... Asipuès el Rey, la Reina, los principes y sus reinos felicissimos, como toda la cristiandad, tributen gracias à Nuestro Salvador Jesu Cristo, que nos concedio tal victoria y prosperos sucesos. Celebrense processiones : haganse fiestas solemnes ; llenense los templos de ramas y flores, gozese Cristo en la tierra cual se regocija en los Cielos, alver la proxima salvacion de tantos pueblos, entregados hasta ahora ala perdicion. (*Colecion de los viages*, Navarette, t. 1, p. 193, Lettre de C. Colomb à Raphaël Sanchez.)

2. *Colecion dipl.* 1. p. 265.

3. Goz ara mi anima y discansar a si agora en fin pudiera venir

Comme on vient de le voir, il ressort, avec une clarté évidente, des écrits de Christophe Colomb, que son but, en entreprenant ses voyages et ses découvertes, n'était pas de conquérir des royaumes, des richesses et de la gloire, mais de gagner des âmes à Dieu et de procurer sa gloire.

à V. Santidad comma escriptura, la cual tengo para ello que es en la forma de los *Comentarios* è uso de Cesar, en que he proseguido desde el primero dia fasta agora que se atravero à que yo hay a de bacer en nombre de la santa Trinitad viage nuevo, el cua sera a su gloria y honora de la santa religion cristiana : Yo spero de quel eterno Deos vitoria destu como de todo la passado ». (*Docum. dipl.*, n° CXLV.)

Agora, Beatissime Pater, supplico a V. Santidad que por mi consolacion, y por otros respectos que tocan à esta tan sancta è nobil impresa que me dé ayuda de algunos sacerdotes y religiosos que para ello conosco que son idoneos y por su brevemande à todos los superiores de culquir orden de S. Benito, de Cartiya, de S. Hieronimo, de minores è mendicantes. Que puéda yo, o quien mi poder tuvier, escoger dellos fastas scis, los cuales negocien adonde quier que fuere menester en esta tan santa impresa ; porque yo espero en Nuestro Señor de divulgar su santo nombre y Evangelio en el Universo... Lettre à Alexandre VI, *Documento dipl.*, n° CXLV.

CHAPITRE II

Ses actes.

Tout rempli de son rôle providentiel, Christophe Colomb ne se contente pas de faire connaître sa mission, par ses paroles et ses écrits, et d'en faire part aux princes, aux papes, aux religieux et aux peuples chrétiens, mais il sanctionne cette même mission par ses actes; aussi le voyons-nous donner à ses préparatifs de départ, à sa flotte, à ses ordres et à ses découvertes, un caractère franchement religieux et chrétien.

Après avoir passé plusieurs jours dans le recueillement et la prière dans la chapelle du couvent de la Rabida, le messager divin se rendit accompagné de Jean Perez, qui ne l'abandonnait jamais[1], à l'église paroissiale de Paros[2], pour y entendre, suivant qu'il l'avait demandé lui-même, lecture de la lettre des rois catholiques par laquelle ils s'engageaient à lui livrer deux caravelles montées et armées[3]. Cette prise de possession effectuée aux pieds des autels, il change le nom de la petite carague *Gallega*, en celui de *Sainte-Marie*[4], et il y arbore son pavillon de commandant.

Le vendredi 3 août, ayant fait la sainte communion[5], il

---

1. *Documents dipl.*, nᵒ VII.
2. *Docum. dipl.*
3. *Historie*, ch. xv.
4. La capitana nella quale ci monto, si chiamò Santa Maria.
5. Rescibio el santissimo sacramento de la Eucaristia eldia mesmo que entro en la mar (Oviedo y Valdez, *La historia natural y general de las Indias*, lib. II, cap. v, p. 6).

monte sur la *Sainte-Marie*, où il arbore le drapeau royal de la flotille, représentant l'image de Notre-Seigneur cloué sur la croix [1]; puis, c'est au nom de *Jésus-Christ* qu'il commande de déployer les voiles [2]. Ses historiens nous le montrent récitant pieusement ses prières du matin et du soir, l'office des Tertiaires de Saint-François et jeûnant ponctuellement les jours prescrits par l'Église. C'est au nom de Jésus-Christ qu'il commence son *Journal* de bord [3] et qu'il donne ses ordres; et c'est sous l'invocation de la sainte Trinité qu'il entreprend ses voyages [4]. La pensée de Dieu, du Ciel et de la sainte Vierge est constamment présente à son esprit durant ses traversées.

Tantôt il remercie Dieu des vents favorables qu'il lui envoie [5], du beau temps et de la santé de son équipage, de lui donner la victoire sur les tempêtes [6] et de permettre à l'eau douce de maîtriser l'eau salée, ce qui sauve son navire d'un naufrage certain [7]. Tantôt c'est à Dieu qu'il reporte la vue de quelques oiseaux présages des terres [8], la découverte d'une ile, d'un fleuve [9] et des mines d'or [10], en un mot de tout ce qu'il

1. Una bandiera nella quale era figurato il Nostro Signore Gesu-Christo in croce (Giov. Battista Ramusio, *Delle navigazioni e viaggi raccolte*, vol. III, p. 1).

2. Y en el nombre de Jesus mando de splegar las velas (Oviedo, *id.*, lib. II, cap. v, p. 6.

3. In nomine Domini Jesu-Cristi (Navarette, t. I, p. 1).

4. Agora sera mi viage, en nombre de la Santa Trinidad (*Carta del Alm.* al. R. P. Fray Gasparo); Eparti en nombre de la Santa Trinitad (Nav., I, p. 243-245).

5. La mar llama y buona siempre : à Dios muchas gracias sean dadas (Nav., t. I, p. 16).

6. Y ele terno Dios le die espierzo y valor contra todos etc. (Nav., I, p. 152-167).

7-8-9-10. Nuestro Senor me aderece, por su piedad, que alle este oro, digo su mina, que nartos tengo a qui dicen que la saben (Nav., I, p. 108 et *passim*).

découvre : *Le descubri por virtud divinal trescientas y trenta y tres legas de la tierras firma, sexcentasislas de nombre* (Nav., I, p. 234).

Est-il assailli par la tempête? Il fera vœu d'aller à la première église qu'il trouvera pour remercier Dieu de l'en avoir préservé, et nous le verrons par trois fois [1] consécutives aller nu-pied, en chemise, un cierge à la main aux chapelles de Notre-Dame de la Guadeloupe, à Notre-Dame de la Ceinture et de Rotondo accomplir fidèlement la pieuse promesse [2].

Échoue-t-il à une côte? Il dira tout simplement « que c'est Dieu Notre-Seigneur qui l'a fait échouer afin qu'il s'établît en cet endroit ».

Découvre-t-il une terre, une île, un cap, un fleuve? Immédiatement il entonne, tantôt le *Magnificat*, tantôt le *Te Deum;* et, une fois mis le pied à terre, il donne à sa découverte un nom religieux, tel que Trinité [3], cap des Anges,

---

1. El Almirante y todo la gente hicieros voto de en llegando à la primiera tierra intodos en camisa, en procenos a hacer oracion en una iglesia qui fuen de la invocacion de Nuestro Senor (Nav., I, 151).

2. Nav., (t. I, p. 155. Y il iria despuer con la otra mitad. — *Item* (Nav., I. 155).

Echo suertes para invias un peregrina diz qui à Sant Maria de la Cinta en Huelba, que fuen en camisa; y ca y o la suerte al Almirante(Nav., I, 161).

3. *Colecion de los viajes* (Navarette). *Despues de habar nombrado à la isla de la Trinidad,* t. I, p. 217. — Esta el cabo que dijo del Angei, *id.,* 131. — Epuès le nombre de Cabo de Gracias à Dios, 284. — Puso nombre al valle, valle del Paraiso, 91. — El cual tiene forma de un alfaneque muy hermoso, al cual puso nombre Monte Cristi, 123. — Y asi hayo y sera lijos desta de San Salvador, 25. — Isla de Santa Cruz, 208. — Alacual puse nombre la isla de Santa Maria de la Concepcion, 26. — La isla Santa Maria, una de las Azores, 154. — E tomado posesion de una villa grande a la cual puso nombre la villa de Natividad, 172. — El rio de Belen, 286. — Isla de San Martino, 206. — Mayor de estas illas llamo el Almirante

Saint-Michel, île de la Grâce, vallée du Paradis, Monte-Christo, Saint-Salvador, Sainte-Croix, Conception, Sainte-Marie, Nativité, Béthléem, Saint-Jean-Baptiste, Sainte-Marthe, Saint-Nicolas, Sainte-Catherine, Saint-Martin, Saint-Thomas, Sainte-Ursule, Saint-Christophe, Port-Saint, la Dominique, Montserrat, Sainte-Marie-la-Rotonde, Sainte-Marie-l'Ancienne, les Onze mille Vierges, etc.

C'est à Dieu enfin qu'il rapporte la conservation de la santé de ses équipages : *por consigniente la conservacion de la saintad despues de Dios* (Nav., I, 228).

Ce n'est pas tout : « Pour laisser un signe qu'il prend possession de ces terres au nom de Jésus-Christ [1] », l'ambassadeur de Dieu y dressera une croix [2]; c'est ce que nous voyons partout mais principalement à Porto Santo, à Ispaniola, à San Domingo. Dans tous les endroits où j'aborde, écrira-t-il, je fais planter une croix élevée [3]. Cela fait, il se prosternera trois fois devant le symbole sacré, il baisera la terre et il entonnera tantôt le *Vexilla Regis*, tantôt le *Te Deum*, tantôt enfin le *Salve Regina*.

Ce n'est pas tout encore; il demandera aux rois catholiques des délégués apostoliques, des évêques, des religieux et des missionnaires pour y bâtir des églises, des écoles, afin de

Santa Ursula, 280. — El almirante la nombro Santa Maria de la Rotonda, 206. — Y a todas otras islas nombre Once mil Virgines, 280. — La Dominica que llamo asi por haberla descuberto in die Domingo, 200.

1. Per lasciare un segno d'haver preso la possessione in nome di Gesu Christo Nostre Signore. — Ramusio, *Delle navigazione e viaggi raccolte*, vol. III, p. 2.

2. Puese una gran cruz à la entrada del puerto en senal que Vuestras Altezas tiener la tierra por suya y principalmente por senal de Jesucristo Nuestro Senor, y honra de la cristiandad (Nav., I, p. 86).

3. Y en todo cabo mando plantar una alta cruz (Navarette, t. I, p. 262).

propager la religion chrétienne, et nous le voyons lui-même enseigner l'Évangile et entreprendre la conversion du Cacique à qui il fait accepter une médaille de la sainte Vierge.

« Je dis aux habitants de ces contrées tout ce que je puis sur notre sainte foi, sur la croyance à l'Église notre mère, sur la civilisation et la noblesse de tous les chrétiens et sur la foi qu'ils ont en la sainte Trinité[1]. »

De tout ce que nous venons de citer des paroles, des écrits et des actes de Christophe Colomb, il appert clairement que le but qu'il se proposait à travers la *mer Ténébreuse, mare Tenebrosum* et dans ses périlleux et lointains voyages, c'était la diffusion des lumières du christianisme chez les peuples qui étaient assis à l'ombre de la mort.

Indépendamment de ce but principal, Christophe Colomb s'en était proposé un autre : c'était le rachat des Lieux Saints. Pour bien comprendre le généreux et grandiose dessein du grand homme, il est bon de savoir quelle était, à cette époque, la puissance musulmane et les dispositions de l'Église à l'égard de cette puissance qui détenait les Lieux Saints.

Le 29 mai de l'année 1453, Constantinople tombait aux mains de Mahomet II. Ce grave événement constituait une menace constante pour l'Europe chrétienne. Après l'empire des Grecs les Turcs rêvaient d'asservir l'empire des Latins. Gardienne vigilante des intérêts politiques et religieux de l'occident, l'Église se montrait vivement préoccupée de ce danger. Aussi la voyons-nous toujours en éveil soit pour signaler le danger, soit pour engager les princes chrétiens à y faire face, soit pour le combattre avec ses propres armes.

Deux ans après la prise de Constantinople, en 1455, nous

1. Yo digo de nuestra santa fe todo loque puedo, y de la creencia de la S. Madre Iglesia; y digo la policia y nobleza de todos los cristianos, y la fe que en la S. Trinidad tiennen (Navarette, 1, 622).

voyons le pape Calixte III, envoyer des prédicateurs en Angleterre, en Allemagne, en France et en Portugal pour exhorter les princes à se croiser contre Mahomet; nous le voyons même envoyer de l'argent et des galères à Huniade, régent de Hongrie, des secours considérables au fameux Scanderbeg et repousser ainsi l'invasion musulmane.

En 1459, nous voyons Pie II convoquer à Mantoue tous les potentats chrétiens pour les engager à s'unir contre les Turcs; il va même jusqu'à écrire à Mahomet II une lettre empreinte d'une rare élévation, restée malheureusement sans réponse. Nous le voyons enfin se mettre en personne à la tête d'une croisade composée de quelques-unes des puissances d'Italie; mais il mourut à Ancône, au moment où la flotte vénitienne venait le rejoindre.

Après Pie II, c'est Paul II qui fait appel à tous les princes d'Italie, de Hongrie, d'Allemagne et à l'invincible Scanderbeg et qui envoie de considérables sommes d'argent pour combattre le colosse musulman.

Marchant sur les traces de ses prédécesseurs, Sixte IV (1471) essaie, mais en vain, de réunir à Mantoue, pour les liguer contre les turcs, les princes allemands, hongrois, polonais, français, italiens et espagnols.

En 1484, Innocent VIII, compatriote de Christophe Colomb, ayant appris que Bajazet II, empereur des Turcs, préparait une armée formidable pour fondre sur l'Italie, équipe soixante galères et vingt vaisseaux, écrit au roi de Naples, aux autres princes d'Italie, avertit Ferdinand et Isabelle d'Espagne du danger que va courir leur royaume de Sicile; quatre ans plus tard, nous le voyons publier en Angleterre et en Allemagne une croisade contre le même Bajazet. « Il paraîtrait, dit Rhorbacher, que le sultan négocia secrètement avec le grand-maître de Rhodes, peut-être même avec le pape, pour tenir son frère Zizim en occident, *moyennant une pension convenable et avec promesse de ne point inquié-*

ter pendant ce temps ni les chevaliers de Rhodes ni les autres pays chrétiens.

Malheureusement, les efforts et les démarches des papes échouèrent presque toujours en présence des divisions, des rivalités des trahisons et des guerres des uns, de l'impéritie et du manque d'argent des autres, puisque nous voyons les peuples refuser jusqu'aux décimes et au denier de Saint-Pierre.

Cela n'empêche pas d'affirmer que l'Église avait constamment les yeux fixés avec inquiétude du côté des musulmans dont elle désirait, sinon la destruction, du moins la conversion, pour pouvoir jouir tranquillement des Lieux Saints. C'est ce qui nous explique ce vœu, d'une incomparable énergie, tombé des lèvres de Calixte III avant son élection : « Moi Calixte, pape, je voue à Dieu tout-puissant et à la sainte et indivisible Trinité, que je poursuivrai les Turcs, ennemis très cruels du nom chrétien, par la guerre, les malédictions, les anathèmes, les exécrations et de toutes manières qui seront en ma puissance ».

Et bien ! s'étant bien pénétré de ces aspirations de l'Église et de la papauté, désolé de l'indifférence, du mauvais vouloir et des querelles intestines des princes chrétiens à l'endroit du saint sépulcre, Christophe Colomb forma le projet de travailler tout seul à le conquérir à l'Église, comme il travaillait à conquérir, tout seul, un monde nouveau à Jésus-Christ.

C'est pourquoi nous le verrons écrire aux rois catholiques : « Je proteste à Vos Altesses que toute la garantie de cette entreprise réside dans la conquête de Jérusalem ; Vos Altesses en riront ; elles diront ce qui leur plaît.[1] ».

---

1. Proteste à Vuestras Altezas que toda la garancia de esta me empresa se gastase en la conquista de Jerusalem, y Vuestras Altezas se rieron, y dijeron que les placia, y que Sin esto teniam aquella ansia. *Journal* de bord, mercredi, 26 novembre 1492.

Plus tard, il fera un travail sur les prophéties, *Profecias*, dans lequel, avec le concours de savants religieux, il réunira tous les textes sacrés qui font allusion au tombeau du Christ. Malgré qu'il ne nous reste que quelques fragments de ce précieux manuscrit [1], qui n'est qu'une ébauche de la pensée de l'auteur, nous savons, par le P. Gaspard Gorricio auquel il avait été envoyé pour l'examiner et l'enrichir au besoin, qu'il renfermait des choses salutaires, consolantes, instructives et engageantes au service de Notre-Seigneur et profitables à toute la chrétienté [3].

1. Esta empresa se torno con fin de gastar loque della se obiese en presidio de la Casa Santa. ... Lettre de C. Colomb aux rois catholiques, février 1502. — Jerusalem la cual impresa si fe hay tenga por muy cierta la vitoria (Nav., II, 282, 265).

2. Voici d'ailleurs le titre du dit livre : *Incipit liber novus manipulus de auctoritatibus, dictis ac sententiis et prophetiis circa materiam recuperandæ sanctæ Civitatis et Montis Dei Sion.*

Voici la letre assez curieuse qu'il écrivait au savant religieux, à ce sujet :

Révérend et très pieux Père, quand je suis arrivé ici, je commençai à chercher dans la Bible tous les textes qui avaient rapport à la sainte maison de Jérusalem ; je les avais depuis revus et mis en vers, selon le lieu et place. Depuis, il m'est survenu tant d'occupations qu'il m'a été impossible de continuer ce travail.

Fait à Grenade le 3 septembre 1501.

Illas Indias y tierras firmas ... al P. D. Frey Gaspar Gorrricio,

Reverendo y muy devoto Padre. Cuando vine a qui comencé à sacar las autoridades que me parescia que hacian al caso de Jerusalem ! ! (en la Biblia) para despues tornarlas à rever, y las poner en rima en su lugar adonde hiciesere al caso. Despues sucedio en mi otras ocupaciones par doude no hobo logar de pro seguer mi obra, ni lohay.

Fecha en Granado à trece de setiembro de mil quinientos uno. *Doc.* CXL.

3. Esperando de mi ensena y despertar mi entendimiento en cosa tan salutifera consolatoria, admonitoria y provocativa al servicio de Suestro Nenor Dios, y al pro é haura de toda la religion cristiana. *Codic. diplom.*, n° CXL.

Or, « ce travail sur les prophéties, dit Rosélly de Lorgues, avait pour seul objet la délivrance des lieux saints »... Ce qu'ambitionnait le disciple du Verbe, c'était, en délivrant du joug des infidèles la terre des miracles, de réunir Jérusalem à Rome; de donner le tombeau du Sauveur au successeur du prince des apôtres. Ainsi la Palestine aurait appartenu au saint-siège, d'après le lien naturel, à l'ancienne Jérusalem la Jérusalem nouvelle, comme l'ancienne Loi au Nouveau Testament; les lieux saints auraient été ajoutés au domaine de Saint-Pierre, en apanage de son droit d'aînesse apostolique[1]. C'est ce qui résulte de ces paroles : « Cette entreprise a pour but de conquérir et de défendre la maison sainte... J'espère dans le Saint-Esprit qu'il me donnera la victoire sur Jérusalem[1] ».

Mais c'est surtout dans l'institution du majorat, qu'il formule, d'une manière plus précise encore, toute sa pensée à l'endroit des lieux saints : « Lorsque je me suis décidé à aller à la découverte des Indes, dit il, ce fut avec l'intention de supplier le roi et la reine, nos souverains, de vouloir bien employer les revenus provenant de l'or de ces pays à la conquête de Jérusalem[2]. »

Cette pensée du rachat des Lieux Saints et de l'extermination des musulmans lui tenait particulièrement au cœur. Ne l'a-t-on pas vu d'ailleurs dans les rangs des croisés, faire le siège de Constantinople et contribuer, dans la mesure de ses forces, à mériter à sa patrie le magnifique éloge qu'en ont fait les papes et les princes séculiers? Plein de cette pensée, il proclame que Dieu lui a fait une grâce telle qu'il

---

1. Rosélly de Lorgues, *Hist. de C. Colomb*, t. II, p. 154-155.

2. Y porque al tiempo que yo me movi para ir à discubris las Indias fui con intencion de suplicar al Rey y à la Reina nuestros senores que de la renta que de Sus Altezas de las Indias hobrese que se déterminase de la gastar en la conquista de Jerusalem, y asi se lo supliqué. *Docum. dipl.*, nᵒ CXXVI, p. 233.

n'en a jamais faite de plus grande après David ; il était convaincu qu'il devait exister une grande quantité d'or entre Costa-Rica et Gatemiala, où il croyait que David avait trouvé l'or nécessaire à la construction du temple de Jérusalem. « David, dit-il, laissa trois mille quintaux d'or des Indes à Salomon pour l'aider à bâtir le temple, et, suivant Josèphe, il provenait de ces mêmes terres. Jérusalem et la montagne de Sion doivent être reédifiées par la main d'un chrétien, et Dieu l'a dit par la bouche du prophète dans le quatorzième psaume. L'abbé Joaquin affirme que celui-là doit venir d'Espagne. Saint Jérôme montra à la sainte femme le chemin pour y arriver. [1] »

Aussi se met-il à l'œuvre avec une pieuse ardeur pour trouver l'or tant désiré. « Que Notre-Seigneur, s'écriera-t-il, par sa miséricorde, m'aide à trouver cet or ! [2] »

« L'or, dira-t-il, est une excellente chose : avec l'or, celui qui le possède fait tout ce qu'il désire en ce monde et fait arriver les âmes au paradis » [3]. Ne croirait-on pas entendre Tobie quand il dit que l'aumône délivre de la mort ; rachète les péchés et fait trouver la miséricorde et la vie éternelle ? *Eleemosyna a morte liberat, et purgat peccata et facit invenire misericordiam et vitam æternam (Tobie,* XII, 8). Ne croirait-on pas entendre également David proclamer le bonheur

---

1. David en suo testamento dejo tres mila quintales de oro de las Indias et Salomon para ayuda de edificar el templo, y segun Josefo era el destas mismas tierras. Hierusalem y el monte Sion ha da ser reedificado por mano de cristianos ; quien ha da ser, Dios par boca del profeta en el decimo cuarto salmo. El abad Joaquin dijo que este habia de salir de Espana. San Geronimo à la santa muger le mostro el camino para ello (*Collect. dipl., Lettre de C. Colomb aux Rois,* Nav. t. 1, p. 209).

2. Nuestro Senor me adercie, por su piedad, que halle este oro ! Domingo, 23 de décembre.

3. *Colecio. Dipl.* t. 1. p. 309.

de celui qui a l'intelligence du pauvre, parce que le Seigneur le délivrera dans le jour mauvais? *Beatus qui intelligit super egenum et pauperem; in die mala liberabit eum Dominus* (Ps. XL).

La première aumône, la plus parfaite et la plus excellente aux yeux de Christophe Colomb, était celle qui avait pour but de délivrer les lieux consacrés par Notre-Seigneur de la domination turque et de racheter de l'enfer les âmes des musulmans.

Cette pensée lui était si familière et il s'en ouvrait tellement avec son entourage que nous entendons Las Casas nous dire :

« Il était sincèrement d'une dévotion pieuse et tendre pour que Dieu le rendît digne de travailler à la conquête du saint sépulcre. »

Plein de cette dévotion et de cette confiance, il supplia la sérénissime reine Isabelle de faire vœu d'employer *au rachat de la terre et de la maison sainte de Jérusalem* toutes les richesses qu'elle retirerait de la découverte du Nouveau-Monde [1].

Reste un dernier but que se proposait le vaillant chrétien : c'était l'indépendance temporelle du saint-siège.

Sachant, par l'histoire du passé, par quelles terribles vicissitudes matérielles avait passé la papauté : quels cruels échecs elle avait reçus dans ses domaines temporels par les ennemis du dehors et les ambitieux du dedans; prévoyant probablement, avec sa pénétration presque prophétique, les rudes assauts qu'elle allait essuyer quelques années plus tard par la farouche Réforme; enfin, pénétré de la nécessité pour l'Église, d'avoir une principauté indépendante, pour la libre manifestation de sa puissance spirituelle, Christophe Colomb, dans sa sollicitude chrétienne, voulut assurer au

_____

1. *Doc. dipl.* n° CXVVI, *p*, 233.

Représentant de Jésus-Christ une indépendance à l'abri de toute éventualité.

D'ailleurs, les tristes et scandaleux événements qui se déroulaient sous ses yeux ne faisaient que confirmer ses justes appréhensions. Ne vivait-on pas, en effet, à une époque où, suivant la remarque de M. Audin, les feudataires de l'État ecclésiastique pouvaient, quand ils le voulaient, « affamer le pape, les cardinaux et les habitants de la Romagne? » Ne voyons-nous pas les Vénitiens se jeter dans cette même Romagne, s'emparer de Faënza et menacer les autres places de la province? N'entendons-nous pas Jules II pousser son fameux cri de guerre : *Seigneur, délivrez-nous des barbares*, c'est-à-dire des étrangers et de tous ceux qui détenaient quelque parcelle du patrimoine de Saint-Pierre? Ne voyons-nous pas ce même pape donner l'ordre d'arrêter César Borgia et de ne le relâcher qu'autant qu'il lui aura restitué ou fait rendre toutes les terres de l'Église?

Voilà pourquoi il stipulera ce qui suit, dans son majorat [1]: « J'ordonne à Don Diego, ou à celui qui possédera ledit majorat, dans le cas où, à cause de nos péchés, il naîtrait un schisme dans l'Église de Dieu, et que, par violence, quelque personne, de quelque rang et nation que ce soit, entreprendrait de la dépouiller de ses privilèges et de ses biens, qu'aussitôt, sous peine d'exhérédation, il se transporte aux pieds du Saint-Père (sauf le cas où celui-ci serait devenu

---

1. Que si en la Iglesia de Dios, por nuestros pecados, nacier alguno cisma, o que por tirania alguna persona de cualquier grado o'estado que sea o'fuere, le quisiere deposeer de su honra o'bienes, que, so la pena sobredicha, se pouga à los pies del Santo Padre, salvo si fuere heretico (lo que Dios no querra) la persona o personas se determinen é pongan por obra de la servir con toda su fueza é renta, e hacienda, y en querer librar el dicho cisma, é defender que no sea despojada la Iglesia de su honra y bienes. (*Institucion del Mayorazgo, Collecion diplom.* Docum., nº CXXVI).

hérétique, ce que Dieu ne permettra pas), et que sa personne et les siens se mettent à l'œuvre pour le servir de toutes ses forces, c'est-à-dire avec ses armes, ses revenus, la rente et le fond, afin d'étouffer ce schisme, et empêcher que l'Église ne soit dépouillée de ses honneurs et de ses possessions ».

Telles étaient les actions de Christophe Colomb ; elles portaient toutes une empreinte religieuse et chrétienne ; preuve éloquente du caractère surnaturel de sa mission.

CHAPITRE III

Les Historiens contemporains.

On pourrait, à la rigueur, soulever quelque doute sur la réalité et l'authenticité de la mission surnaturelle de Christophe Colomb s'il avait été seul à l'affirmer, ou si son caractère ou sa vie était de nature à infirmer l'autorité de son témoignage.

Mais ici nous nous trouvons en présence d'un nombre considérable de témoins éclairés, honnêtes, haut placés et compétents, qui confirment avec unanimité, le caractère religieux de sa mission.

Parmi les historiens et les personnages qui viennent témoigner en faveur du caractère surnaturel de cette mission, il y en a de deux sortes : des ecclésiastiques et des laïques.

Écoutons d'abord les témoins ecclésiastiques :

C'est d'abord son propre fils, Don Fernand, qui est son premier historien et qui, mieux que personne, a dû connaître les pensées intimes de son père :

« Je crois, dit-il, qu'il (mon père) a été choisi par Notre-Seigneur pour accomplir la grande mission dont il s'est acquitté ; et comme il était destiné à être son véritable apôtre, ainsi qu'il l'a été en effet, Dieu voulut que dans ce cas il imitât les autres apôtres, qui, chargés de publier son nom, il les fit venir des mers et des rivières et non de conditions élevées et de palais ; il voulut qu'il l'imitât lui-même qui, issu de la race royale de Jérusalem, se plût à avoir des parents moins connus[1] ». Comme on le voit, Don Fernand compare la mission de son père non seulement à celle des apôtres, mais même à celle de Notre-Seigneur, issu de parents obscurs, pour annoncer l'Évangile à l'humanité ; plus loin, Don Fernand devient encore plus explicite, quand il affirme que « son père demandait à Jésus-Christ son aide et sa protection dans sa dangereuse navigation et qu'il passa, lui et ses ministres, dans le Nouveau Monde dans le but de rendre les nations indiennes des colons et des habitants de l'Église triomphante des cieux[2] ».

Après son fils, écoutons le savant évêque de Chiappa, Las Casas :

« Comme la divine Providence a pour habitude de donner aux personnes des noms répondant aux missions qui vont leur être confiées, il arriva que ce premier apôtre des Indes reçut le nom de Christophe, c'est-à-dire *Christum ferens*, autrement dit, qui porte le Christ. Et, en vérité, il fut le premier qui ouvrit les portes de l'Océan et qui a porté Notre-Seigneur Jésus-Christ et son saint nom aux peuples inconnus. De plus, il s'appela *Colon*, mot qui signifie nouveau colonisateur, nom lui convenant également, puisque, par son industrie et ses fatigues, il a été la cause qu'une multitude innombrable d'âmes, grâce à l'administration des

---

1. Credendo ch'egli fosse stato eletto dal nostro signore per una si gran cosa, qualfù quella ; ch'ei fece e perchè havea ad esser cosi vero apostolo suo, quanto in effetto fù, volle che in questo caso imitasse gli altri, i quali, per publicare il lor nome, da mari e da riviere, gli elesse e non giada altezze e da palagi, e che imitasse lui stesso che, essendo i suoi maggioridel reg al sanguedi Gerusalemme, gli piacque che i suoi genitori fossero men conos ciuti (*Historie del S. Don Fernando Colomb*, cap. i).

2. L'Amiraglio che fù Christoforo Colombo, chiedendo a Christo il suo ayuto e che l'ayutasse in quel pericolo del suo passaggio, passo lui e i suoi ministri affinchè facessero quelle gente Indiane coloni ed abbitatori della chiesa trionfante dei Cieli *Id.*, cap. (i.)

sacrements et à la prédication de l'Évangile, sont allées et vont chaque jour peupler la cité triomphante du Ciel...

« Voilà pourquoi, désirant l'accroissement et la propagation de notre sainte foi catholique, Vos Altesses ont chargé ledit amiral (Christophe Colomb), vice-roi et gouverneur des Indes, de découvrir des terres et de travailler, par tous les moyens et voies à convertir ces peuples à notre sainte foi catholique, etc. [1] ».

A Rome, c'est R. L. de Corbaria, évêque de Montepaluccio, qui, s'adressant au roi Ferdinand, s'écrie : « Gloire à l'inventeur Colomb ; mais une plus grande action de grâce doit être rendue au Dieu souverain, qui te prépare de nouveaux royaumes, où ta domination et la sienne seront reconnues. [2] »

Écoutons Giustiniani, évêque de Nebbio, en Corse, reconnaître et proclamer hautement la divine mission de notre héros et affirmer qu'il a agrégé à l'Église chrétienne le monde nouveau qu'il a découvert : *Saltem temporibus nostris in quibus mirabili ausu Christophori Columbi Genuensis, alter pœne orbis reperitur christianorum cœtus aggregatur. At vero quoniam Colombus frequenter prædicabat se a Deo electum ut per ipsum adimpleretur hæc prophetia (In omnem terram exivit sonus eorum), non alienum existimavi vitam ipsius hoc loco inserere* [3].

---

1. ... Por ende Sus Altezas desseando que nuestra santa fe catolica sea augmentada, y acrecentada, mandar y encargan al dicho Almirante Chr. Colombo visorey et governador; que per todas las vias y maneras que podiere procure y trabaje atraer alos moradores dechas islas y tiera firma, a que sa conviertan a nuestra santa fe catolica ... (Las Casas, *Hist. de las Indias occid.*, p. 158).

2.　　Unde repertori merito referenda Columbo
　　　　　Gratia; sed summa est major habenda Deo,
　　　　Qui vincenda parat nova regna tibique sibique.
(Impressit Romæ MCCCCXCIII), Navarette, 1. 197.

3. Psalterium.

Mais voici un témoignage de la plus haute compétence, celui d'un pape, d'Alexandre VI. « Nous avons appris que depuis longtemps vous vous proposiez de découvrir des îles et des continents éloignés et inconnus, pour convertir leurs habitants à la foi catholique.

« ... N'ayant pu jusqu'à présent accomplir ce saint et louable dessein, vous avez choisi Christophe Colomb, notre fils bien-aimé, homme digne de confiance, fort recommandable, apte à une si grande mission, pour se rendre, avec des navires et des marins expérimentés, à travers les fatigues, les dangers et les souffrances, dans ces lieux inconnus pour les découvrir [1] ».

Déjà, dans une bulle précédente, datée du 3 mai 1493, le même pape louait les rois catholiques d'avoir confié à Christophe Colomb, *son cher fils, filium dilectum*, la mission de découvrir de nouvelles terres pour y extirper l'erreur, travailler au salut des âmes et à la propagation de notre sainte foi [2]. »

1. ... Sane accepimus quod vos qui dudum animo proposueratis aliquas insulas et terras firmas remotas et ignotas, quærere et invenire, ut illarum incolas et habitatores ad colendum Redemptorem nostrum et fidem catholicam profitendam reduceretis... hujusmodi sanctum et laudabile propositum vestrum et optatum finem nequivistis, sed tandem, sicut Deo placuit — regno prædicto recuperato — volentes desiderium adimplere vestrum, dilectum filium Christophorum Columbum, virum utique dignum et plurimum commendatum actanto negotio aptum, cum navigiis et hominibus ad similia instructis, non sine maximis laboribus et periculis ac expensis destinastis ut terras firmas et insulas remotas incognitas hujusmodi... diligenter inquireret, etc.

Bulle d'Alexandre VI aux rois catholique d'Espagne, *Inter cœtera.* *Codic. dipl,. Docum.*, n° XVII.

2. ... Illud profecto potissimum extitit ut fides catholica et religio christiana, nostris præsertim temporibus exaltetur ac ubilibet amplectetur et delatetur, animarumque salus procuretur, ac barbaræ nationes deprimantur et ad fidem christianam reducantur, etc.

Ce caractère surnaturel de ses entreprises, nous le voyons exprimé jusque sur sa tombe. Voici, en effet, l'épitaphe gravée sur sa pierre tombale :

> *Hic locus abscondit præclara membra Colombi,*
> *Cujus SACRATUM nomen ad astra volat.*
> *Divitias summas terras dispersit in omnes,*
> *Atque animas cœlo tradidit innumeras.*

« Ce lieu renferme les restes de l'illustre Colomb, dont la renommée s'élève jusqu'aux cieux ; il répandit d'immenses richesses dans l'univers et donna au Ciel un nombre d'âmes incalculable [1]. »

Et maintenant, si nous interrogeons les personnages laïques de ses contemporains, qui se sont occupés de ses navigations, nous les entendrons tous proclamer le caractère surnaturel de sa mission.

Tout d'abord, nous entendrons la reine Isabelle affirmer « que l'entreprise de Christophe Colomb avait pour but des choses importantes dans le service de Dieu [2]. »

« Nous espérons, lui disent le roi et la reine, lors de l'institution du majorat, qu'avec l'aide de Dieu, les peuples indiens que vous avez découverts, se convertiront à notre sainte foi catholique ; ce qui nous fait le plus plaisir, c'est que cette importante affaire ait été commencée et achevée par votre main, votre travail et votre industrie [3]. »

---

1. *Recueil des élégies des hommes illustres des Indes*, par l'abbé Jean de Castellanos, p. 85 (Navarette, 1, p. 333. Madrid, 1589).

2. A algunas partes de la mar Oceana, sobre cosas muy complideras à servicio de Dio e nuestro (Sup. ad. *Collect. diplom.*, n° VIII, t. III. p. 480).

3. Deporque se espera que los poblatores de la dichas Yndias se convertiràn a nuestra santa fe catolica, etc. (*Doc. dip.*, XXX).

1. Damos muchas gracias à Nuestro Senor por todo ello, por que esperamos que con su ayuda esso negocio vuestro sera causa que

Écoutons maintenant un homme d'une haute valeur, Jaime Ferrer, fameux joaillier de Burgos, doublé d'un érudit, auquel la reine Isabelle s'adresse pour avoir son avis sur le différend pendant entre le Portugal et l'Espagne, au sujet de la ligne de démarcation proposée par le pape Alexandre VI. « Je crois que, dans ses hauts et mystérieux desseins, la divine Providence l'a choisi (Christophe Colomb) comme son mandataire pour cette œuvre, qui me semble n'être qu'une introduction et une préparation aux choses que cette même divine Providence se réserve de nous découvrir pour sa gloire, le salut et le bonheur du monde[1] ».

Non content de faire connaître à la reine le caractère surnaturel de la mission de l'illustre Génois, Ferrer s'empresse de lui dire à lui-même, Christophe Colomb.

Voici, en effet, ce que nous lisons dans une lettre qu'il lui écrivit d'après le conseil de la reine : « La divine et infaillible Providence envoya le grand Thomas d'occident en orient pour promulguer aux Indes notre sainte foi catholique ; et vous, Seigneur, il vous a envoyé par le côté opposé, d'orient en occident, afin que, par la divine volonté, vous arriviez jusqu'à atteindre l'orient, pour que les peuples qui n'ont pas entendu Thomas connaissent la loi du salut...

« Je ne crois point errer en disant, Seigneur, que vous remplissez un office d'apôtre, d'ambassadeur de Dieu, en-

---

nuestra santa fe catolica sea mucho mas acrecentada ; e una de las principales cosas por que esto nostra plazido tanto, es por ser inventada, principiada e avida por vuestra mano, trabajo e industria (*Doc.*, XXXVIII).

1. Y creo que la divina Providentia le tenea por electo por su grande misterio y servicio e este negocio, el cual pienso es dispusicion y preparacion del que para delante la misma divina Providencia mostrara a su gran gloria, salud y bien del mundo. *Collect. diplom. docum.*, nº LXVIII.

voyé par les décrets divins révéler son saint nom aux régions où la vérité reste inconnue![1] »

« Je loue votre dessein, leur écrira le savant Paul Filique, de naviguer dans le couchant... Ce sera une grande joie au roi et aux princes qui règnent dans ces terres éloignées e inconnues de leur ouvrir le chemin pour communiquer avec les chrétiens, afin de se faire instruire en la religion catholique » (*Histoire*, ch. VII).

Enfin le peuple, dont l'instinct est si sûr, lorsqu'il s'agit des grands et nobles sentiments, le peuple, disons-nous, accueillit Christophe Colomb, lors de son premier retour, avec une immense allégresse, « louant Dieu, nous dit Don Fernand, de son heureux voyage qui devait être si avantageux à la religion catholique » (*Histoire de Fernand*, chap. XLI).

Si de l'Espagne nous prêtons l'oreille du côté de l'Italie, nous entendrons l'historien génois Foglietta affirmer « que personne, dans l'Église chrétienne, ne peut être comparé à Christophe Colomb à cause des mérites qu'il s'est acquis[2]. »

Parlant de la ville de Gênes, de Marinis, autre historien de la Sérénissime République, nous dit « qu'elle a donné le jour à Christophe Colomb, qui a donné, à son tour, à d'innombrables mortels ignorants, la connaissance de Dieu, un Ciel nouveau et même, suivant l'étymologie de son nom, Jésus-Christ lui-même, lorsqu'il a porté à travers l'Océan

1. La divina e infaillible Providencia mando al gran Tomas de occidente en oriente por manifestar en India nuestra santa y catolica ley; y à vos, Senor, mando por esta opposita parte de oriente à poniente, tanto que por divina voluntad sois legado en oriente, etc. (*Collecion diplom.*, *Docum.*, *Append.*, n° LXIII). Lettre de Jaime Ferrer au grand Amiral de l'Océan.

2. Te quoque Ligurum et Genuæ patriæ sempiternum decus Christophore Columbe, suæ primæ classi inferunt cœleste ingenium et divina virtus tua, ac neutiquam comparabile in christianam Ecclesiam promeritum Foglietta, *Clarorum Ligurum Elogia* (*Thesaurus antiquitatum Italiæ*), t. I, p. 770.

l'Évangile sur ses ailes de colombe. *Ex hac patria Chri-stopher Columbus dedit innumerabilibus mortalibus Deum ignorantibus, cœlum novum, imo juxta sui nominis etymo-logiam, ipsum Christum Deum, quando ejus remigio ala-rum Evangelium regni transmisit Oceanum* [1].

Ici, c'est Ramusio, le savant historien vénitien, qui recon-naît que c'est Dieu qui a choisi Christophe Colomb pour mener à bonne fin sa grande entreprise, et qui lui donna le courage et la grandeur d'âme qui lui étaient nécessaires. *Dio nostro signore scelse Christoforo Colombo alla sua grande intrapresa, è poi gli diè il valore e la grandezza d'animo chè a cio eran riquiesti* [2].

Enfin, deux siècles plus tard, Cladera, historien d'Espagne qui avait étudié minutieusement les cartes, les plans, les voyages et les découvertes de Christophe Colomb ainsi que les nombreuses difficultés de tout genre qu'il eut à sur-monter, affirme « que ces découvertes ont été le produit d'une assistance surnaturelle » ; il en est tellemement con-vaincu qu'il va jusqu'à dire « que ce serait faire violence à la raison humaine que de croire que Colomb, dans cette entreprise, n'a pas été en communication parfaite avec l'es-prit de Dieu [3] ».

Là, c'est le Père Antero Marie de Saint-Bonaventure, reli-gieux augustin, d'origine génoise, qui affirme « que son compatriote, Christophe Colomb, embrasé d'un zèle aposto-

---

1. De Marinis, *Thesaurus antiquitatum et historiarum Italiæ ; de Genuensi dignitate et gubernio*, t.], p. 1444, section X.

2. *Delle navigazioni e viaggi raccolta...* Introduction au tome III, 1556.

3. Y nosostros asombrados violontariamos nuestra consciencia para no creer que para tan gran empresa tuvo influxo celestial ó comercio con el ente superior que gobierno alos mortales (Cladera, *Investigaziones historicas sobre los principales descubrimentos de los Espanoles en el mar Oceano*, p. 45).

lique, n'eût d'autre but, en se livrant à son admirable et glorieuse entreprise, que de conquérir les Indes pour pouvoir plus facilement réduire Jérusalem sous le gouvernement de l'Église, espérant, au moyen des richesses qu'il y trouverait, se rendre maître de la Palestine, terre sacrée par les nombreux souvenirs du Christ rédempteur [1] ».

Ailleurs, c'est le savant historien de Plaisance, le chanoine Pierre-Marie Campi, qui affirme « que Christophe Colomb a rempli la mission d'un apôtre, a vécu comme un martyr et est mort comme un vrai confesseur du Christ, *Fece l'ufficio di apostolo, la vita d'un martire, e la morte alla fine da un vero confessore di Cristo* [2] ».

Il y a surtout un témoignage qui emprunte aux circonstances une autorité extraordinaire.

Lors du traité de Bâle, en 1795, en vertu duquel Saint-Domingue fut cédé à la France, la population espagnole ne voulut jamais consentir à laisser aux nouveaux maîtres les restes de Christophe Colomb qui reposaient dans la cathédrale de cette île. Voilà pourquoi, au milieu des autorités civiles, judiciaires et militaires et d'un immense concours de fidèles, et après une cérémonie religieuse des plus imposante, les Espagnols transportèrent sur le bateau le *San Lorenzo*, à Cuba, les restes vénérés ; or, le compte rendu officiel de cette solennelle translation, passant sous silence les grandes qualités de Christophe Colomb et les services signalés qu'il a rendus à l'Espagne, s'applique à ne mentionner

---

1. Jo affermo in oltre che egli (C. Colombo) divampava dizelo apostolico e che commettendosi alla mirabile e gloriosa impresa, non ebbe altro fine che non fosse di conquistar l'Indie, a fine di poter più facilmente ridurre Gerusalemme sotto al governo della Chiesa, sperando per mezzo delle ricchezze che quivi rinverrebe d'impadronirsi della Palestina, terra sacra pertante memorie di Cristo Redentore (*Ponderationes in Psalmos*, t. II, fol. 84. Lyon, 1673).

2. *Dell'istoria ecclesiastica di Piacenza*, part. III, p. 225.

que sa *foi héroïque et son zèle religieux pour la diffusion de l'Évangile dans ces contrées lointaines* [1]. C'est à ce titre religieux que les Espagnols revendiquent l'honneur de garder la dépouille mortelle du fameux navigateur.

Enfin, le caractère surnaturel de la mission de Christophe se trouve confirmé d'abord par les réjouissances et les fêtes religieuses qui accueillirent, en Espagne et à Rome, la nouvelle de la découverte; « Colomb, dit Robertson, en débarquant fut reçu avec les mêmes honneurs qu'on aurait rendus au roi. Tout le peuple en procession solennelle l'accompagna, lui et sa troupe, à l'église où ils allèrent remercier Dieu d'avoir couronné d'un si heureux succès le voyage le plus long et le plus important qui eût jamais été entrepris [2] ».

D'autre part, les rois catholiques envoient un ambassadeur à Rome, pour annoncer la grande nouvelle au pape : et Alexandre VI, rempli de joie à cette heureuse annonce, ordonne de magnifique fêtes en action de grâce; sans compter les deux bulles qu'il adressa, coup sur coup, aux rois d'Espagne pour faire ressortir le but religieux de la découverte, louer les rois de l'avoir favorisée et Christophe Colomb de l'avoir menée à bonne fin.

Ce même caractère se trouve finalement confirmé par le titre de Terre de Sainte-Croix, *Terra Sanctæ Crucis*, que nous trouvons en tête des premières cartes imprimées des nouvelles découvertes. Ce titre, nous le voyons en effet sur la fameuse mappemonde de Ptolémée faite à Venise en 1511, par Jacobus Sentius de Lencho, sur celle de Cabot en 1514, et sur celle de Ruysch.

Pour ne pas prolonger davantage ce travail, contentons-

---

1. ... Y primer instrumento de que se valio Dios para su bien espiritual en la dilatacion de la verdadera religion y sagrado Evangelio.

2. Robertson, *Histoire de l'Amérique*, t. 1, l. II, p. 143.

nous de citer, parmi les écrivains postérieurs qui reconnurent la mission surnaturelle de Christophe Colomb, l'illustre P. Ventura. Voici ses paroles :

« Trois papes, Innocent VIII, Alexandre VI et Jules II ont personnellement encouragé et béni Christophe Colomb, l'homme de l'Église, suscité de Dieu pour une mission évidemment supérieure à la science et à la hardiesse humaine... Christophe Colomb a été un saint véritable, car en dehors des héros de l'Évangile que l'Église honore du culte et du nom de saint ou de bienheureux, il n'y a jamais eu de chrétien plus embrasé de l'amour de Jésus-Christ, plus pénétré de l'esprit du christianisme et plus sincèrement dévoué au saint-siège. Si donc il est parfois permis de donner par similitude ou par extension, ou par emphase, le titre de *saint* à un chrétien que l'Église n'a pas canonisé, ce titre appartient sûrement au messager du Ciel, à l'ange, à l'apôtre qui a porté la Croix dans un monde nouveau[1]. »

Nous l'avons démontré par des témoignages irréfragables : l'idée inspiratrice de Christophe Colomb est une idée sublime, religieuse, chrétienne et surnaturelle. La révélation du nom de Dieu, l'extension de sa gloire et l'accroissement de ses adorateurs ; la propagation de l'Évangile, l'indépendance, l'affermissement et l'exaltation de l'Église ; la délivrance, la conquête et la possession perpétuelles des Lieux Saints ; le rachat, l'illumination et la sanctification des âmes ; en deux mots, le triomphe de la religion sur la terre et la béatitude des hommes dans le ciel, voilà la pensée éminemment supérieure qui l'a éclairé, guidé et soutenu dans ses profondes méditations, dans ses laborieuses recherches, dans ses nombreuses démarches, dans ses déboires au milieu de ses contradicteurs, dans ses amertumes au milieu de ses enne-

---

1. *Cristoforo Colombo rivendicato alla Chiesa.* Paris, 1853. Imprimerie Bailly, Divry et Cⁱᵉ.

mis, dans ses dangers sur la *mer Ténébreuse*, dans ses fers et sur son lit de mort.

N'est-ce pas là un plan religieux unique au monde, que personne avant lui n'avait rêvé et que ses contemporains jugeaient irréalisable? Mais, pour avoir été unique, hardi, ce plan n'était pas nouveau ; Dieu l'avait déjà tracé dans ses desseins éterne's ; Jésus-Christ en avait commencé l'exécution, et, en en confiant la continuation à ses apôtres, il leur avait commandé d'aller dans tout l'univers pour enseigner sa religion à toutes les créatures : *Ite in mundum universum prædicate Evangelium omni creaturæ*. Les apôtres se sont mis à cette immense besogne ; la bonne nouvelle a été portée par eux dans les régions déjà connues ; leurs successeurs ont poussé encore plus loin leur mission. L'Église a déployé le zèle et les saintes ardeurs d'une mère pour augmenter le nombre de ses enfants. Comme Rachel, elle en demandait toujours de nouveaux, *da mihi liberos ;* mais un désolant silence répondait à ses désirs inassouvis.

Christophe Colomb apparaît. Ambassadeur du Très-Haut, il va compléter l'exécution du plan commencé par Jésus-Christ et ses apôtres, et il pourra dire à l'Église : Voici que je vous donne toutes les nations en partage, et que je recule vos possessions jusqu'aux extrémités de la terre: *dabo tibi gentes in hæreditatem tuam et possessiones tuas terminos terræ.*

Et maintenant, afin de poursuivre notre but, demandons-nous ce qu'a été l'homme providentiel qui a conçu, élaboré et exécuté ce plan, le plus magnifique qui soit sorti de l'intelligence humaine.

Cette constatation suffit déjà pour mettre Christophe Colomb hors pair parmi les hommes et à lui donner une place à part dans les annales de la société et de la religion. Après être restée trop longtemps ensevelie dans l'oubli, la physionomie chrétienne de l'illustre amiral vient d'en sortir épurée, rajeunie, rayonnante de grandeur et de gloire : c'est sa pensée intime, sa foi son âme et son cœur qui, déchirant le linceul sépulcral tissé par l'ingratitude et la calomnie, la jalousie et la trahison, sortent resplendissants du tombeau pour demander aux générations futures en faveur de Christophe Colomb, la gloire que lui ont refusée les siècles passés.

Et maintenant que nous avons révélé la pensée religieuse de Christophe Colomb, que nous avons expliqué son entreprise, admiré ses paroles chrétiennes et béni ses actes ; maintenant que tous les historiens, que des ecclésiastiques, des religieux, des rois et des papes s'accordent à nous le montrer comme un ambassadeur divin, un apôtre intrépide et un missionnaire zélé, nous allons poursuivre notre but et nous demander, d'une manière plus précise, plus minutieuse et plus détaillée ce qu'a été dans sa vie intime, dans son existence privée, dans ses rapports avec Dieu, avec la vertu et la perfection chrétienne, celui qui a conçu, élaboré et exécuté un plan si éminemment religieux. Ceci nous amène naturellement à nous occuper de ses vertus.

DEUXIÈME PARTIE

CHAPITRE Ier

LES VERTUS DE CHRISTOPHE COLOMB

VERTUS THÉOLOGALES

I

La Foi.

Un de nos grands poètes a dit :

La gloire ne peut être où la vertu n'est pas ;

Nous ajoutons que si la gloire se trouve là où est la vertu, nous avons le droit de dire que Christophe Colomb possède cette gloire, parce que Christophe Colomb a possédé et pratiqué la vertu à un degré héroïque.

Parlons avant tout des vertus théologales, qui sont comme la base et l'inspiration des autres vertus. La première, c'est la Foi.

La foi de Christophe Colomb a toujours été ferme, éclairée, persévérante. Jamais nous ne surprenons, ni dans ses paroles, ni dans sa conduite, la moindre hésitation, le plus

léger doute, aucune incertitude. On peut même dire que sa
foi grandissait avec les difficultés, les dangers et les épreuves
dont sa vie a été semée ; et ce ne serait pas trop s'avancer que
de dire que sa vie n'a été qu'un acte de foi ; foi vive, agis-
sante, débordante, peut-être même empreinte parfois d'une
certaine exagération. Sa foi à la sainte Trinité éclate dans
toutes ses paroles et dans ses actes ; nous l'avons déjà vu
entreprenant des voyages au nom de la sainte Trinité : « Je
suis parti, écrira-t-il, dans son *Journal de bord*, au nom de
la Très sainte Trinité ; *Parti en nombre de la santissima
Trinidad*[1]. » Ce sera encore au nom de la sainte Trinité,
écrira-t-il, lors de son quatrième voyage, que je me mettrai
en route. *Agora sera mi viage en nombre de la santissima
Trinidad;* et c'est de la sainte Trinité qu'il espère la victoire, *y spero de lla la vittoria*[2]. Sa foi en la sainte Trinité
a été telle qu'il a voulu donner son nom à une montagne
qui offrait trois pics bien distincts[3]. Comme pour mieux
honorer ce fondamental et sublime mystère de notre sainte
religion, il ordonne à son fils Diégo de faire célébrer chaque
jour trois messes en l'honneur de la sainte Trinité[4]. D'ailleurs, ses historiens et ses compagnons de voyage ont noté
avec quelle fréquence et quelle édification il traçait sur son
front, sur ses lèvres et sur son cœur le signe de la Croix,
symbole touchant de ce consolant mystère.

Pour ce qui est de Dieu, il se plaît dans sa foi religieuse
et poétique à trouver sa divine présence et son auguste empreinte dans les diverses créatures qui s'offrent à ses yeux ;
il y aurait ici un travail aussi curieux qu'instructif et édi-
fiant à faire sur Christophe Colomb étudiant et admirant la

---

1. 3ᵉ viages (mercolès 30 di mayo).
2. *Carta del almirante* al R.P. Fran. Gaspar.
3. *Docum.* LXVII.
4. *Docum.*, nᵒ CLVIII. Navarette, t. II, p. 314.

nature au flambeau de la foi ; les mers avec leur immensité
et leurs abîmes ; les montagnes avec leur élévation et leur
majesté ; les terres avec leur fécondité et leur étendue ; les
rivières, les plantes, les animaux ; en un mot tout ce qui
existe, vit ou respire, tout cela parlait à son esprit, à son
cœur, à son âme, à sa foi ; tout cela lui rappelait Dieu, lui
parlait de Dieu, l'invitait à prier, à bénir et à chanter Dieu.

Pour lui, Dieu était non seulement son créateur et son
père, mais aussi son roi magnifique dont il se disait l'ambassadeur ; Dieu était sa lumière, son guide, son défenseur
et son protecteur ; nous aurons d'ailleurs l'occasion de le
constater dans les périls, les afflictions et les épreuves de
toute sorte qu'il a trouvés sur sa route constamment hérissée
de ronces et d'épines ; aussi a-t-il voulu graver son nom sur
la terre en donnant à une contrée la dénomination de *Nom
de Dieu.*

Sa foi en Notre-Seigneur était vive, ardente ; elle avait
quelque chose de plus touchant. Cette divine personne ayant
revêtu la forme humaine, ayant vécu de notre vie, connu de
plus près nos faiblesses et nos souffrances, s'étant généreusement immolée pour nous, il est naturel que Christophe
Colomb, qui vivait surtout par le cœur et la foi, ait voué à
Notre-Seigneur un culte spécial, plus personnel et plus
tendre ; c'est ce qui fait que nous le voyons s'approcher souvent de la sainte Table ; le matin de son premier voyage, il
communiera avec une foi attendrissante ; c'est Jésus en croix
qu'il fait placer sur la bannière qui flotte sur sa caravelle ;
ses lettres, ses rapports et ses communications porteront toujours en tête ces mots bénis : « Au nom de Notre-Seigneur
Jésus Christ : *in nomine Domini Nostri Jesu Christi* [1] », ou
bien cette douce invocation : « *Jesus cum Maria sit nobis in
via* : que Jésus et Marie soient avec nous dans nos voyages ».

1. Navarette, 2.

C'est pour faire connaître Jésus-Christ, sa doctrine, ses vertus et son royaume, qu'il part à la conquête des terres inconnues [1]. Cette affirmation, nous la trouvons répétée plus de vingt fois dans sa correspondance aux papes, aux rois, aux religieux et à ses amis. Aussi c'est à Jésus-Christ qu'il consacre sa première découverte, en donnant à la terre qu'il vient de découvrir le nom de *San Salvator* et en y plantant une croix en son honneur [2].

C'est également pour honorer Notre-Seigneur qu'il donne à d'autres terres les noms de *Monte Christi*, de *Bethléem*, de la *Nativité*, de *Noël*, de *Sainte-Croix*, etc. [3].

Sa foi, sa dévotion en Notre-Seigneur sont telles, que nous en trouvons comme un écho vivant jusque dans ses lettres et sa signature.

Ses lettres portent toujours en tête une croix, symbole de la Rédemption. Voici maintenant quel était le mode habituel de signer de notre grand héros :

. S .

S . A . S

X M Y

X P O

Or, d'après les interprétations autorisées faites par des savants consciencieux et compétents, voici quelle est la signification de ces sigles :

« *Christopher, supplex servus Altissimi Salvatoris Xristi, Mariæ, Yosephi*, Christophe, humble serviteur du Très Haut Sauveur Jésus-Christ, de Marie et de Joseph [4] ». A son lit de

1. Porque spero en Nuestro Senor de divulgar su santo nombre y Evangelio en el universo (*Doc. dipl.* CXLV).

2. Y principalmente por senal de Jesu Cristo Nuestro Senor, y honra de la cristiandad (*Journal de bord*, 12 décembre 1492).

3. *Docum.* XCIII, XCIV et *passim*.

4. Pascal Antoine Scertoli (interprétation adoptée par la Biblio-

mort, ce sera encore par une parole de son divin Maître qu'il rendra le dernier soupir, puisque nous l'entendons prononcer ces paroles de Jésus en croix : « Mon Dieu, je remets mon âme entre vos mains [1]. »

La foi de Christophe Colomb au Saint-Esprit n'était pas moins grande. Nous en avons la preuve dans la pieuse avidité avec laquelle il étudiait les saintes Écritures et dans le recueillement avec lequel il lisait, méditait et commentait ces livres inspirés par le souffle du Saint-Esprit. Écoutons avec quelle admiration il parle des lumières que l'Esprit-Saint donne aux apôtres, des travaux qu'il leur inspira et des victoires qu'il leur fit remporter sur l'idolâtrie, l'ignorance et la corruption ! « Le Saint-Esprit, dit-il, embrasa saint Pierre et douze autres avec lui ; et tous combattirent ici bas ; leurs travaux furent nombreux, mais ils remportèrent enfin la victoire [2] ».

Enfant soumis de l'Église catholique, il en accepte tout l'enseignement, en pratique les préceptes, en aime les cérémonies, les pieuses pratiques, les touchantes dévotions. L'audition de la sainte messe, les pratiques de la pénitence, la récitation de l'office, du chapelet et de l'*angelus* ; le chant des hymnes sacrées, les vœux, les pèlerinages, les œuvres pies inspirées par la dévotion ou la charité, n'ont jamais eu de plus fervent dévot et de plus humble pratiquant.

Plein de vénération pour la hiérarchie ecclésiastique, il tenait en haute estime le Père commun des fidèles auquel il écrivait souvent, soit pour témoigner de son filial dévoue-

thèque Ambroisienne de Milan. Voir *Ricerche storico-critiche-scientifiche*. Milano, 1830, t. IV, p. 308.

1. Y dicho estas ultimas palabras : In manus tuas, Domine, commendo spiritum meum. Fernand Colomb, *Historie*, c. VIII.

2. A san Pedro abraso el Espiritu Santo, y con el otros doce, y todos combatieron aca, y los trabajos y fatigas fueron muchas ; en fin de todo llevaron la victoria (*Tierce viages*, Navarette, 1, 266).

ment, soit pour l'engager à tracer la fameuse ligne de démarcation qui passe pour un chef-d'œuvre de sagesse et de génie, soit pour le règlement d'affaires importantes de mission, telles que la nomination des évêques, des délégués apostoliques ou la désignation des divers ordres religieux qui seront chargés d'évangéliser les nouveaux peuples.

Qui ne sait son admiration, son amour et sa reconnaissance pour les Franciscains de la Rabida, pour les Dominicains de Salamanque, pour les Jérômites, les Bénédictins, les Chartreux et tous les religieux qui lui prêtèrent leur dévoué concours [1] ?

Ne savons-nous pas qu'il tenait à avoir toujours à ses côtés son saint protecteur et tendre ami, le Franciscain Juan Perez?

Pour tout dire en un mot, Christophe Colomb n'ambitionnait qu'une chose : étendre, faire connaître et aimer la Foi et l'Église jusqu'aux extrémités de la terre.

II

L'Espérance.

Homme de foi, Christophe Colomb a été aussi un homme d'espérance. D'ailleurs, celle-ci étant la fille de celle-là, comme sa foi a été universelle, inébranlable et à l'abri de toute atteinte, son espérance a été ferme, éclairée, sans

---

1. Dans chacune des lettres qu'il écrivait à son ami le Père Gaspar, prieur des Chartreux de Séville, nous l'entendons se recommander pieusement à ses prières et aux prières de ses religieux : « Je prie en grâce le P. Prieur et tous les religieux de se souvenir de moi dans leurs prières ; *Al Padre Prior y a todos los religios pido por merced que se acuerden de mi en todas sus oraciones — a esos devodos religiosos me encomindo — al Padre Prior en sus merced me incomiendo y todos esos religiosos.* » Navarette, t. 1, p. 331, 332, 333, etc.

bornes. « J'espère, écrit-il dans son *Journal de bord*, que Notre-Seigneur qui, dans sa bonté, m'a conduit dans ces lieux, m'accordera, dans sa pitié et sa miséricorde, la grâce de me ramener sain et sauf[1]. »

Pourquoi le voyons-nous toujours en prière, les mains jointes, les yeux tournés vers le ciel, souvent à genoux au milieu des tempêtes, en présence des rébellions, dans ses maladies et dans ses chaînes? Ah ! c'est qu'il espérait tout de Dieu ; il espérait la cessation des vents déchaînés, l'apaisement des révoltes, la guérison de ses malades et la délivrance de ses chaînes; aussi l'entendons-nous s'écrier : « L'espérance en Celui qui a créé toute chose me soutient, et son secours ne m'a jamais fait défaut, *La esperanza de aquel que crio à todos me sostiene; su socorro fue siempra muy præsto[2]*. »

Voilà pourquoi Herrera, l'historiographe royal d'Espagne, malgré ses préjugés contre Christophe Colomb, ne peut s'empêcher de reconnaître que ç'a été sa confiance absolue en Dieu qui lui a donné cette énergie, cette vigueur et cette patience indomptables dont il a fait si souvent preuve au milieu des terribles vicissitudes par lesquelles il a passé[3].

Il avait donc bien raison de dire au lit de mort, notre grand chrétien : « J'ai fait tout ce que je devais : quant au reste, je m'en rapporte à Dieu qui m'a toujours été favorable dans tous mes besoins[4] ».

---

1. ... Confia en Nuestro Senor que le trujo, le tornera por su piedad y misericordia.

2. *Collec. dipl.*, t. I, p. 265.

3. Constantissimo y adornado de longanimidad en los trabajos, y adversitates que le occurrerion siempre, teniendo gran confiança de Providencia divina. Herrera, *Hist. de las Indias occ.*, dec. I, l. VI, c. xv.

4. La esperanza del aquel que crio a todos me sostiene; su soccorro fue siempre muy presto. *Colecion dipl.*, t. I, p. 265.

III

La Charité.

Si nous ne trouvons pas dans les écrits de Christophe Colomb les accents brûlants de charité, les expressions de suave tendresse, les épanchements pleins de charme et les saintes ivresses que nous offrent les écrits d'un saint Paul, d'un saint Augustin, d'un saint François d'Assise et d'une sainte Thérèse, il n'en demeure pas moins vrai que notre héros portait dans sa poitrine un cœur brûlant d'amour de Dieu; d'ailleurs, son genre d'occupations, sa vie active, aventureuse; son entourage et les mille péripéties par lesquelles il a passé, ne s'accommodaient guère avec les élans enflammés d'un cœur aimant.

N'oublions pas que les saints personnages dont nous venons de parler étaient comme tenus, par leur condition, leur mission, leur rôle et le milieu calme, silencieux et recueilli où ils vivaient, à ouvrir leur cœur, à manifester leurs saintes tendresses, à communiquer leurs religieuses ardeurs; ils devaient par état travailler à faire aimer Dieu, et par là même à révéler les pieux enivrements que cet amour répandait dans leur âme.

Ce n'est donc pas d'après les écrits de Christophe Colomb, d'après ses paroles, que nous devons juger sa charité, mais plutôt par ses actes. D'ailleurs, n'avons-nous pas en Notre-Seigneur lui-même un exemple de ce que nous venons de dire?

Si nous ouvrons les Évangiles, nous voyons qu'il parle fréquemment de son Père, de sa bonté, de sa puissance, de sa providence et de tous ses attributs intérieurs et extérieurs; nous l'entendons dire qu'il est venu sur la terre pour faire sa volonté, pour accomplir la mission dont il l'avait chargé et pour chercher sa gloire ; il nous dira qu'il connaît son Père, qu'il travaille au nom de son Père, et que sa nourriture est de faire la volonté de son Père ; il invoquera le témoignage de son Père pour confirmer sa doctrine, il priera son Père pour opérer ses miracles et il déposera dans les mains de son Père son âme expirante ; mais, pour ce qui est de son amour pour son Père, de sa tendresse et de ses épanchements, nous avons beau chercher, nous n'en trouvons guère l'expression. C'est à peine si nous l'entendons, dans deux circonstances, dire indirectement qu'il aime son Père et qu'il lui est uni par l'affection : « C'est afin que le monde, dira-t-il à ses disciples, connaisse que j'aime mon Père, *ut cognoscat mundus quia diligo Patrem* [1] ; — Faites, dira-t-il, la veille de sa mort, qu'ils soient tous un, comme vous êtes en moi et moi en vous, *ut omnes unum sint, sicut tu Pater, in me es et ego in te* [2]. »

Donc Notre-Seigneur n'a presque pas dit qu'il aimait son Père ; il semble même blâmer ceux qui s'imaginent que l'amour n'a de réalité et de valeur que dans les paroles. Voilà pourquoi nous l'entendons s'écrier : « Ce ne sont pas ceux qui disent : Seigneur, Seigneur, qui entreront dans le royaume des cieux, mais ceux qui feront la volonté de mon Père qui est aux cieux : *Non omnis qui dicit : mihi, Domine, Domine, intrabit in regnum cœlorum, sed qui facit voluntatem Patris mei qui in cœlis est.* [3] »

L'amour de Notre-Seigneur pour son Père était un amour plus vrai, plus réel, plus positif et plus pratique : c'était un amour en action. Du jour où il dit à son Père : « Le sang des victimes et des holocaustes ne vous a pas suffi ; vous avez

1. Saint Jean, xiv, 31.
2. Saint Jean, xvii, 21.
3. Mathieu, vii, 21.

préféré me donner un corps pour m'immoler à vous, me voici », Jésus-Christ n'a cessé un seul instant de faire des actes et des œuvres d'amour. Son incarnation, ses trente années de solitude, de silence et d'oraison; ses trois années de courses apostoliques, de prédications et de miracles; sa passion, sa mort, sa résurrection et son ascension : tout cela constitue le monument le plus vivant, le plus éloquent et le plus impérissable de son amour filial.

Voilà pourquoi il nous dit que nous l'aimerons réellement et qu'il nous traitera en amis si nous faisons tout ce qu'il nous demande : *Vos amici mei estis, si feceritis quæ ego præcipio vobis* (Joan., xv., 14). Puis, renchérissant sur l'expression du véritable amour, il nous apprend que la plus grande et la plus belle marque de charité, c'est de donner sa vie pour ses amis : *Majorem hac dilectionem nemo habet, ut animam suam ponat quis pro amicis suis* (Joan., *ib.*, 13).

D'ailleurs, aux yeux des esprits graves et réfléchis, un cœur qui agit en faveur de la personne aimée; un cœur qui s'épanche dans l'action, le dévouement et le sacrifice quotidiens; un cœur qui ne néglige ni souffrances, ni travaux, ni fatigues et qui se donne tout entier dans l'abnégation de ses goûts et l'immolation de sa personne, ce cœur-là montre surabondamment son amour, et il n'a guère besoin de recourir aux vaines formules des paroles pour exprimer sa tendresse. Eh bien! c'est ainsi que Christophe Colomb a aimé Dieu. Ses études, ses voyages multiples, lointains, dangereux; ses dures préoccupations, ses continuelles sollicitudes, ses cruelles perplexités; ses luttes, ses déceptions, ses amertumes et ses angoisses, tout cela ne lui permettait guère de confier au papier les pieux élans de son cœur, les tendresses intimes de son âme, les ardents transports de son amour envers Dieu. Mais il a agi; ses projets, ses plans, ses entreprises n'avaient qu'un but, l'amour de Dieu et la glorification de son nom.

Nous savons, en effet, que durant le séjour qu'il fit chez les Franciscains de la Rabida, il y mena la vie d'un véritable religieux, suivant avec une exactitude édifiante les exercices de la communauté ; chant de l'office, assistance à la messe, participation à la sainte Table, observance stricte des jeûnes et des abstinences, assiduité à l'oraison ; en un mot, pratiquant les préceptes et les conseils de la loi évangélique, ce qui, au dire de Notre-Seigneur, est la meilleure preuve de l'amour qu'on doit à Dieu. C'était Dieu qu'il consultait, qu'il invoquait et qu'il aimait dans cette religieuse solitude. Oviedo remarque même que depuis que Christophe Colomb eut obtenu la permission et les moyens d'entreprendre son premier voyage, il n'eut d'autres communications qu'avec le Père Jean Perez et qu'avec son Dieu : *Y despues se fuè Colom al mes mo monasterio, y estuvo con el fray la communicando su viage y ordenando su aia y vida y apercibiendose primeramente con Dios*[1].

C'était par amour de Dieu et de sa gloire qu'il entreprenait ses grandes découvertes, *porque y o spero en Nuestro Senor de divulgar su santo nombre y Evangelio en el universo*[2].

C'était par amour de Dieu qu'il instituait son majorat, *porque sea servicio de Dios todo poderoso*[3].

C'était pour le service et l'amour de Dieu que nous l'avons vu planter des croix, chanter des *Te Deum*, accomplir des pèlerinages, ériger des églises et faire dire des messes. Quelle plus grande preuve de son amour pour Dieu que cette prière, pleine de majesté et d'accent, dont l'histoire n'a gardé malheureusement qu'un précieux fragment et que nous sommes heureux de reproduire ? « Seigneur ! Dieu éternel

---

1. Oviedo y Valdez, *Historia natural y general de las Indias*, lib. II, c. v, p. 6.
2. *Docum. dipl.*, CXLV.
3. *Institucion del mayorazco. Coleciou dipl.*

et tout-puissant qui, par ton Verbe sacré, as créé le firmament et la terre et la mer! Que ton nom soit béni et glorifié partout! qu'elle soit exaltée, la Majesté qui a daigné permettre que, par ton humble serviteur, ton nom sacré soit connu et prêché dans cette autre partie du monde[1]!...

Qui ne sent, dans cette prière, les vibrations émues d'un cœur rempli d'amour? d'un cœur qui demande que le nom bien-aimé de son Dieu soit comblé de bénédictions, de louanges et d'honneurs sur tous les points du globe? que sa majesté divine soit exaltée au-dessus de toutes les grandeurs et de toutes les majestés? d'un cœur qui est heureux d'avoir été choisi, malgré son indignité, pour faire connaître et aimer, dans un monde nouveau, le souverain créateur de ce monde?

Un philosophe païen, Sénèque, a dit que la reconnaissance est une partie essentielle de l'amour et de l'amitié: *Amoris et amicitiæ pars est, referre gratiam*[2]; et saint Ambroise, prêchant à ses fidèles de Milan, leur faisait cette dure remontrance: « Lorsque vous ne rendez pas grâces à Dieu, vous n'avez pour lui ni amour, ni crainte; *Tu cum gratias non agis Deo, Deum non diligis nec vereris*[3] ».

Eh bien! si nous nous devons juger l'amour de Christophe Colomb pour Dieu, d'après les témoignages de sa reconnaissance, nous avons le droit d'en conclure que son amour a été immense, constant, universel. A chacune des pages de ses écrits, nous trouvons en effet qu'il fait monter vers Dieu de ferventes actions de grâces.

Aperçoit-il des signes de la proximité des terres qu'il cherche? Immédiatement, il s'écrie : « Grâces soient rendues à Dieu[4]! » Découvre-t-il une île, un port, un fleuve? il en-

---

1. P. Claudio Clemente, *Tablas chronologicas de los descubrimientos*. Dec. prima.

2. Sénèque, *Epist. VIII*, t. II, p. 702.

3. *Sermo 43, de Gratiarum actione*.

4. A Dios muchas gracias sean dadas. *Docum.*

tonne le *Te Deum* en action de grâces. Remporte-t-il une victoire? Il remercie Dieu de cet exploit[1]. Obtient-il une bonne traversée[2]? Son ami Diégo Mendez lui est-il ramené sain et sauf après les plus horribles dangers[2]? Ses équipages sont-ils conservés bien portants au milieu des périls de la mer et des intempéries des saisons[3]? Toujours, son cœur reconnaissant fait monter vers Dieu de joyeuses actions de grâce. Enfin, heureux d'avoir découvert un monde nouveau, il remercie l'Éternel de lui avoir accordé ce qui paraissait impossible à d'autres : *Esto es harto y eterno Dios Nuestro Señor el qual da a todos que andan su camino victoria de cosas que parean impossibles ; y esta señalda mente fua la una*[4]... Le sentiment de la reconnaissance religieuse remplissait tellement son cœur, qu'à l'exemple des saints il finissait toujours ses lettres par cette clause chrétienne : Grâces soient rendues à Dieu, *Deo gracias*[5].

Et pourquoi ne rattacherions-nous pas à l'amour de Dieu, l'amour de Christophe Colomb pour les âmes, ces images vivantes de leur créateur? ces âmes qui ont été mises au monde pour le louer, le servir et l'aimer? N'est-ce pas pour les arracher aux ténèbres du paganisme, aux souillures de la corruption et aux flammes de l'enfer? N'est-ce pas pour les éclairer des lumières de la grâce, les orner des charmes de la vertu et les enrichir de mérites? N'est-ce pas pour les élever et les restituer à Dieu, pour les introduire dans les tabernacles éternels et les plonger dans la céleste béatitude

---

1. Herrera, *Hist. de las Indias.* Dec. I, liv. VI, c. xi.

2. Dando gracias à Dios que me habia llevado y traido à salvamiento de tanta gente salvage. Relacion por Diego Mendez, etc...

3. Porque loado Nuestro Señor, hasta hoy de toda mi gente no ha habido persona, que le haya mal fa cabeza ni establo en la cama por dolencia... Doc.

4. Navarette, *Viages*, t. II, p. 221.

5. *Viages*, 15 février 1493.

qu'il a entrepris ses voyages et ses découvertes? Ce qu'il cherchait par-dessus tout, aux Indes, ce n'était ni la fortune, ni la gloire, ni les humaines satisfactions, mais c'étaient les âmes ; voilà la fortune, voilà la gloire qu'il ambitionnait. Aussi était-il heureux de pouvoir faire à la reine Isabelle qui lui demandait des renseignements sur les richesses des Indes, de lui faire, disons-nous, cette noble et chrétienne réponse : « Les Indiens sont les richesses des Indes [1] ».

« Ce sont les âmes, écrira-t-il plus tard, que j'ai gagnées en suant du sang, *que yo por la volontad de Dios gané à España sudando sangre* [2] ».

C'est pour éclairer, élever et sanctifier les âmes qu'il fondera à Hispaniola une école de théologie avec quatre professeurs chargés d'instruire les Indiens et de les convertir à notre sainte foi [3].

C'est l'amour des âmes qui le porte, ainsi que nous l'avons déjà constaté, à demander soit aux rois catholiques, soit aux papes, des prêtres, des religieux et des évêques pour leur confier l'évangélisation des Indiens.

Plein de sollicitude pour le nouveau troupeau de Jésus-Christ, après l'avoir ramené sous la houlette du divin Pasteur, il veille à ce que le loup ravisseur ne puisse y pénétrer ; il veut que la zizanie ne vienne pas se mêler au bon grain et que l'homme ennemi ne vienne pas lui ravir son trésor. Voilà pourquoi il écrira aux rois catholiques « qu'ils ne doivent permettre à aucun étranger de mettre le pied dans ce pays et d'y commercer, s'il n'est chrétien catholique ; à aucun Espagnol d'y aborder, s'il n'est pas véritablement chrétien ; puis-

---

1. *Colecion dipl.*

2. *Colecion dipl.*, t. 1, p. 297.

3. Quatros buon muestros en la santa Theologia, con intencion y studio de trabajar y ordinar que se trabasse de convertir à nuestra santa fé todos estos pueblos de las Indias. *Document.*, nᵒ CLVIII.

que, ajoute-t-il, le projet et l'exécution de cette entreprise n'ont d'autre but que l'accroissement de la religion catholique [1] ».

On vient de voir de quel éclat les vertus théologales brillèrent dans l'âme de Christophe Colomb : Foi vive, universelle, immuable et féconde ; Espérance ferme dans la miséricorde, dans la sagesse et la justice de Dieu ; Charité active, brûlante ; Charité de dévouement, d'immolation et de sacrifice ; Charité héroïque pour Dieu et pour les âmes. C'est ainsi que l'illustre amiral faisait à Dieu l'hommage respectueux de son intelligence et de son cœur, de sa volonté, de toute son âme et de son corps. Aussi pourra-t-il, au lit de mort, dire à Dieu en toute vérité : « Après vous avoir consacré ma vie pendant mon pèlerinage, je vous donne mon âme à la fin de mes jours ».

Nous ne saurions quitter ce chapitre sans dire un mot de la foi et de la dévotion de l'amiral à la sainte Vierge. On peut dire que Christophe Colomb a aimé la sainte Vierge dès sa plus tendre enfance, puisque nous l'avons vu, tout jeune, s'agréger à la confrérie de Marie. Depuis, sa dévotion et son amour envers la Reine des Cieux n'ont cessé de se manifester sous des formes multiples, touchantes et gracieuses.

Durant ses voyages, nous le voyons, au soir de chaque jour, réunir les équipages et réciter pieusement avec eux l'*Angelus*[2], ou chanter le *Salve Regina*, le *Regina Cœli* ou l'*Ave maris stella*[3].

—————

1. ..... Y digo que Vuestras Altezas no deben consentir que aqui trate ni faga pie ningun extrangero, salvo catolicos cristianos, pues esto fue el fin y el comienzo del proposito que fuese por acrecentamiento y gloria de la religion cristiana, ni venir à estas partes nunguno que nosia buen cristiano (Navarette, I, p. 72).

2. *Coleccion dipl.*, t. I, p. 221.

3. *Id.*, p. 39.

Lorsqu'il s'agira de remercier le Ciel d'un danger évité ou d'une grâce obtenue, nous le voyons aller en pèlerinage, nu-pieds, quelquefois en chemise, un cierge à la main, aux divers sanctuaires de Marie, c'est-à-dire à Notre-Dame-de-Lorette, à Notre-Dame-de-la-Ceinture, à Notre-Dame-des-Grottes, à Notre-Dame-de-la-Rabida ou à la première chapelle de la sainte Vierge qu'il trouvera au moment de son débarquement [1].

Ici, nous le voyons se consacrer à Notre-Dame de la Rabida ; là, il obtiendra du cacique qu'il porte une médaille de la sainte Vierge suspendue à son cou [2]. Ailleurs, nous le verrons célébrer par des salves d'artillerie la fête de la sainte Vierge, connue en Espagne sous le nom de *Maria dell'O*.

Au moment de ses départs, nous le verrons donner à son vaisseau amiral, tantôt les noms de Santa Maria, tantôt celui de Notre-Dame-des-Grâces.

Ne savons-nous pas qu'il a donné à des îles, des caps et des pointes des noms empruntés aux mystères et aux fêtes de la sainte Vierge? Voilà pourquoi nous trouvons, sur tous les points qu'il a visités, les îles Sainte-Marie, de Sainte-Marie-la-Rotonde, Sainte-Marie-l'Antique, de Notre-Dame de la Guadeloupe, de Montserrat, la mer de Notre-Dame, le port de la Conception, la pointe de l'Étoile de la Mer, les jardins de la Reine et le pic de l'Assomption [3].

Qui ne sait qu'il récitait chaque jour l'office de la sainte Vierge dans un livre qui lui avait été donné par le pape Alexandre VI, livre qui lui deviendra si cher qu'il le laissera à sa mort, ainsi que nous le verrons plus loin, à Gênes, sa patrie, comme un souvenir précieux de son amour filial?

---

1. Navarette. t. I, p. 150 et *passim*.
2. Don Fernand. Ottiene que il cacico portasse una imagine de argento della Madre di Dio; l. LXIX.
3. *Colecion dipl.* — D. Fernand. — Las Casas, *passim*.

Cette dévotion à la sainte Vierge qu'il avait tant aimée durant sa vie l'a suivi même après sa mort. Nous savons, en effet, que, par une disposition singulière de la Providence, les funérailles du grand serviteur de Marie eurent lieu dans l'église de Notre-Dame de Valladolid ; que, sept années après, son corps fut porté dans celle de Notre-Dame-des-Grottes ; de là dans celle de Notre-Dame de Saint-Domingue, et enfin, en 1795, dans la cathédrale de Notre-Dame de la Havane[1].

1. En visitant, à la Bibliothèque Mazarine, la magnifique exposition des cartes géographiques, nous avons remarqué sur l'une de ces cartes à côté de cette inscription : *Tabula prima del Almirante D. Cristobal Colon de Nacion Ginovez*, les invocations suivantes : Ave Ancilla Trinitatis ; Ave Filia sempiterni Patris ; Ave Sponsa Spiritus Sancti ; Ave Mater D. N. Jesu-Christi ; Ave Soror angelorum ; Ave Promissa prophetarum ; Ave Regina patriarcharum ; Ave Doctrix apostolorum ; Ave Consolatrix martyrum ; Ave Splendor confessorum ; Ave Decus viduarum ; Ave Corona virginum ; Sancta sanctorum omnium mecum sis in omnibus tribulationibus meis ! Amen.

Il est à présumer que c'est le grand chrétien qui avait composé ces poétiques salutations qui nous montreraient, une fois de plus, combien confiante, tendre, touchante et gracieuse était sa dévotion à l'égard de Marie.

CHAPITRE II

SES VERTUS CARDINALES

I

La Prudence.

Les anciens avaient fait de la prudence une divinité allégorique qu'on représentait avec un miroir entouré d'un serpent et quelquefois avec une lampe à la main. C'est qu'en effet, pour atteindre un but raisonnable, utile et honorable il est absolument nécessaire de s'entourer des moyens les plus aptes ; et pour cela, il faut beaucoup de lumière : lumière provenant de son intelligence personnelle, de son expérience, de la science et de l'expérience des autres. C'est ce que symbolisent le miroir et la lampe mythologiques. Il faut ensuite l'esprit de prévoyance de l'avenir, la circonspection sur les diverses circonstances, la précaution contre les obstacles et enfin l'esprit de diligence à exécuter en temps opportun et le plus rapidement possible ce que commande la prudence ; ces diverses qualités semblent être le propre du serpent que Notre-Seigneur lui-même nous donne comme le modèle de la prudence : « Soyez prudents comme le serpent[1] ». En agissant d'après ces données, on est à peu près certain d'échapper à la témérité, à l'inconstance, à la pré-

[1]. *Prudentes sicut serpentes.* Math., x, 16.

somption et par là même aux déceptions, aux chagrins et aux remords qui en sont les tristes conséquences.

Christophe Colomb s'est inspiré de ces sages principes. Après avoir longuement étudié, avec une attention réfléchie, soutenue et patiente, Ptolémée, Strabon, Marin, Averroès, Alfragane, Pline, Aristote, Sénèque, saint Augustin, saint Ambroise, saint Isidore, Bède, l'abbé Joachim de Calabre, François Mayron, le cardinal d'Ailly, Nicolas de Lyre, Pie II, sans parler des prophètes et d'autres auteurs ses contemporains [1]; après avoir ajouté à ces connaissances extérieures la somme de ses connaissances et de son expérience personnelles, il se met en devoir d'entreprendre la réalisation du plan de ses futures découvertes. Et, à partir de ce moment, nous le verrons agir avec une prudence extrême, une circonspection admirable, des précautions infinies, une sagesse et une diligence consommées.

Pour étudier sa prudence comme marin, il nous faudrait passer en revue les préparatifs qu'il fit pour ses quatre voyages : préparatifs de navires, d'hommes, de moyens d'alimentation et d'instruments de science ; il nous faudrait rappeler sa prévoyance des tempêtes, sa circonspection sur la *mer Ténébreuse* comme on l'appelait alors, sa vigilance et ses précautions dans les dangers ; il nous faudrait décrire les mille et une industries, habiletés et ressources qu'il savait mettre en œuvre pour éviter un cyclone, pour manœuvrer dans la tourmente, pour relever et réconforter les courages abattus.

Comme ce travail nous entraînerait trop loin, nous préférons citer ici l'opinion d'un de nos vaillants amiraux français, Jurien de la Gravière, dont la compétence est incontestée : « L'homme de mer, chez Colomb, dit-il, se peut admirer

1. V. de Navarette, t. I, p. 404, 407, 409, etc., et Humbold, *Histoire de la Géographie*, t. II, p. 351.

sans réserve. Au milieu de cette génération qui produisit tant de navigateurs de premier ordre, Colomb seul reste un maître. Les Pinzon, les Solis, les Cabot, les Americ Vespuce, ne sont que des disciples. Si nous le comparons aux marins de nos jours, à Cook lui-même, à Vancouver, à Wallis, à la Pérouse, à Bougainville, à d'Entrecasteaux, on dirait un géant de cent coudées [1] ».

Prudent comme marin, il ne l'était pas moins comme administrateur. On l'a vu dans les règlements, les arrêtés, les instructions qu'il a faits et toutes les mesures qu'il avait prises pour le gouvernement. l'exploitation et l'administration des pays découverts. On l'a vu dans la construction des villes, des forts et des camps ; dans le creusement des canaux, le percement des routes et la construction des moulins, cherchant, avec une sûreté de coup d'œil remarquable, les endroits, les sites les plus favorables, les mieux placés au point de vue de la topographie, du climat, et de l'hygiène ; ne négligeant rien pour obtenir le plus d'avantages possibles comme abri, viabilité, santé. Les nombreux historiens ou voyageurs qui ont visité et décrit les travaux de l'amiral sont unanimes pour rendre hommage à la prudence et à la sagesse qu'il a déployées dans les diverses branches de son administration.

Quelle prudence n'a-t-il pas déployée en maintes circonstances où ses équipages révoltés, se livrant aux imprécations contre sa personne et contre les rois d'Espagne, auraient déconcerté et découragé tout autre que Christophe Colomb ? « Les matelots, écrit Herrera, fulminaient contre les rois d'avoir accordé un si long voyage ; mais la prudence de l'amiral les remettait dans le devoir et les encourageait quelquefois en leur promettant en bref la fin de leurs fatigues et de grandes récompenses [2] ».

1, Jurien de la Gravière, *Les marins des* XVᵉ *et* XVIᵉ *siècles*, ch. III, p. 83, 84. Paris, 1879.

2. Herrera, *Hist. des Indes occid.*, t. I, p. 41.

Mais il y a dans la vie de Christophe Colomb une circonstance mémorable dans laquelle il a fait éclater une prudence qui lui a valu l'admiration des plus illustres savants.

En l'année 1438 et 1439, le Portugal avait obtenu du Saint-Siège[1] une bulle qui lui conférait le droit de propriété sur les terres découvertes et qu'il découvrirait à l'Orient. Conseillée par Christophe Colomb, l'Espagne adressa la même demande au pape Alexandre VI pour les terres découvertes ou qu'elle découvrirait à l'Occident. Il fallait pour cela, afin d'éviter des contestations et des guerres entre les deux puissances catholiques, délimiter, d'une manière nette et précise, les territoires du levant et du couchant; là gisait justement toute la difficulté, par la raison bien simple, c'est qu'aucun voyageur n'avait fait le tour du monde ni exploré ces contrées inconnues. Le pape commence par accorder à l'Espagne le privilège qu'elle réclamait, au moins pour les terres connues. Mais restait le partage des pays inconnus; c'est ici que se dressait la difficulté délicate, ardue, pour un chef de l'Église qui était un Espagnol, qui était appelé à juger une question entre sa patrie et le Portugal; pour un prince qui était appelé à prononcer un jugement aussi extraordinaire, aussi hardi. N'importe! Assumant une étonnante responsabilité aux yeux de la science, des deux puissances catholiques et du monde chrétien, Alexandre VI, dans sa bulle du 4 mai 1494, « trace sur la carte encore informe du globe une ligne qui, partant du pôle boréal, passant à une moyenne de cent lieues à l'ouest des Açores et des îles du Cap Vert, va se continuer à travers l'Océan Austral jusqu'au

---

1. D'après le droit public du moyen âge, le pape était considéré comme le maître souverain des îles : voilà pourquoi nous voyons les Normands, après leur conquête de Sicile, de Malte et de l'Angleterre en faire hommage au Souverain Pontife qui leur en fit l'investiture. Urbain II donna la Corse à l'évêque de Pise, et Adrien IV donna l'Irlande à Henri II d'Angleterre.

pôle Antarctique, sans rencontrer, dans l'immensité de ce trajet, le moindre lieu habitable, d'où put naître une contestation [1] ».

Eh bien! Sait-on quel est l'auteur de ce travail, l'inspirateur de ce plan, l'ingénieur, le cosmographe qui a, en réalité, tracé cette gigantesque et merveilleuse ligne de démarcation? C'est encore notre héros, Christophe Colomb.

C'est lui qui, dans sa pénétrante prudence et sa haute sagesse, pour éviter des collisions sanglantes entre ces deux nations et comme pour leur imposer le pieux devoir de répandre partout la religion catholique; c'est lui qui, de sa cellule de la Rabida, a conçu et élaboré ce projet; c'est lui qui en a fait part à ses monarques qui envoyèrent tout simplement à Rome, les plans, les explications et les notes qui ont guidé le Souverain Pontife. Aussi, nous ne sommes guère surpris d'entendre Sa Sainteté décerner à l'illustre *découvreur* les témoignagnes les plus flatteurs de sa tendresse et de son estime en l'appelant son fils bien-aimé, *dilectum filium,* l'homme digne de tout honneur, *virum utrique dignum,* recommandable à tous les titres, et *plurimum commendandum* et parfaitement apte à bien mener une pareille entreprise [2].

Enfin, c'est comme apôtre que Christophe Colomb s'est montré d'une rare prudence.

Si on a défini le gouvernement des âmes « l'art des arts », quel art, quelle habileté, quelle prudence ne faut-il pas quand il s'agit de tirer ces âmes de l'erreur, de les instruire dans la foi, et de les gagner à Jésus-Christ?

C'est ce qu'avait parfaitement compris notre ambassadeur religieux. Connaissant mieux que personne le caractère fourbe, avide, hypocrite des indigènes, et tenant par-dessus

1. Roselly de Lorgues, *Christophe Colomb,* t. I, p. 401.
2. Bull. *Inter cœtera,* déjà citée.

tout au respect des mystères et des sacrements de notre sainte religion, il conseillait les plus sages précautions pour l'enseignement de la foi et l'administration des sacrements. Voici deux exemples qui feront mieux comprendre notre pensée et la sage prudence de l'amiral.

« Nombre d'Indiens, dit Roselly de Lorgues, alléchés par l'appât de la nouveauté, leur penchant enfantin à l'imitation, et surtout par les immunités accordées aux convertis, sans avoir la moindre notion du christianisme, demandaient le baptême comme ils auraient demandé une veste ou un chapeau d'Europe. L'amiral opposa toute son énergie à la condescendance de certains ecclésiastiques dont le prosélytisme trop indulgent favorisait ce prétendu mouvement religieux, et qui, dans le désir d'accroître promptement leur troupeau, admettaient au baptême les naturels sur leur simple demande. C'était par pitié, et nous ajoutons par prudence, qu'il empêchait l'abus du sacrement, c'est-à-dire sa profanation [1]. »

Comme on le voit, Christophe Colomb s'est montré d'une grande prudence, non seulement dans l'ensemble, mais aussi dans les détails; non seulement dans l'ordre civil, mais aussi dans l'ordre religieux. Aussi est-ce sans surprise que nous entendons le grand historiographe espagnol, Herrera, nous dire « que les rois catholiques aimaient grandement l'amiral à cause de la grande prudence et de la sage activité qu'il a déployées dans la propagation de la religion chrétienne [2] »; et que nous trouvons sur une lettre sur un travail fait par Christophe Colomb sur les prophètes, l'inscription suivante écrite par le savant P. Gaspar Gorriccio : Lettre du magnifique et très prudent Christophe Colomb; *Carta del*

1. Roselly de Lorgues, *Christophe Colomb*, t. II, p. 136-137.
2. Herrera, *Histoire générale des voyages et conquêtes des Castillans dans les Indes occidentales.* Dec. I, l. III, c. IX.

muy magnifico y prudentissimo Sr. D. Christobal Colon,
etc. [1].

II

La Force.

Parlant de la force, dans son traité *de Officiis*, saint
Ambroise nous dit qu'elle est le fait d'une grande âme, puisqu'elle défend à elle seule les ornements de toutes les vertus; elle garde les jugements et elle soutient une lutte
acharnée contre tous les vices; indomptable au travail, forte
dans les dangers, austère contre les plaisirs, dure contre
l'attrait des passions, elle met en fuite l'avarice, comme
une tache honteuse qui effémine la vertu [2].

Si nous voulions passer en revue les diverses phases de la
vie de Christophe Colomb, il nous serait facile d'y trouver
l'application des divers caractères de la force morale si bien
décrits par le saint archevêque de Milan. Mais, sans nous
attarder à montrer l'indomptable force d'âme qu'il a déployée en présence des contradicteurs de ses plans, au milieu des révoltes et des souffrances de ses équipages et dans
les dangers de la mer, nous nous contenterons de donner
quelques extraits d'une lettre qu'il a écrite à Dona Jeanne
della Torre, nourrice du prince don Juan. On y verra qu'au
milieu des plus durs traitements, des plus humiliants outrages et des plus amères angoisses, il a conservé une vigueur d'âme, une énergie de volonté, une force héroïque,
intrépidité inébranlable qu'il puisait dans la foi. Voici donc
quelques extraits de cette lettre.

« Très vertueuse dame, si c'est une nouveauté que de me

1. *Doc. dipl*, n° CXL.
2. Saint Ambroise, *de Officiis*, lib. I, c. XXXIX.

plaindre du monde, son habitude de maltraiter est fort ancienne; il m'a livré mille combats et j'ai résisté à tous jusqu'à ce moment, où n'ont pu me servir ni armes, ni conseils;
c'est avec cruauté qu'il m'a coulé à fond. L'espérance dans
celui qui nous a tous créé me soutient; son secours fut toujours très prompt. Une autre fois, étant encore plus abaissé,
il me releva de son bras divin... Sept années se passèrent
en conférences et neuf à exécuter des choses très remarquables et dignes d'être conservées dans la mémoire des
hommes. J'arrivai et je suis parvenu au point qu'il n'y a pas
jusqu'aux plus vils qui ne cherchent à m'outrager; mais,
grâce à Dieu, on le contera quelque jour dans le monde à
qui aura le pouvoir de ne point le souffrir. Si j'avais volé
les Indes et que je les eusse données aux Maures, on ne
pourrait pas me montrer en Espagne une plus grande ini-
mitié. Qui croirait de semblables choses dans un pays où il y
a toujours eu tant de noblesse? La force que je trouvai
dans Notre-Seigneur me fit persister à tout supporter.

« ... Lorsque j'arrivai à Pavia, je trouvai presque la moitié
des colons de l'île espagnole soulevés, et ils m'ont fait la
guerre jusqu'à présent comme à un Maure, et d'un autre côté
les Indiens m'en faisaient une non moins cruelle. Ce fut
alors qu'arriva Hojeda, et qu'il esseya de mettre le sceau à
tant de désordres.

« ... Plus tard, le commandeur Bobadilla arriva à Saint-
Domingue; il se déclara gouverneur... Il publia que, quant à
moi, il devait m'envoyer chargé de fers (*habia de cuviar en
fierros*), de même que mes frères, ainsi qu'il l'a fait, et que
moi ni aucun membre de ma famille ne retournerions plus
dans ces lieux, en ajoutant sur mon compte mille indi-
gnités... Pour moi il ne m'adressa rien, ni lettre, ni messager, et il ne m'a rien donné jusqu'à ce jour. Réfléchissez y
Madame; qu'en penserait quelqu'un qui eût été à ma place.
Honorer et favoriser ceux qui ont été convaincus de dérober

à Leurs Altesses la souveraineté, et qui ont fait tant de mal
et causé tant de dommage, et traîner dans la boue celui qui
l'a défendue et la leur a conservée, après avoir essuyé tant de
dangers?... Il prescrivit contre moi une enquête sur des mé-
faits, qu'on n'en inventa jamais au fond de l'enfer. J'aurais
pu remédier à tout ce que je dis et tout ce que j'ai dit sur
ce qui m'est arrivé depuis que je suis dans les Indes, si
j'avais eu la volonté de ne m'occuper que de mon bien personnel, et que cela eût été bienséant pour moi; mais je me
trouve renversé parce que j'ai soutenu jusqu'à présent la
justice et augmenté les domaines de Leurs Altesses... Je dis
que les calomnies des brouillons m'ont fait plus de mal que
mes services ne m'ont été utiles; mauvais exemple pour le
présent et l'avenir... Je fais serment qu'un grand nombre
d'hommes ont été aux Indes qui ne méritaient le baptême,
ni aux yeux de Dieu, ni à ceux des hommes. Le commandeur les a rendus tous mes ennemis, et il paraît, suivant sa
manière d'agir et suivant les formes dont il usa, qu'il l'était
déjà lui-même, et fort acharné, quand il y arriva... Je n'ai
jamais entendu dire que celui qui est chargé de faire une
enquête, rassemblât les rebelles et les prît pour témoins
contre celui qui les gouverne, eux et d'autres misérables
sans foi, indignes de croyance... Le premier soin qu'il eut,
fut de prendre l'or que j'avais, et cela sans mesure ni poids,
moi absent...

« Le commandeur, en arrivant à Saint-Domingue, se logea
dans ma maison, et telle quelle il se l'appropria avec tout
ce qu'elle contenait; à la bonne heure : un corsaire n'en use
jamais de la sorte avec les marchands. Ce qui me fit le plus
de peine, ce sont mes papiers dont il s'empara, et dont jamais je n'ai pu recouvrer un seul; et ceux qui devaient me
mettre en état de me disculper, ce sont précisément ceux
qu'il a tenus le plus cachés. Voyez quel juste et honnête
faiseur d'enquêtes! On me dit qu'il n'a rien fait dans les

termes de la justice et qu'il a agi en toutes choses arbitraire-
ment. Dieu, Notre-Seigneur, reste avec sa puissance et sa
science, comme auparavant, et il châtie surtout l'ingratitude[1]. »

Quelle trempe de caractère ! Quelle virilité de sentiment !
quelle puissante énergie ! quelle force d'âme intrépide, indomptable et supérieure à toutes les forces et à toutes les
passions déchaînées ! Où trouvera-t-on jamais chez Platon,
Sénèque et Cicéron, chez les plus stoïques des philosophes,
une vigueur si magnanime et une vaillance si triomphante?

III

La Justice.

Plein de cette pensée que toute âme doit rigoureusement
à Dieu, son créateur et son souverain maître, l'hommage de
son esprit, de son cœur et de toutes ses facultés, et qu'il y
aurait injustice et crime à ne pas accomplir ce devoir, Christophe Colomb consacre sa vie à découvrir des âmes et à les
exhorter à rendre ces hommages.

Convaincu que la justice rendue à Dieu est le principe et
la source de la justice à rendre aux hommes, il commença
par prêcher la première afin de mieux faire accepter la
seconde. Pour donner à sa parole plus de poids et d'efficacité, il commence lui-même à en donner l'exemple. S'inspirant de la doctrine du divin Maître, il écrit aux rois catholiques : « Il faut rendre à César ce qui est à César et à Dieu
ce qui est à Dieu[2].». Il nous dira que le fond de toute sa vie

---

1. De Navarette, t. III, p. 48. Cette lettre a été écrite vers 1500.
2. Lettre aux rois catholiques, 7 juillet 1503.

a été d'exercer la justice et d'accroître les domaines de ses souverains[1].

Au milieu de ses tribulations et des calomnies dont on l'abreuvait, nous l'entendons en appeler à tous ceux qui aiment la justice : « Qu'ils pleurent sur moi tous ceux qui respectent la *justice* et la vérité[2] ». Il avait un tel sentiment de la justice que, craignant que les administrateurs qu'on enverrait dans les contrées nouvellement découvertes, ne se laissassent aller aux exactions, aux vols, aux rapines et aux injustices, si tentantes dans un pays sans législation et sans contrôle, il supplie le roi et la reine d'y envoyer des personnes honnêtes et capables d'administrer avec justice et équité : « Avant mon départ, j'ai supplié tant de fois Leurs Altesses d'envoyer ici des personnes dignes de gouverner d'après les lois de la justice[3] ».

Au milieu des monceaux d'or, de perles, et de produits précieux et rares dont il était environné et dont il avait la libre gérance, jamais on ne l'a surpris détournant la moindre parcelle de ces fruits de ses labeurs. Tout en se plaignant qu'on lui ait volé plus de dix millions par an, jamais il n'aura la pensée de s'en dédommager par une juste compensation. « Je jure, écrira-t-il à son fils Diego, — mais garde ceci pour toi — que les dommages que m'ont causés Leurs Altesses s'élèvent à dix millions par an[4] ».

Obligé, lors de son premier voyage et dans d'autres cir-

---

1. Ed ora mi tien in fondo, mas el sostener de la justiçia, y acrecentar el senorio si S. A. fasta agora. *Codice diplomatico*, p. 308.

2. ... Y llore por mi quien tiene verdad y justiçia. *Cod. dipl.*, I, p. 312.

3. Antes de mi partida, suplique tantas veses a Sus Altezas que embiasen alla mi costa a qui toviesse cargo de la justicia. *Cod. dipl.*, p. 394.

4. Yo fago juramento, y esto sea para ti solo, que de los mercedes que Sus Altezas me tienen fechas en mi parte me alcanza el daño diez cuentos cadas anno. *Navarrette*, I, p. 334.

constances, d'emprunter des sommes qu'il n'a jamais pu rendre de son vivant, nous le voyons, dans son testament, recommander à ses héritiers de payer ces dettes : « Vous rendrez aux héritiers de Geronimo del Puerto vingt ducats; à Antonio Vazo, deux mille cinq cents réauls de Portugal; à un juif qui demeurait à la porte de la Juiverie à Lisbonne, la valeur d'un demi-marc de la Plata; aux héritiers de Louis Centurione, trente mille réauls de Portugal; aux héritiers de Paul de Négro, cinq ducats; à Baptiste Espindola, vingt ducats, etc., etc[1]. »

Juste pour lui-même, il l'était aussi pour les autres et il enait à ce que tous pratiquassent la justice. C'est ce qui fait que nous le voyons souvent faire restituer, même aux rebelles, les biens dont on les avait dépouillés et payer les arrérages à ceux que les rigueurs des lois avaient jetés en prison ou ramenés dans leur patrie.

Ici, il récompense les services rendus; ne pouvant citer tous ceux qui se sont trouvés dans ce cas, qu'il nous suffise de rappeler qu'il élève Roldan à la souveraine magistrature; qu'il nomme Diego Mendez, commissaire général; Pierre Ledesma, officier de bord; Pierre Margarit à un grade supérieur et qu'il recommande chaudement Jean Aguado à la bienveillance de la reine.

Là, en présence des fraudes, des vols et des cruautés des Espagnols à l'égard des malheureux Indiens, il laisse éclater sa juste indignation; et il aurait pu s'écrier avec raison :

> Des bords de l'Orient n'étais-je donc venu
> Dans un monde idolâtre, à l'Europe inconnu,
> Que pour voir abhorrer, sous ce brûlant tropique,
> Et le nom de l'Europe et le nom catholique?
> Ah! Dieu nous envoyait, quand de nous il fit choix,
> Pour annoncer son nom, pour faire aimer ses lois.

1. *Documents*, n° CLVIII (de Navarette).

Et nous, de ces climats destructeurs implacables,
Nous, et d'or et de sang toujours insatiables,
Déserteurs de ses lois qu'il fallait enseigner,
Nous égorgeons ce peuple au lieu de le gagner :
Par nous tout est en sang, par nous tout est en poudre ;
Et nous n'avons du ciel imité que la foudre.
Notre nom, je l'avoue, inspire la terreur,
Les Espagnols sont craints, mais ils sont en horreur ;
Fléaux du Nouveau-Monde, injustes, vains, avares,
Nous seuls en ces climats nous sommes les barbares[1].

C'est alors qu'il blâme, réprimande et châtie les Européens pour les monstruosités dont ils se sont rendus coupables ; et c'est pour s'être opposé avec une souveraine énergie aux injustices, aux vols et aux pillages des Européens ; c'est pour avoir fait respecter le bien d'autrui, et s'être posé en défenseur intrépide de la justice et de l'équité, qu'il s'est attiré tant d'inimitiés, de haines et de calomnies.

C'est la remarque qu'en ont faite ses historiens. « Les châtiments, dit Benzoni, furent cause que les Espagnols prirent l'Amiral en haine ; et c'est parce qu'il ne voulait pas tolérer leurs ribauderies et leurs vols qu'ils ne pouvaient même entendre prononcer son nom : *questo castigo fu causa che gli Spagnuoli comminciarono ad avere in odio l'Ammirante e per non voler comportare le ribalderie e i latrocinii loro, non lo potevano sentir nominare* [1] ». Le même auteur ajoute que Christophe Colomb était, par-dessus tout, l'ami de la justice : *E sopra tutto era della giustizia l'amico* [3].

Enfin, comme s'il sentait le besoin de se repentir de quelque acte de faiblesse dans l'administration de la justice, et surtout de se justifier aux yeux de sa conscience des

1. Théâtre de Voltaire, *Alzire*.
2. Benzoni, *Dell'istorie del Nuovo Mondo*, lib. 1, p. 18.
3. *Loco citato*, p. 30.

accusations odieuses et des indignes calomnies dont il a été victime, le grand chrétien, en présence de l'injustice des hommes, « espère dans la justice de Dieu qui seul sait et qui saura faire connaître pourquoi et comment il a agi en toutes choses [1] ».

IV

La Tempérance.

Quand on connaît la forte trempe de la volonté de Christophe Colomb et l'indomptable énergie de son caractère, on n'a pas de peine à croire à sa tempérance.

Tempérant, il l'a été dans son alimentation. Nous avons déjà remarqué qu'il observait strictement la règle des Franciscains, ce qui entraînait des jeûnes et des abstinences non seulement dans les jours déterminés par l'Église, mais aussi dans la plus grande partie de l'année.

La reine Isabelle aura beau lui offrir d'abondantes[2] provisions de riz, de sucre, de dattes, de miel, de confitures, de conserves de toutes sortes; il n'usera de ces douceurs qu'avec la plus grande modération; et, au lieu de se les réserver pour son usage personnel, il se fera un devoir de les distribuer à ses équipages. Ne savons-nous pas qu'il s'astreignait à manger des vivres, pain ou viande, avariés, moisis et parfois dans un tel état de décomposition que les matelots les repoussaient avec dégoût?

Qu'on se rappelle l'affreuse famine qui sévit pendant plusieurs jours en pleine mer. Exténués de faim et de fatigues,

____

1. Dios es justo, y ha de haser que se sepa por que y como. *Doc. dipl.*, p. 314.
2. *Colecion dipl.*, doc. n° LXXVII.

les matelots veulent mettre à mort les Indiens qui montaient
leurs navires, pour s'en rassasier. Autant par respect pour
les âmes de ces malheureux que par tempérance chrétienne,
Christophe Colomb, qui souffrait la faim comme ses compagnons de route, s'oppose à cet horrible projet et préfère tout
endurer plutôt que de commettre l'intempérance de se nourrir de chair humaine[1].

Tempérant et modéré dans ses aliments, il ne l'était pas
moins dans ses vêtements. Malgré que son rang de vice-
roi des Indes lui fit un devoir de se vêtir de riches habits,
nous savons qu'il préféra le modeste et pauvre vêtement des
Franciscains.

Malgré la quantité de linge fin, de riches tapisseries, d'ar-
genterie de tout genre, des parfums et des eaux de senteur
dont l'avait gracieusement approvisionné sa généreuse protectrice, Christophe Colomb sut rester toujours simple, toujours modeste, toujours tempérant. C'est ce que nous apprend
formellement son fils et son historien : « Dans la nourriture,
la boisson et le vêtement, dit-il, l'amiral fut toujours beaucoup tempérant et modeste[2] ».

Tempérant et modéré dans la nourriture, la boisson et le
vêtement, notre grand chrétien l'était aussi dans les choses
d'un ordre supérieur, dans l'ambition et le désir de la gloire.
Personne n'a été plus humble et plus modeste.

Alexandre de Humboldt n'a pu s'empêcher d'admirer son
désintéressement.

Écoutons-le nous dire lui-même que l'objet de ses études,

---

1. Saint Thomas fait remarquer que certains vices qui sortent des
limites de notre nature, comme manger de la chair humaine,
rentrent dans le genre de l'intempérance : *videntur reduci ad genus
intemperantiæ... sicut si aliquis delectetur in comestione carnium
humanarum.* 2a 2æ, quæst. CXLIV, ad tertium.

2. Nel mangiare, nel bere est anco nell' adornomento della sua
persona, fù molto continente e modesto. (D. Fernand, ch. III).

de ses travaux, de ses voyages et de ses souffrances, n'est pas le désir d'acquérir de la gloire et des honneurs, mais bien la gloire de Dieu et le salut des âmes. « Je n'ai point fait ces voyages, dira-t-il, pour obtenir des honneurs ou de la fortune ! c'est certain. Je suis venu vers Vos Altesses avec de bonnes intentions et un grand zèle [1] ».

Au moment de son troisième voyage, la reine, pour mieux récompenser les travaux et les mérites de l'illustre amiral, lui offre, comme apanage particulier de son titre de vice roi, la possession d'une principauté dans l'île Espagnole ; il y avait là de quoi flatter son amour propre d'homme public et de père, puis qu'il aurait pu ériger ce vaste domaine — cinquante lieues de long sur vingt-cinq de large, — soit en duché, soit en marquisat. Mais Christophe Colomb, foulant aux pieds tout intérêt personnel, toute satisfaction d'amour-propre, en un mot toute considération humaine, refusa noblement, afin de pouvoir se vouer tout entier aux intérêts généraux de la civilisation et de la foi.

Nous ne saurions mieux caractériser sa tempérance qu'en empruntant à notre héros une strophe sur cette vertu, écrite de sa main et heureusement arrachée à l'oubli. « Tempérance, dit-il, soin et manières qu'avec tact nous devons tous acquérir afin de ne jamais tenter, dire ni faire chose qui ne doit pas être faite dans cette longue et étroite carrière où la vertu est trouvée avec soin sans être mêlée, ni éclaboussée par le vice [2] ».

---

1. Yo no vine este viage á navegar por ganar honra ne hacienda : esto es cierto... Yo vine a V. A. con sana entencion y buen zelo. Navarette, t. I, p. 312.

2.   Es temperancia, tiento y manera
      Que todos contino debemos tener
      En nunca temptar, decir ni hacer
      Cosa que deber no ser hacedera
      En esta tan larga y estrecha carrera,

Comme on vient de le voir, Christophe Colomb se montra
d'une tempérance, d'une modération parfaites ; n'abusa
jamais des choses de la vie et garda au milieu des richesses
et des splendeurs une modestie qui lui mérita l'admiration
des rois et de ses historiens.

Tel fut Christophe Colomb étudié dans sa vie intime de
chrétien. Il nous apparaît éclairé et comme inondé des lumières de la Foi, soulevé et affermi par les puissantes énergies
de l'Espérance, consumé et vivifié par les divines ardeurs de
la Charité. Il nous apparaît solidement appuyé sur les vertus
cardinales ; puisant dans la Justice, le sentiment du droit, de
l'intégrité et de la probité ; dans la Prudence, les inspirations
de la sagesse, de la prévoyance et de la circonspection ; dans
la Force, le courage en présence des ennemis, le sang-froid
dans les dangers, l'intrépidité dans les épreuves, la résignation dans la maladie, en un mot, l'héroïsme partout où
il y a lutte, obstacle et difficulté du côté de la nature, des
hommes ou de l'enfer ; puisant enfin dans la Tempérance, la
mortification, mère des sacrifices ; la clémence qui gagne les
cœurs ; la douceur, miel des âmes ; l'humilité et la modestie,
marchepied assuré de la gloire, *qui se humiliat exaltabitur*.

> A do de contino virtud es hallada,
> Sin ser cometida ni ser salteada,
> Del vicio, ni del quedalle dentera.

Doc. dipl., n° CXL, p. 269.

CHAPITRE III

Les miracles de Christophe Colomb.

Un homme visiblement inspiré d'en haut pour accomplir une mission si religieuse, si chrétienne et si sainte; un homme qui a pratiqué, à un degré héroïque, les vertus qui font les saints et qui n'a jamais cessé un seul instant de mettre sa confiance en Dieu qui inspirait ses pensées, sanctifiait ses désirs, affermissait ses espérances et encourageait ses efforts; un homme dont la vie entière n'était qu'une élévation continuelle vers l'auteur de tout bien; cet homme a dû nécessairement se rendre Dieu favorable, miséricordieux et même prodigue et généreux de sa toute-puissance. Dieu ne pouvait rien refuser à un serviteur si soumis, si dévoué, si fidèle. N'a-t-il pas d'ailleurs promis, en divers endroits des saints livres, qu'il donnerait à ses amis privilégiés, à ses serviteurs de choix, à ses apôtres intrépides, tout pouvoir sur les forces, les lois et les éléments de la nature? Sur les ennemis humains, et sur les bêtes féroces, sur les dragons et les scorpions? sur les puissances des airs et les tempêtes des mers, sur la vie et même sur la mort? Oui, Dieu a donné à ses meilleurs enfants le pouvoir extraordinaire de faire des miracles; l'histoire de l'Église est la preuve vivante et dix-huit fois séculaire de cette affirmation.

Rappelons-nous en effet la promesse que Dieu lui a faite dans la vision mystérieuse dont nous avons déjà parlé.

« Que fit-il (Dieu) de plus pour Moïse ou pour David son serviteur?... Il t'a transféré son pouvoir, *y te dio poder para ello*. Que fit-il de plus pour le peuple d'Israël, lorsqu'il le tira de l'Égypte?... Il t'a donné les clefs des barrières de la mer Océane; le Seigneur tient en ses mains des héritages nombreux et très grands; tout ce qu'il promet il l'accomplit avec accroissement. »

... Pour ne pas prolonger ces citations, faisons seulement remarquer que Dieu promet et donne à son serviteur le même pouvoir qu'il dit avoir donné à Moïse et à David pour ne citer que ceux-là. Or, quels miracles n'ont pas faits, ces deux illustres serviteurs; les dix plaies d'Égypte, le passage à sec de la mer Rouge, l'eau de l'Oreb, n'attestent-ils pas le pouvoir miraculeux du premier, comme la mort de Goliath, la scène de la grotte d'Engaddi et les étonnantes victoires sur ses ennemis attestent le pouvoir miraculeux du second ?

Donc, pourvu de cette puissance surnaturelle, Christophe Colomb, nous osons le proclamer avec toutes les réserves que nous imposent les sages prescriptions de l'Église, Christophe Colomb, disons-nous, a fait des miracles; il en a fait pendant sa vie; il en a fait après sa mort; il en a fait sur mer et sur terre. Nous allons résumer brièvement quelques-uns de ses prodiges.

Après son second voyage, Christophe Colomb, épuisé de fatigues, abreuvé d'amertumes, perclus de douleurs, et presque aveugle, tombe dans une léthargie profonde qui inspire à son entourage les plus vives inquiétudes.

Profitant de cette maladie, comme aussi de la diminution des Espagnols décimés par l'inclémence de la température et les privations de toute sorte, quatorze des principaux caciques ourdissent le complot d'exterminer les quelques Européens qui s'étaient emparés de leur île, l'Espagnole.

Le prince Guanagari, resté fidèle au vice-roi, lui fit part

de cette conspiration. Décidé à vendre chèrement sa vie, Christophe Colomb, pour éviter un désastre certain, voulut prendre l'offensive. Malgré ses recherches, il ne put mettre sur pied que deux cents fantassins, vingt cavaliers et vingt chiens féroces dressés au combat [1] ; il en confie le commandement à son frère Barthélemy. Il s'agit, avec cette poignée d'hommes, de tenir tête à une armée composée de cent mille Indiens [2] armés de flèches, de lances, de javelots, de massues de bois et de fer et ne respirant que vengeance et carnage. Comme on le voit, la disproportion des parties belligérantes était effrayante pour les Espagnols : un contre cinq cents! Les fastes militaires d'Alexandre, de César, de Charlemagne et de Napoléon ne relatent aucun engagement de ce genre. Disposées en cinq corps d'armées, les troupes ennemies occupaient les diverses issues d'une magnifique plaine, appelée l'Immaculée-Conception, où venait de camper la petite armée des chrétiens qui devait être enveloppée et écrasée par des forces supérieures. Tout à coup, Manicatex, généralissime des Indiens, donne le signal de l'attaque; ses soldats poussant des cris sauvages, obscurcissent l'air de leurs flèches; mais aucun Espagnol n'est atteint. Que se passe-t-il donc? Ah! c'est que, nouveau Moïse, Christophe Colomb, impuissant à diriger lui-même l'action, avait gravi une haute colline d'où il dominait le champ de bataille. Là, il prie le Dieu qui l'a souvent préservé de terribles dangers, de vouloir bien lui donner la victoire; et voilà qu'au même instant un vent violent s'élève, fait dévier les flèches ennemies et les retourne contre ceux qui les avaient lancées. Le cri de *miracle* est poussé dans la petite armée espagnole; les

---

1. Non menando seco l'ammiraglio pui di due cento cristiani e venti cavalli ed altrettanti cani corsi. D. Fernando, c. LX, p. 243. — Herrera, *Hist. des voyages et conquêtes des Castillans*, etc., l. II, c. XVII.

2. Avendo essi posti insieme piu di CM Indiani. *Historie*, c. LX.

Indiens, épouvantés de ce prodige se débandent, et l'Adelantado, profitant de cette panique inespérée, les poursuit et les met complètement en déroute

Qui oserait révoquer en doute le caractère miraculeux de cette victoire? Christophe Colomb, qui savait que Dieu seul la lui avait accordée, contrairement à toutes les stratégies et prévisions humaines, fit immédiatement dresser un autel sur le champ de bataille où il fit célébrer une messe; et, en souvenir de cette journée mémorable, il y fit élever une croix. Ce brillant exploit est connu dans l'île d'Haïti sous le nom du *Miracle des flèches*.

Aussi, l'histoire a-t-elle soigneusement conservé ce fait extraordinaire. La réimpression de l'*Histoire générale des faits des Castillans dans les Indes*, faite à Madrid en 1730, et dédiée au roi Philippe V, porte gravé dans son frontispice, le *Miracle des flèches*.

Plus tard, un membre du gouvernement colonial, et député de la Martinique, Moreau de Saint-Méry, parle, dans sa description de la partie espagnole de Saint-Domingue, du *Miracle des flèches* [1].

En l'an VI, Dorvo-Soulastre, commissaire de la République française, parlant du champ de bataille qu'il avait visité, dit ceci : « C'est dans ce lieu, après une bataille décisive contre les naturels, que se retira Christophe Colomb pour rendre grâce à Dieu et qu'il fit construire une église; au fond de cette église est représenté le *Miracle des flèches* repoussées par la Vierge sur les Indiens qui les lançaient; ce *miracle* est encore représenté à l'entrée de l'église et au-dessus de l'autel. Il tient le premier rang parmi les faits extraordinaires qui accompagnèrent la découverte [2]. »

1. Moreau de Saint-Méry, *Description de la partie espagnole de Saint-Domingue*, t. 1, p. 132.

2. Dorvo-Soulastre, *Voyage par terre de San Domingo, capitale de la partie espagnole de Saint-Domingue*, etc., p. 71.

Voici un autre miracle sur mer qui n'est pas moins éclatant que celui que Christophe Colomb vient d'opérer sur terre. De retour en Espagne, après son dernier voyage, il avait dans son escadre un vieux navire, le *Galicien*, épais, mauvais marcheur et prêt à céder à la moindre tempête. Après avoir demandé en vain à Ovando, gouverneur de Saint-Domingue, la permission de changer ce défectueux bâtiment contre un autre ou tout au moins de s'abriter quelques jours dans le port pour échapper à une tourmente qu'il savait prochaine, il est obligé de poursuivre sa route. Le voilà donc en marche à la tête d'une flotte de plus de trente navires, tous chargés de trésors, et emportant plus de cinq cents Espagnols, au milieu desquels se trouvait le fameux Bobadilla, destitué, mais qui se consolait de sa disgrâce par ses riches monceaux d'or.

« Tout à coup, un vaste balancement rompit la plaine unie des eaux ; les vagues, après quelques larges oscillations, se gonflèrent, noircissant leurs cimes en bouillonnant, s'élevèrent blanchissantes. Bientôt le fond de la mer sembla se soulever ; le souffle strident de la tempête grinça dans les mâtures, ballotant comme un jouet, parmi les masses d'écume, cette superbe flotte. Les vergues frappaient l'eau ; l'avant et l'arrière plongeaient tour à tour sous les lames. Les trésors accumulés dans les navires furent rudement secoués. La fureur des vagues fit s'entrechoquer plusieurs caravelles. Quelques-unes s'entr'ouvrirent et sombrèrent à l'instant ; d'autres luttèrent par d'impuissantes manœuvres. Un épais embrun s'ajoutait à l'affreuse obscurité du ciel. On ne se voyait point ; on entendait à peine les commandements inutiles du porte-voix et les cris désespérés de l'horreur [1] ». Bref, plus de vingt-six caravelles, avec l'odieux Bobadilla, les traîtres, les calomniateurs de Christophe Colomb et les

____

1. Roselly de Lorgues, *Christophe Colomb*, t. III, p. 186.

immenses trésors qu'elles emportaient, périrent dans cette affreuse tourmente. Deux navires fracassés et à demi-noyés arrivèrent tant bien que mal à Hispaniola; il n'y en eut qu'un seul, le plus mauvais, le plus petit de tous, nommé l'*Aiguille*, *el Aguja*, qui arriva sain et sauf en Europe : c'était le navire qui portait l'amiral de l'Océan.

Christophe Colomb, qui, durant la tempête, n'avait un seul instant cessé de prier, a le bonheur de voir que Dieu a exaucé sa prière; aussi s'empresse-t-il de consigner, dans sa lettre aux rois catholiques, ce fait extraordinaire, merveilleux, qu'il attribue à la toute-puissance de Dieu : « Notre-Seigneur, dit-il, sauva celui (le navire) dans lequel je me trouvais, en telle sorte que, quoique étrangement assailli, il n'éprouva pas le moindre dommage[1] ». Il va même jusqu'à l'appeler un grand miracle qui ne s'était pas vu depuis des siècles[2].

Le caractère surnaturel et miraculeux du salut de l'*Aiguille* a été également reconnu et attesté par Herrera, qui dit « que *el Aguja*, portant tout le bien de l'amiral, qui consistait en quatre mille pesos, fut le premier qui arriva en Castille, *par la permission de Dieu*[3]. »

Comme on le voit, il y a dans cet événement un double caractère miraculeux : le premier relatif à la prédiction certaine de la tempête à deux jours de distance, et le second au salut inespéré de la caravelle qui portait l'amiral. Qu'on ne vienne pas nous dire, comme l'ont prétendu les détracteurs de l'illustre marin, que ce fut son art magique qui

---

1. En el que yo iba, abalumado á maravilla, Nuestro Senor le salvo que no hubo dano de una paja. Lettre aux rois catholiques, 7 juillet 1503.

2. Grande tiempo ha que Dios Nuestro Senor no mostro milagro tan publico. Suppl. a *Collec. diplom.*, n° XVI.

3. Herrera, *Hist. gén. des voyages des Castillans dans les Indes*. Déc. 1, l. V, ch. II, p. 337.

excita cette tempête, ou qu'elle a été l'œuvre du hasard ; ces
prétentions aussi absurdes que ridicules ne méritent pas
l'honneur d'une réfutation. C'est en vain également qu'on
voudrait l'attribuer à l'habileté consommée, à l'expérience
lumineuse de l'amiral ; une telle prédiction est au-dessus
des faits de l'observation et de la pratique. Voici, en effet, ce
que M. Bonnefoux, ancien directeur de l'École navale,
auteur du *Manœuvrier complet*, et du *Dictionnaire de
marine à voiles et à vapeur*, pense de cet important événement. « Nous nous croyons fondé à n'admettre l'infaillibilité
absolue d'aucun homme, d'aucun instrument météorolo-
gique, d'aucune donnée préalable, d'aucun signe précurseur
en ce qui concerne toute prédiction ou toute annonce sur le
temps qu'il fera, non seulement deux jours, mais même
deux heures à l'avance. Que Colomb, par exemple, en cette
occasion, ait remarqué que les nuages des régions supérieures
avaient une marche assez prononcée à l'encontre de celle
des nuages plus voisins de la terre ; qu'il ait observé que les
vents alisés faiblissaient ; que, par intervalle, les brises de
l'ouest prenaient de l'ascendant ou toute autre indication
pratique, et qu'il ait jugé prudent de prendre ses précautions
et de se mettre à l'abri, nous le concevons facilement, d'autant qu'en marin consommé, Colomb avait l'habitude, qui est
celle de tous les chefs prudents, d'avoir toujours la pensée
préoccupée de sa route, de son navire, de l'état du ciel et
des probabilités du moment. Mais, quant à déclarer publiquement qu'une tempête devait éclater dans deux jours,
nous croyons que c'est au-dessus des facultés humaines, et
que ni Colomb ni personne au monde n'a jamais pu le prédire
avec certitude [1] ».

Or, du moment que ce n'est pas au moyen des données de
la science que l'amiral a pu prédire cette épouvantable tem-

1. Bonnefoux, *Vie de Christophe Colomb*, p. 363, 364.

pête, il en résulte rigoureusement qu'il l'a fait par l'intuition ou l'inspiration de la foi, ce qui donne à ce fait un caractère surnaturel et miraculeux.

Suivant la juste remarque d'Herrera, de Don Fernand et de Benzoni, pour ne citer que des historiens contemporains, cet événement revêt un nouveau caractère providentiellement surnaturel en ce sens que Dieu vengea d'une manière tragique et exemplaire l'innocence de Christophe Colomb en empêchant ses calomniateurs de jouir de leurs richesses et en les précipitant dans les abîmes de l'Océan, tout en laissant la vie sauve à leur insigne bienfaiteur ; de sorte que le pieux amiral eût pu, en s'appropriant ces paroles de David, dire à Dieu : « Seigneur, vous avez répandu votre colère sur mes ennemis tandis que votre main paternelle m'a délivré de dangers : *Super iram inimicorum meorum extendisti manum tuam, et salvum me fecit dextera tua*[1] ».

Là ne s'arrêta pas le pouvoir extraordinaire de Christophe Colomb sur les éléments déchaînés.

Le 5 décembre 1502, voulant se diriger sur Veragua, il est assailli par une violente tempête. Aux vents impétueux, aux vagues mugissantes, aux nuages épais se joignaient une pluie diluvienne, les retentissements de la foudre et les sinistres lueurs des éclairs. « La couleur sanglante des nuées se reflétait dans la teinte rougeâtre de cette mer qui semblait être de sang et paraissait bouillonner comme une chaudière sur un grand feu. Jamais on n'avait vu le ciel avec un aspect aussi effrayant ; il brûla un jour et une nuit comme une fournaise[2] ».

Ce n'était pas assez : à portée du regard se passait quelque

---

1. Ps. CXXXVII.

2. Alli me detenia en la mar fecha sangre, herbiendo como caldera per gran fuego. El cielo jamas fue visto tan espantoso. Un dia con la noche ardio como forno (*Cuarto y ultimo viage de Colon*).

chose d'horrible. La mer, se gonflant de tous ses flots qu'elle attirait à ce centre se soulevait comme une montagne, tandis que de noirs nuages, descendant en cône renversé, s'allongeaient vers le tourbillon marin qui se dressait palpitant à son approche, comme cherchant à le rejoindre. Ces deux monstruosités de la mer s'unirent tout à coup par un effroyable embrassement et se confondirent en forme d'X tournoyante : « C'était, dit P. Charlevoix, une de ces pompes ou trombes marines que les gens de mer appellent *froncks*, que l'on connaissait alors si peu et qui ont, depuis, submergé tant de navires[1]. »

Au milieu de ces rugissements de la nature, du craquement et du choc des caravelles, des cris de gémissement et de désespoir des équipages en présence d'un si épouvantable danger, Christophe Colomb, qui était tombé gravement malade au point qu'on avait perdu toute espérance de lui conserver la vie, frissonna tout à coup et rouvrit les yeux. Devant l'imminence du péril qui allait l'engloutir ainsi que son personnel, et devant lequel l'art était inutile, puisqu'il n'y avait plus moyen ni de naviguer ni de gouverner, il sort de sa cabine, fait allumer deux cierges bénits et arborer l'étendard de la Croix ; puis, après avoir lu debout, à haute voix, devant la trombe qui s'approchait, l'Évangile de saint Jean, dans lequel l'Esprit saint proclame le puissant empire du Verbe éternel sur toute créature, il lui commande d'épargner ceux qui vont porter la parole divine aux nations idolâtres. Cette adjuration terminée, il tire son épée qu'il portait ceinte par-dessus le cordon de Saint-François, trace dans les airs le signe de la Croix[2], et immédiatement, ô prodige ! la trombe qui marchait vers les caravelles, attirant les flots avec un noir bouillonnement, est poussée obliquement,

1. Roselly de Lorgues.
2. Las Casas.

passe inoffensive entre les navires, s'éloigne rugissante et va se perdre dans l'immensité de l'Océan[1].

Peut-on désirer un miracle plus éclatant, plus authentique et mieux attesté?

L'homme providentiel qui a, pendant sa vie, étendu si loin la domination de l'Église, conquis tant d'âmes à Jésus-Christ, fait connaître le saint nom de Dieu à tant de peuples idolâtres et qui a miraculeusement sauvé tant de pauvres voyageurs et de marins, a laissé sur la terre un monument sacré qui atteste une fois de plus, même après sa mort, le pouvoir extraordinaire qu'il avait reçu du Ciel.

Au mois d'avril de l'année 1495, visitant pour la seconde fois à l'Espagnole, la magnifique plaine royale, la *Vega Real*, il fit planter sur une colline qui la domine une croix gigantesque afin de marquer, par ce signe visible, que cette terre devait bénéficier du fruit de la Rédemption. C'est là, aux pieds de cette croix, qu'il aimait à venir fréquemment prier, réciter son office, s'y livrer à ses profondes méditations ; c'est là qu'il réunissait le matin et le soir ses ouvriers et ses soldats pour faire leurs dévotions : c'était, en un mot, le lieu de sa prédilection religieuse, le lieu où il recevait assurément ses illuminations, ses faveurs et ses encouragements. En souvenir de ces joies intimes et des faveurs qu'il y avait reçues, il ordonna dans son testament qu'on construisît dans ce lieu privilégié une grande église où l'on célébrât chaque jour trois messes : la première en l'honneur de la sainte Trinité ; la seconde en l'honneur de l'Immaculée Conception et la troisième pour ses trépassés[2].

Ce lieu béni, rendu célèbre par les visites, les prières et le souvenir du grand chrétien, ne tarda pas à devenir le rendez-vous de la piété des Castillans : c'était leur pèleri-

1. Roselly de Lorgues.
2. Testament et codicile de Christophe Colomb.

nage préféré. Bientôt, on y alla non seulement pour y faire
ses dévotions, mais aussi pour y demander des grâces de
guérisons; des fiévreux, des malades et des infirmes de
toute sorte, ayant fervemment prié à l'ombre de cette croix,
s'en étaient retournés chez eux entièrement guéris. De là le
nom de la *Vraie Croix*, *Vera Cruz*, donné à la croix plantée
par Colomb.

Connaissant la vénération des Espagnols pour ce religieux
monument, les Indiens, outrés du gouvernement despotique
de Bobadilla, voulurent s'en venger en l'arrachant et le
détruisant. Mais ils eurent beau l'enlacer de cordes solides
d'aloès et de lianes; y mettre le feu après l'avoir entourée
de broussailles; la frapper avec des haches en pierre et
d'énormes couteaux; leur acharnement demeura sans effet,
la croix ne broncha pas et, par une heureuse disposition de
la Providence, forcés de reconnaître le caractère merveilleux
de ce symbole sacré, les Indiens finirent eux-mêmes par se
prosterner humblement devant elle[1].

Ce n'est pas tout encore : la dévotion à cette croix devint
si intense et si générale qu'on venait de très loin pour la
vénérer; on la baisait avec respect, on lui faisait toucher des
objets, des vêtements ou des sujets de piété et on en prenait
des parcelles pour les conserver précieusement dans des reli-
quaires. Chose plus étrange encore! Cette croix, cinquante
ans après sa plantation, malgré l'action du climat qui amène
dans ce pays la prompte destruction des végétaux abattus;
malgré les nombreuses parcelles qu'on lui a arrachées, les
entailles et fentes qu'on lui a faites; malgré la violence des

---

1. Y accordandose que aquella alli hincada no eran bastantes
tantos hombres à la menear ni quitar de aquel lugar, la miravan
con acatamiento y respecto y se humilliavan à ella de ay adelante
(Oviedo y Valdez, *La Historia natural y general de las Indias*,
lib. III, c. v).

ouragans et des trombes qui sévissent dans la région d'une manière si désastreuse, elle a résisté à tout, toujours debout, sans fentes, ni le moindre signe de décomposition. C'est Oviedo lui-même, l'historien des Indes et l'ennemi de Colomb, qui prend soin de faire cette remarque : *Assi por sus miraglos como porque en tanto tiempo como estuvo descubierta, jamas se pudrio ni cayo, por ninguna tormenta de aqua ni viento*[1].

Disons en terminant ce rapide récit, que la dévotion à cette croix devint si grande et si populaire et les miracles qui en résultèrent si nombreux, que l'empereur Charles-Quint écrivit au Saint-Père, le priant de vouloir bien autoriser la dévotion à cette croix et accorder quelques indulgences à ceux qui y viendraient en pèlerinage et feraient quelque offrande à son intention[2].

Pour préserver cette croix précieuse des mutilations des Indiens et de l'indiscrète avidité des chrétiens qui, en enlevant chaque jour des morceaux, en diminuaient par là même le volume, l'évêque de la Conception la transporta en procession dans sa cathédrale, où on la voyait encore en 1535.

Malheureusement, à la suite d'un tremblement de terre qui, en 1553, détruisit la ville de la Conception, le reste de la population s'étant éparpillé au loin, on a perdu toute trace de la croix miraculeuse.

Mais, si le signe sacré a disparu, les nombreux miracles qu'il a opérés n'en demeurent pas moins certains, consignés qu'ils sont dans les histoires officielles, dans les écrits des contemporains et dans les communications faites aux auto-

---

1. *Hist. gén.*, lib. III, c. v.
2. Su Majesta supplico al papa que para conservar y acrecentar la devocion de fideles cristianos, concediere alguna indulgencia para los que visitassen y freciessen alguna lismona. Herrera, *Historia gen. de las Indias occid.* decada, III, lib. VIII, c. x.

rités administratives espagnoles et au souverain pontife ; il n'en demeure pas moins avéré que Dieu s'est servi de son serviteur Christophe Colomb pour opérer ces miracles comme il s'est servi de tant de saints pour opérer de nombreux prodiges ; et que si ces prodiges ont servi à prouver la sainteté de ceux-ci, il est logique de conclure que les miracles de la vraie croix doivent prouver la sainteté de celui-là.

Redisons-le donc bien haut ; oui, Christophe Colomb, par la puissance qu'il a reçue du ciel, a suspendu les lois ordinaires de la nature ; avec une poignée de soldats, il a mis en déroute cent mille ennemis ; avec une caravelle minuscule et endommagée, il a triomphé d'une tempête qui a englouti trente gros et solides navires ; avec son épée, il a coupé et fait évanouir une trombe effrayante et avec deux troncs d'arbres formés en croix, il a guéri des malades, converti des infidèles et tenu tête aux ouragans déchaînés. D'ailleurs, malgré sa modestie bien connue, Christophe Colomb reconnaît lui-même que Dieu a fait en sa faveur plusieurs miracles. « Je vois, dit-il lors de son premier voyage, que Dieu a merveilleusement prouvé ce que j'avance, par les miracles signalés qu'il a faits pendant le cours de ma navigation et en faveur de moi.. [1] ».

Thaumaturge sur terre et sur mer, thaumaturge pendant sa vie et après sa mort, Christophe Colomb est digne de la vénération des fidèles ; il mérite les honneurs de l'Église : Christophe Colomb est un saint.

---

1. Este deste viage conozco que milagrosante le ha mostrado asi como se puede comprendere por esta escriptura, por muchos milagros senalados que ha mostrado en el viage, y de mi (Navarette, t. I, p. 166).

CHAPITRE IV

Ses vertus humaines.

La nature étant comme la base de la grâce, nous ne pouvons nous empêcher d'esquisser, en quelques traits rapides, les qualités naturelles, du moins les principales, qui brillaient dans Christophe Colomb. On verra que l'homme était digne du chrétien et que les opérations merveilleuses de la grâce de Dieu étaient efficacemment secondées par les énergies naturelles et les heureuses qualités de sa créature.

Christophe Colomb a été un homme de cœur dans la plus haute acception du mot. Il l'a montré à l'égard de sa famille, de ses amis, de ses subalternes, des pauvres et des malades, et enfin à l'égard de sa patrie.

Sa famille.

Que Christophe Colomb se soit toujours montré plein de respect, de docilité et d'amour envers ses parents, cela ne fait aucun doute quand on sait l'éducation simple et forte qu'il reçut au modeste foyer d'une famille issue de l'antique noblesse de Lombardie, qui portait sur son cimier, surmonté de l'emblème de la justice, cette chrétienne devise, *Foi,*

Espérance, Charité [1]. Ayant échoué en Portugal ; épuisé et couvert de blessures après avoir lutté à la nage toute une journée contre une mer en furie ; malgré qu'il soit obligé de gagner péniblement sa vie en faisant des cartes et des plans, en copiant des manuscrits et en transcrivant des livres rares, il s'impose des sacrifices et des privations pour venir en aide à la vieillesse peu fortunée de son père. Oviedo y Valdez, l'historiographe des Indes, fait formellement mention de cette touchante sollicitude filiale.

Marié à Dona Felipa, fille de Mogniz de Perestrello, marin célèbre, mais mort ruiné par la stérilité de ses domaines ; écoutant avec curiosité les conseils et les récits de sa vertueuse belle-mère, touchant les voyages et les découvertes de son mari dont elle lui confia les notes et les journaux de bord, il donne un libre cours à ses aspirations maritimes. Après avoir voyagé aux Açores, aux Canaries et jusques à la Guinée, il rentre à Porto Santo, où il est heureux de rejoindre sa femme qui venait de mettre au monde son fils Diego.

Muni des renseignements posthumes de son beau-père et des précieux conseils du fameux savant Paul Toscanelli, il travaille, pendant près de deux ans, à étudier et à mûrir son grand projet de découverte du côté de l'occident. Nous sommes en 1476. Voulant naturellement faire bénéficier sa patrie de ses découvertes, il se rend, au dire de quelques historiens, à Gênes, dont le Sénat aurait repoussé la proposition. Remercié également par Venise, il se console de ces cruelles déceptions en se rendant à Savone pour visiter ses vieux parents. Pendant l'année qu'il passe avec eux, successivement à Savone et à Gênes, nous le voyons les aider de ses modestes ressources, copiant des manuscrits, achetant et

---

1. *Mémoire à la Reine*, par Pierre Colomb de Portugal, amiral des Indes, duc de Veraguas, marquis de la Jamaïque, cité par Roselly de Lorgues.

vendant des livres pour les secourir et les aider à payer leurs dettes. Ici, il se porte garant de 140 livres pour des laines à fournir par Jean de Signorio, à ses parents à bout de crédit ; là, il pousse le devoir filial jusqu'à ses plus pénibles limites, en accompagnant sa vieille mère chez le notaire Pierre Corsaro pour la vente de quelques pièces de terre et d'une maison qu'elle possédait au Bisagno, afin de désintéresser leurs défiants et avides créanciers ; de sorte que toutes les fois que ses pauvres parents ont besoin de lui, il est toujours prêt à payer de sa personne, de sa bourse et de son crédit.

D'après des historiens autorisés, tels que Munoz et A. de Humboldt, Christophe Colomb « serait revenu, en 1485, à Savone, revoir son vieux père, lui présenter son petit-fils et appeler la bénédiction du vieil ouvrier sur la tête de cet enfant qui devait allier un jour son sang aux deux maisons royales d'Espagne et de Portugal[1]. »

Enfin, autant pour satisfaire son cœur filial que, pour ainsi dire, faire revivre l'antique gloire de sa famille, il s'empresse de graver le nom béni de son père sur les tablettes de l'histoire, en donnant le nom de Saint-Domingue à une île, à une belle cité et à une forteresse célèbre dans les exploits des trois frères.

Plein de respect, d'affection et de dévouement pour ses vieux parents, il ne se montra pas moins dévoué et généreux à l'égard de ses frères et de ses enfants.

Nous l'avons déjà vu ; échoué miraculeusement à Lisbonne, il va demander l'hospitalité à Barthélemy son frère ; il l'aide par ses travaux graphiques à supporter les charges de sa modeste position, l'aime comme un protecteur et il lui est tendrement dévoué. Plein de confiance dans son tact et ses lumières, il l'envoie avec des instructions et une mappemonde auprès d'Henri VII d'Angleterre, espérant en obtenir

1. Roselly de Lorgues.

l'appui que lui avaient refusé les rois de Portugal et d'Espagne, le sénat de Gênes et de Venise.

Lors de son second voyage, à la suite de violentes tempêtes et de cruelles souffrance physiques, il est transporté mourant à l'île Isabelle; et c'est dans les bras de son frère Barthélemy qu'il retrouve, avec la joie de le revoir après huit années, la force, la santé et la vie. Pour ne pas trop prolonger ce récit, rappelons rapidement que l'amiral, en raison de l'affection qu'il lui avait vouée et des services nombreux qu'il en avait reçus dans les diverses conjonctures où il s'était trouvé, nomme successivement son frère Barthélemy gouverneur de la place Isabelle; lui obtient des rois catholiques le titre d'Adelantado ou gouverneur général des Indes; lui donne une couronne d'or à la suite d'un brillant exploit; et, après l'avoir présenté à la cour d'Espagne, qui lui fait le plus gracieux accueil, il le charge d'une mission secrète, aussi délicate qu'importante auprès du Souverain Pontife qui donne gain de cause à son illustre frère, en dépit des propositions captieuse et des habilités diplomatiques de l'ambassadeur espagnol près du Saint-Siège.

Lors de son second voyage, désireux d'arracher son plus jeune frère Diego aux fatigues corporelles que lui imposait son métier d'apprenti chez un cardeur de laine, il le fait venir en Espagne, le présente à la cour, l'emmène avec lui, pourvoit à tous ses besoins et le nomme gouverneur de Saint-Domingue, et, plus tard, président du conseil supérieur d'Hispaniola. De retour en Espagne, Diego, doué d'une constitution délicate, adonné aux exercices religieux, ami de la solitude et du silence, écœuré d'autre part, des injustices dont son frère avait été victime et de l'iniquité des hommes, Diego, disons-nous, quitte le monde et la cour, embrasse l'état ecclésiastique et mène une vie d'humilité et d'édification. Et maintenant que dirons-nous de ses enfants, de l'amour tendre et dévoué qu'il leur portait?

Tout entier à sa divine mission, il charge l'abbé Martin Sanchez et son ami Rodriguez Cabezudo de conduire Diego à Cordou pour y achever, avec son frère, son éducation déjà commencée sous l'œil religieux du vénérable Juan Perez.

Nous trouvons dans sa correspondance onze lettres qu'il a écrites à Diego son fils aîné ; son cœur y déborde ; on sent que ses entrailles de père tressaillent à la pensée soit des joies, soit des tribulations de ce cher enfant ; il se préoccupe de son avenir ; il le presse de faire des démarches auprès du roi pour obtenir la restitution des biens et privilèges qui lui avaient été concédés et dont on l'a dépossédé. Il voudrait recevoir tous les jours de ses lettres : « Je voudrais, lui écrirat-il, voir tes lettres chaque heure du jour. La raison doit te dire que je n'ai maintenant aucun autre plaisir : *Cada hora quisiéra, ver tus lettras* (Navarette, I, 338).

Écoutons avec quelle affectueuse sollicitude, il lui trace son devoir à l'égard de son oncle et de son jeune frère : « Aie pour ton oncle le respect que tu lui dois, et agis envers ton frère ainsi que doit le faire un frère aîné à l'égard de son cadet ; tu n'en as pas d'autres, et, grâce à Dieu, celui-ci est tel que tu pouvais le désirer ; il est né avec de bonnes dispositions, et il les cultive fort heureusement [1] ».

Il termine invariablement ses lettres par ces paroles d'une extrême tendresse : « Ton père qui t'aime plus que lui-même. *Tu padre que te ama masque à si.* » (Navarette, I, p. 237.)

Pour ce qui est de Don Fernand, nous lui devons rendre cette justice, c'est que la situation délicate dans laquelle il se trouvait vis-à-vis de lui, avait pour ainsi dire remué les

---

1. A tu tio tien el acatamunto que es razon, y a te hermano allega como debe haver et hermano mayor al menor ; tu no tienes otro, y loado Nuestro Senor, este es tal qui bien te es menester. El ha salido y sale de muy buen saper (Navarette, I, 344).

plus intimes fibres de son cœur qui semblait se répandre, se liquéfier en tendres épanchements toutes les fois que son nom se présentait sur ses lèvres. Nous l'entendons recommander le jeune Fernand au dévouement de son aîné, Diego : « Fais grand cas de ton frère. Dix frères ne seraient pas de trop pour toi, lui écrira-t-il ; je n'ai jamais trouvé de meilleur ami à ma droite et à ma gauche que mes frères[1]. »

Il parle avec le plus grand éloge de son intelligence et de sa maturité. « Il est jeune par l'âge, dira-t-il, mais vieux par les capacités[2] ».

Malgré les charmes de ses voyages et les satisfactions de ses découvertes, ce père aimant sent qu'il lui manque une joie au cœur ; il n'hésitera pas à amener dans son quatrième voyage son cher Fernand, malgré ses treize ans ; sa présence, son activité, son intelligence et ses heureuses saillies adouciront efficacement les peines intimes du vieux marin. Mais c'est surtout dans une circonstance des plus poignantes que nous voyons éclater l'affection de ce grand homme à l'égard des siens. Ici nous laissons la parole à M. Roselly de Lorgues. « La mer, toujours contraire, astreignait à des travaux continus. Loin de se radoucir, le ciel semblait redoubler de rigueur. Les matelots succombaient à ces fatigues incessantes. La plupart étaient malades ou incommodés. L'âpreté des vents, la violence des flots, l'absence du soleil décourageaient les esprits les plus fermes. Ces pluies diluviennes avaient pourri les voiles qui se déchiraient en lambeaux. On avait perdu des ancres, des apparaux, ainsi que des embarcations et la plus grande partie des approvisionnements. Chaque caravelle avait plusieurs voies d'eau. Et telle était la gravité de la situation qu'à

---

1. Septième lettre à Don Diego.
2. Envio allà a tu hermano, que bien que sea mino en dias, no es ainsi en el entendimiento (Navarette, I, 341).

chaque redoublement de la tempête on se croyait perdu. L'équipage de la *Biscaïenne* s'était préparé à la mort et avait même reçu du Père Alexandre les derniers sacrements. Dans les autres navires, privés des secours de l'Église, se voyant à toute extrémité, les marins imploraient le pardon de leurs fautes et se confessaient les uns aux autres. Il n'y en eut pas un, grand ou petit, qui ne fît quelque vœu particulier ou ne promit quelque pèlerinage. Parmi les domestiques de l'amiral, plusieurs s'engagèrent à embrasser la vie monastique s'ils échappaient à une mort imminente. » Christophe Colomb avoue lui-même combien était navrante cette position d'agonie. « On a bien vu d'autres tempêtes, dit-il, mais aucune n'a été aussi affreuse et n'a duré aussi longtemps, au point que plusieurs des miens, qui passaient pour intrépides, perdirent tout à fait courage ». Quant à lui, *ce qui oppressait son cœur, c'était surtout de voir qu'il avait exposé son jeune fils à de telles souffrances et de savoir sur le plus mauvais bâtiment de l'escadrille son frère l'Adelantado qui ne se souciait pas de ce voyage et n'avait consenti à l'accompagner que par soumission à ses désirs ; il se reprochait leur malheur. Une autre peine accablait son cœur : il songeait à son fils aîné, Don Diego, qu'il avait laissé en Espagne et qui se trouverait orphelin et peut-être dépouillé des honneurs et des droits que lui assurait son majorat*[1].

Heureusement, loin de l'accabler de sa propre souffrance, le jeune Fernand l'entourait de ses soins et déployait une fermeté au-dessus de son âge. « Notre Seigneur, écrivait son père, lui donna un tel courage que c'était lui qui ranimait les autres. Et quand il s'agissait de s'employer à la manœuvre, il le faisait comme s'il eût navigué quatre-vingts ans, et c'était lui qui me consolait[2] ».

---

1. *Lettre aux rois catholiques*, datée de la Jamaïque, 7 juillet 1503.
2. Nuestro Senor le dio tal espierzo que el avivaba a los otros, y

Un dernier trait de l'affectueuse sollicitude de Christophe Colomb pour sa famille : nous le trouvons dans l'institution du majorat ; dans cette expression de ses dernières volontés, nous remarquons que son cœur n'oublie aucun des siens ; ses enfants, ses frères, leurs descendants, tout est indiqué, prévu, pour qu'ils entrent régulièrement en possession de leurs droits et de leurs honneurs. Jetant un regard vers l'éternité, où des êtres bien-aimés l'ont précédé, il s'apitoie sur leur sort qui est peut-être douloureux ; voilà pourquoi il ordonne à son fils aîné de construire une chapelle, à laquelle seront attachés trois ecclésiastiques, avec mission d'y célébrer *avec beaucoup de dévotion* la sainte messe pour son père, pour sa mère, pour sa femme et enfin pour le repos de son âme et pour l'âme de leurs ancêtres et de ceux qui les suivront dans la tombe [1].

Ses amis.

Pour ce qui est de ses amis, nous avons eu déjà l'occasion de faire voir combien il s'était montré empressé, bon, affable et généreux à leur égard. Ne laissant échapper aucune occasion de leur être agréable, il profitait des moindres circonstances pour les tirer d'embarras, améliorer leur sort, les recommander à la haute bienveillance des supérieurs hiérarchiques et des rois catholiques eux-mêmes. Sa volumineuse correspondance prouve avec quelle sollicitude il travaillait à leur plaire ; et si plusieurs se sont servis de ses bienfaits pour le payer d'ingratitude, s'ils l'ont enveloppé de haine et de calomnie, s'ils ont même attenté à ses jours,

en las obras hacia el como si hubièra ochenta anos, y el me consolaba. Lettre du 7 juillet 1503.

1. Que dican misas pro mi anima y de nuestros antecéssores y successores cou muche devocion. *Doc. dipl.*, n° CLVIII.

lui, n'a jamais eu pour eux que des sentiments d'indulgence et des paroles de pardon : « Quoiqu'il se trouve parmi eux, écrira-t-il à son frère et à son fils, des gens qui méritent plutôt des châtiments que des récompenses, recommandez-les de tout votre pouvoir, parce que c'est une œuvre de miséricorde[1] ».

Les malades.

Comment dire sa charité pour les malades ?

Attachant une grande importance à la santé, il avait l'habitude de remercier Dieu de lui avoir conservé la sienne ; ceci se passait lors de son premier voyage, car nous savons que, dans la suite, sa santé eut à subir les plus graves atteintes. « Grâce à Dieu, disait-il, pas un seul des gens de mon équipage n'a éprouvé jusqu'à ce jour le moindre mal de tête ; pas un seul n'a gardé la chambre pour cause de malaise, si ce n'est un vieux matelot qui avait souffert toute sa vie de la gravelle et qui s'est trouvé guéri après le second jour de notre arrivée dans le pays. Ce que je dis de l'état sanitaire comprend l'équipage des trois navires[2] ».

Lorsque la maladie sévissait parmi ses hommes, l'amiral se multipliait soit pour les soigner, soit pour les consoler. Tous ceux qui se trouvaient sur sa caravelle recevaient sa visite quotidienne ; accompagné du Père Juan Perez, il les exhortait, les encourageait et les consolait en puisant ses pieuses inspirations soit dans les tendresses de sa foi, soit dans les données de sa science.

Un de ses plus vifs chagrins pendant les violentes tem-

---

1. Lettre de C. Colomb à Don Diego, 29 décembre 1504.

2. Porque loado Nuestro Senor, hasta hoy de toda mi gente, no ha habido persona que le haya mal la cabeza ni estado en la cama por dolencia, salvo un viezo de dolor de piedra... Mardi 27 novembre.

pêtes qui assaillaient ses caravelles, c'était de voir souffrir
ses équipages. Écoutons-le verser son amertume dans le
cœur de ses souverains. « J'aurais souffert mon malheur
avec plus de patience, leur écrira-t-il, si j'avais été seul en
danger : j'avais si souvent vu la mort de si près, que je ne
l'aurais pas plus appréhendée qu'en cette circonstance; mais
ce qui me donnait une surabondante douleur, c'était de voir
les souffrances de tant de gens que Votre Altesse m'avait
donnés pour me servir dans mon entreprise[1] ».

Lors de son premier retour en Europe, il s'occupe avant
tout des malades et des pauvres qu'il ramène. La paternelle
sollicitude avec laquelle il leur parle, les interroge et les
soigne pendant la traversée, les touche et les émeut. Plusieurs étant prévenus contre lui au moment du départ, ne
trouvent maintenant dans leur cœur que de la reconnaissance pour ses bontés et de l'indignation pour ses calomniateurs.

Au moment de la révolte des frères Porras, tous les hommes valides de la troupe de l'amiral devant partir pour combattre l'insurrection, les malades restés seuls se livrent au
désespoir et craignent d'être sacrifiés. Apprenant leurs
craintes, Christophe Colomb, accablé d'abattement et perclus de douleurs, soutenu par les bras de ses domestiques,
se rend chaque jour à l'hôpital; non seulement il les encourage et les console, mais il stimule le zèle des médecins et
pousse la bonté jusqu'à préparer des remèdes et des potions
et à faire des pansements avec ses mains endolories[2]. Son
fils Fernand remarque que non seulement aucun d'eux ne
mourut, mais qu'au bout d'un peu de temps il n'en restait
plus un seul à l'infirmerie[3].

1. Don Fernand, *Historie*, ch. XXXVI.
2. Herrera, *Histoire générale des Indes occidentales*, dec. 1, lib. IV,
ch. VI.
3. *Vie de l'amiral*, ch. CII.

Cette sollicitude pour les malades, il la déploya non seulement pendant sa vie, mais aussi il voulut qu'on la déployât en son nom après sa mort. C'est ce qui fait qu'il ordonna dans son testament à son fils don Diego de construire un bel hôpital pour les recueillir et les soigner[1].

Né pauvre lui-même, ayant vécu presque toute sa vie dans une situation gênée, il n'est pas étonnant que son cœur se soit attendri à la vie et à la pensée des pauvres. Voilà pourquoi, n'ayant pu faire de larges aumônes pendant sa vie, il demande à son héritier de prélever le dixième sur ses revenus pour le distribuer aux pauvres après sa mort[2].

Sa patrie.

Arrivons maintenant à son patriotisme. Que Christophe Colomb ait passionnément aimé la ville de Gênes, sa patrie, personne ne l'a jamais révoqué en doute. Mais comme il s'agit ici de montrer en raccourci la grandeur naturelle des sentiments de notre héros, il nous importe de mettre un peu en relief ce côté moral de l'illustre navigateur.

Sans compter qu'il paraît certain qu'il s'est, une première fois, adressé à sa patrie pour lui soumettre son projet, nous savons que dans ses différentes expéditions, il s'est fait un devoir de s'entourer autant que possible de ses chers compatriotes. C'est ainsi que sur les listes des personnes qui formaient ses équipages, nous relevons les noms des Génois Barthélemy de Fresco, capitaine; de Guillerme, Baptiste,

---

1. Volo ex annuis meis reditibus erigi in patria, novum hospitale ac pro pauperum meliori sustentatione (*Codicillus more militum*).

2. E dicho que toda la renta que el toviere por razon de la dicha herencia. . las reparatas... e personas necesitadas y otras opras pias. *Docum dipl.*, n° CXVIII, p. 314.

Jean Pasan, écuyers; et de deux mousses, Grégoire et Baptiste[1].

Si ses nombreux et longs voyages et ses constantes préoccupations ne lui ont pas permis de se rendre plus souvent dans sa patrie, il ne lui en était pas moins attaché d'esprit et de cœur. C'est ce qu'il écrivait lui-même aux seigneurs de la Banque de Saint-Georges : « Quoique le corps voyage ici, le cœur est continuellement là (à Gênes). *Bien que el cuerpo ande aca, el corazon esta ali de continuo[2]* ».

Non content de dire qu'il pense à sa patrie, il tient à lui donner des preuves matérielles de son amour. C'est ainsi qu'il annonce aux susdits seigneurs qu'il a ordonné à Diego, son fils, de donner à la *ville de Gênes,* et cela pour toujours, le dixième de ses revenus pour l'aider à supporter les mauvaises récoltes du blé, du vin et d'autres comestibles[3].

De plus, il confie à son compatriote, Nicolas Odorigo, une copie de ses privilèges et de ses cartes, pour qu'il les garde à Gênes, après les avoir mis sous les yeux des seigneurs de l'office de Saint-Georges[4].

Dans une lettre qu'il écrit au docteur Odorigo, il lui fait savoir qu'il avait confié, pour les remettre à la Banque de Saint-Georges, à François de Rivarola, un volume de copies de lettres et plusieurs de ses privilèges, dans un sac de cuir de Cordoue en couleur, avec fermeture en argent, ainsi que deux lettres, avec la donation du dixième de ses revenus;

---

1. Navarette, t. III, p. 97, 98.
2. Lettre datée de Séville, le 2 avril 1502.
3. Y o dexo a don Diego my hijo, que la renta toda, que se obiere, que os acuda ali con el diez mo de toda ella cada ano para siempre, para en descunto della renta del trigo, y bino, y otras bitualias comederas. *Doc. dipl.*
4. Mycer Nicolo Oderigo sabe de mis hechos mas que yo proprio, y a el he embiado el traslado de mys privilegios, y cartas, para che los ponga en buena guardia ; Holgaria que los visedes. *Id.*

qu'il a confié à François Cataneo un autre livre de ses privilèges pour les envoyer aux Messieurs de Saint-Georges afin que tout cela fût mis en lieu sûr[1].

Dans cette même lettre, il fait connaître que durant son séjour aux Indes il avait écrit aux seigneurs de la Banque de Saint-Georges trois ou quatre fois; qu'une lettre lui est revenue, qu'il renvoie cette lettre avec la relation supplémentaire de son voyage[2].

Il se plaint même que les seigneurs de Saint-Georges ne lui aient fait aucune réponse[3]. « Qui sert tout le monde, ajoute-t-il tristement, ne sert personne. »

Il aime tellement sa patrie qu'il tient absolument à ce qu'un de ses enfants s'y fixe pour y continuer et y perpétuer le nom de sa famille : « J'ordonne, dira-t-il, dans l'institution du majorat, au dit Diego qu'il envoie et qu'il entretienne toujours dans la *ville de Gênes* une personne de notre lignage, qui y possédera une maison et une épouse; qu'il lui fasse une rente de manière à ce qu'elle puisse vivre honnêtement, comme il convient à un membre de notre famille qui est *originaire de la dite ville* afin qu'elle puisse y jouir d'aide et de faveur, puisque c'est de cette ville qu'elle est sortie. — Item, mando al dicho de Diego, mi hijo... que tenga y sostenga siempre en la *ciudad de Genova* una persona de nuestro liñage que tenga alli casa è muger, è le or-

<hr>

1. Tam bien a ese tiempo deje a Francisco de Ribarol un libro de traslados de cartas y otro de mis privilegios, en una barjata de Cordoban colorato con su cerradura de plata, y dos cartas para el officio de San Giorgi, al cual atrebuya y o el diezmo de mi renta para en descuento de los derechos del trigo y otros bastimentos.

2. Al tiempo que yo estaba en las Indias escrivy a Sus Altezas de my viase por tres o quatro vias, una bolvio a mis manos; y ansi cerrada con esta os la cubio, y el suplimento del viase en otra letra, para que le deys a micer Joan Luis con la otra del abiso... *Id.*

3. Si ansi es descortesia fue d'estos senores de San Giorgi, de non haber dado respuesta;... quien sirve a comun non sive a nigun. *Id.*

done renta con que pueda vivir honestamente, como persona tan llegada à nuestro liñage, y haga pie y raiz en la dicha ciudad *como natural della*, porque podra haber de *la dicha ciudad* aguda è favor en las cosas del menester sugo, puesque della sali y en alla naci » (*Doc. dipl.*, n° CXXVI).

Enfin, on vient de découvrir à Rome dans la Bibliothèque Corsini, un codicile militaire écrit par Christophe Colomb six jours avant sa mort sur une page blanche d'un office de la sainte Vierge, lequel lui avait été donné par le pape Alexandre VI; or, dans ce codicile, il dit qu'il laisse ce livre à la *république de Gênes, sa patrie*, qu'il instituait en outre héritière de ses biens en cas d'extinction de sa descendance masculine [1].

Quoique ceci ne touche pas directement à la question, nous croyons cependant convenable — pour répondre à ceux qui veulent mettre le berceau du grand homme ailleurs qu'à Gênes — de relater ici au moins un fragment de la réponse que les seigneurs de Saint-Georges adressèrent à leur illustre compatriote pour le remercier de ses libéralités en faveur de Gênes, sa patrie.

« Nous avons reçu par l'intermédiaire de l'honorable juris-

---

1. Voici cette pièce curieuse. *Codicillus more militum*. Cum Sanctissimus Alexander papa VI, me hoc devotissimum precum libello honoravit, summum mihi prœbente solatium in captivitate, prœliis et adversitatibus meis ; volo ut post mortem meam pro memoria tradatur amantissimæ meæ patriæ Reip. Genuensi et ob beneficia in eadem urbe recepta, volo ex annuis meis reditibus erigi ibidem novum hospitale ac pro pauperum in patria meliori sustentatione, deficiente linea mea masculina in admiralatu meo Indiarum, et annexis, juxta privilegium regis in successorem declaro et substituo eamdem r empublicam Sancti Giorgi.

Datum Valledoliti, 14 maji 1506.

S

S A S

X M I

consulte Nicolas de Odoric, la lettre que Votre Excellence a daigné nous écrire ; elle nous a apporté une très grande consolation en voyant combien vous êtes attaché à *votre patrie d'origine*, à laquelle vous témoignez un très grand amour et charité en voulant que cette même *patrie* et ce peuple se ressentent des grâces et des bienfaits que la divine Providence vous a accordés ; c'est ce que vous avez fait en ordonnant à votre illustre fils Don Diego d'envoyer tous les ans, dans cette *ville*, le dixième de tous vos revenus pour l'exonérer des droits de gabelle, de blé, de vin et d'autres victuailles... Cet acte de générosité ne pouvait être ni plus profitable pour nous, ni plus mémorable, ni mieux approprié à faire éclater votre gloire déjà si grande... Mais cette grande célébrité et illustration semblent grandir encore plus par la bonté et l'humanité que vous avez pour votre patrie première... Nous serons toujours attachés à votre fils Diego à cause de vous et de votre gloire dont notre commune patrie a déjà eu sa part. M. Nicolas nous a raconté beaucoup de choses de vous, de vos faveurs et de vos titres qu'il a rapportés ici ; nous en sommes très consolés et nous vous sommes très reconnaissants de tous les bienfaits dont vous nous avez gratifiés [1] ».

Tel fut, chez Christophe Colomb, l'amour de la patrie. Loin de laisser aigrir son cœur par les refus de Gênes ou de se laisser enfler par la gloire, le grand chrétien a toujours gardé le culte de la patrie ; du fond des Indes, il tourne avec amour vers elle les désirs émus de son cœur ; c'est à Gênes qu'il laisse des sommes considérables pour les besoins publics et pour soulager les malheureux ; c'est à Gênes qu'il lègue ses titres, ses privilèges, ses manuscrits et ses plus précieux souvenirs ; c'est à Gênes enfin qu'il ordonne à ses

***

1. Extraits d'une lettre des Seigneurs de Saint-Georges à Chr. Colomb, datée de Gênes, 8 décembre 1502. (Archives de Gênes.)

héritiers d'établir un de leurs enfants, ayant un bon train de maison pour y faire du bien et perpétuer son nom dans cette ville qui a donné le jour à sa famille. Nous ne saurions mieux caractériser l'homme moral dans Christophe Colomb qu'en citant la page magnifique que lui a consacrée l'auteur des *Harmonies*.

« Tous les caractères du véritable grand homme sont réunis dans le nom Christophe Colomb : génie, travail, patience, obscurité du sort vaincue par la force de la nature ; obstination douce, mais infatigable pour le but ; résignation au Ciel ; lutte contre les choses ; longue préméditation de la pensée dans la solitude ; exécution héroïque de la pensée dans l'action ; intrépidité et sang-froid contre les éléments dans les tempêtes et contre la mort dans les séditions ; confiance dans l'étoile, non d'un homme, mais de l'humanité, vie jetée avec abandon et sans regarder derrière lui en se précipitant dans cet Océan inconnu et plein de fantômes, Rubicon de 1.500 lieues bien plus irrémédiable que celui de César ; étude infatigable ; connaissances aussi vastes que l'horizon de son temps ; maniement habile, mais honnête des cœurs pour les séduire à la vérité ; convenance, noblesse et dignité de formes extérieures qui révélaient la grandeur de l'âme et qui enchaînaient les yeux et les cœurs ; langage à la proportion et à la hauteur de ses pensées, éloquence qui convainquait les rois, et qui domptait les séditions de ses équipages, poésie de style qui égalait ses récits aux merveilles de ses découvertes et aux images de la nature ; amour immense et actif de l'humanité jusque dans ce lointain où elle ne se souvient plus de ceux qui la servent ; sagesse d'un législateur et douceur d'un philosophe dans le gouvernement de ses colonies ; pitié paternelle pour ces Indiens, enfants de la race humaine dont il voulait donner la tutelle au vieux monde et non la servitude à des oppresseurs ; oubli des injures ; magnanimité de pardon envers ses ennemis ; pitié enfin cette vertu qui contient et qui divinise toutes les autres quand elle est ce qu'elle était dans l'âme de Colomb ; présence constante de Dieu dans l'esprit ; justice dans la conscience ; miséricorde dans le cœur ; reconnaissance dans les succès ; résignation dans les revers ; adoration partout et toujours. Tel fut cet homme. Nous n'en connaissons pas de plus achevé ; il en contenait plusieurs en un seul. Il était digne de personnifier le monde ancien auprès de ce monde inconnu qu'il allait aborder le premier, et de porter à ces hommes d'une autre race toutes les vertus du vieux continent sans un seul de ses vices ; il compléta l'univers et il acheva l'unité physique du globe. C'était avancer bien au delà ce qui avait été fait jusqu'à lui, l'œuvre de Dieu : l'unité morale du genre humain. Cette œuvre à laquelle Colomb concourut aussi, était trop grande, en effet, pour être dignement récompensée par l'imposition de son nom au quatrième continent de la terre. L'Amérique ne porte pas son nom ; le genre humain, rapproché et réuni par lui, le portera sur tout le globe ».

Tel fut Christophe Colomb comme ambassadeur de Dieu, comme chrétien et comme homme. Un homme qui a mené une vie aussi pieuse, aussi mortifiée et aussi sainte ne pouvait manquer de faire une pieuse et sainte mort, suivant la belle maxime de saint Augustin, *Talis vita, finis ita...* C'est pourquoi, après avoir mis la dernière main au règlement de ses affaires temporelles, il recueille toute sa pensée pour la tourner tout entière vers son Dieu. L'histoire est presque muette sur ses derniers moments ; elle nous apprend cependant qu'ayant demandé et reçu les derniers sacrements avec beaucoup de dévotion, *recibió con mucha devocion los sacramentos*[1], et désiré que ses chaînes fussent

_____

1. Herrera, liv. VI, decad. I, ch. xv.

déposées dans son tombeau [1], il expira, revêtu de l'habit de tertiaire franciscain, en répétant ces paroles du Sauveur : « Seigneur, je remets mon âme entre vos mains [2] ».

Cette mort arriva le 20 mai 1506.

1. Io vidi costui ferri i quali volle che cou le sue ossa, fossero sepolti. Fern. Colombo, *Historie*, c. LXXXVI.

2. Y dichò ostas ultimas palabras : *In manus tuas, Domine, commendo spiritum meum. Historie*, c. CVIII.

TROISIÈME PARTIE

CHRISTOPHE COLOMB ET BÉATRIX ENRIQUEZ

CHAPITRE Ier

Faute.

Abordons maintenant la grande et grave question de la moralité de Christophe Colomb, question autrement intéressante — au point de vue auquel nous nous plaçons dans ce travail — que celle de son origine et de la priorité de la découverte de l'Amérique. Ces deux dernières questions n'ont d'autre résultat qu'un intérêt temporel de vaine gloire locale et personnelle; tandis que la première, plus large et plus élevée, a un intérêt plus auguste, plus noble et plus saint, un intérêt religieux qui, tout en glorifiant ou rapetissant sa personne, rejaillit sur l'Église dont il est le fils, sur la Religion dont il est le membre et le Ciel dont il est l'héritier.

Avouons-le : ce n'est pas sans une certaine appréhension que nous nous décidons à traiter cette question aussi grave que délicate. Cependant, comme la question de la béatification de Christophe Colomb a été mise en avant par des écrivains consciencieux, par des chrétiens sincères et par d'éminents princes de l'Église, il est de notre devoir de dire franchement ce qui nous paraît être la vérité.

Sur ce sujet, comme sur celui de la patrie de l'amiral, nous sommes convaincu avec le poète

> ..... Que le seul honneur solide,
> C'est de prendre toujours la vérité pour guide.

Nous tenons à faire observer à nos lecteurs que la pensée d'écrire en faveur de la béatification de l'illustre Génois, n'est pas de nous. Après avoir empêché le gouvernement français de voter des fonds ou d'approuver une souscription pour élever dans la ville de Calvi, en Corse, un monument à Christophe Colomb, et démontré l'inanité des arguments apportés par trois de nos compatriotes en faveur de cette prétention fantaisiste, nous avions cru, qu'après avoir accompli ce devoir réclamé par la vérité historique, la probité internationale et la dignité insulaire, il ne nous restait plus rien à dire, ni à faire sur Christophe Colomb. Nous nous étions trompé.

Des voix augustes et amies ont bien voulu nous dire qu'après avoir si bien travaillé à rendre Christophe Colomb à la ville de Gênes sa véritable patrie, nous devions faire un nouvel effort pour le restituer à l'Église. Cette proposition nous a d'autant plus souri, qu'indépendamment de l'attrait religieux qu'elle pouvait avoir pour notre cœur de catholique et de prêtre, elle nous permettait d'offrir à nos chers compatriotes de la Corse un terrain commun sur lequel il nous était facile et agréable de nous entendre à propos du grand amiral de l'Océan. Si nous nous sommes séparé d'eux, sur le champ de la généalogie et de la souscription, nous sommes heureux de travailler et de lutter avec eux sur celui de la Religion et de la Vertu ; et si nous nous sommes opposé à l'érection d'un monument en faveur du grand homme à Calvi, comme consécration de sa naissance dans cette ville, nous nous empresserons — si sa béatification est prononcée — de nous associer à leur zèle et à leur souscription pour ériger au vénérable chrétien, non seulement une statue mais un temple et des autels. La Corse, vivant sous la domination de Gênes au moment de la naissance de Christophe Colomb et relevant de la couronne d'Espagne[1] au moment où Ferdinand et Isabelle l'aident dans sa gigantesque entreprise, la Corse, disons-nous, a une double raison pour acclamer et exalter la gloire chrétienne de l'ambassadeur de Dieu. Fermons cette parenthèse et arrivons au point capital. Christophe Colomb a-t-il été marié deux fois ? Don Fernand est-il son fils légitime ? Nous répondons fermement, quoique à regret : Non.

Nous allons prouver l'unité du mariage de Christophe Colomb ; nous tirerons de notre démonstration la conclusion logique relative à Don Fernand et nous répondrons aux objections des partisans du double mariage de l'amiral et de la légitimité de l'auteur des *Historie*. Pour savoir si Christophe Colomb a été marié deux fois nous n'avons qu'à recourir aux documents qui nous ont appris son premier mariage. Or, à défaut de tout document officiel, recherché en vain

1. Nous trouvons ce titre des rois de Castille et de Léon sur la Corse dans plusieurs documents concernant Christophe Colomb et sa famille : 1° dans une expédition par laquelle Leurs Majestés Catholiques accordent à C. Colomb, le titre de vice-roi, etc.

D. Fernando é Doña Isabel, por la gracia de Dios, rey et reina de Castilla, de Leon, de Aragona, de Cecilia, de Granada, de Toledo, de Valencia, de Galicia, de Mallorcas, de Sevilla, de Cerdena, de Cordoba, de CORCEGA, de Murcia, de Gibraltar et de las islas de Canario, etc. (Titulo expedito por los reys catolicos à Cristobal Colon de almirante, visorey y gobernador de las islas y tierra firme que descubriese. 1491, 30 avril, *Docum. dipl.*, n° VI).

2° Dans la nomination de Barthélemy Colomb au grade d'adelentado, 22 juillet 1497. — 3° Dans un document où ils accordent à Chr. Colomb le privilége exclusif d'acheter et de vendre de la viande de porc à Ispaniola. (*Doc. dipl.*, n° CXXXI, 30 août 1499). — 4° Dans une provision par laquelle, le 23 janvier 1500, ils nomment Don Diego Colomb, gouverneur des Indes. *Docum., ib.*

dans les archives civiles, ecclésiastiques et privées, à Lisbonne, à Porto Santo et à Madère, triple résidence de Christophe Colomb avec Dona Felippa Moniz, sa femme, nous n'avons d'autres moyens de connaître la légitimité de ce mariage que par le testament du grand navigateur et les écrits des historiens ses contemporains.

Dans son testament, ou mieux dans l'institution du majorat, deux circonstances affirment la légitimité de ce mariage. La première, c'est quand il institue pour son héritier universel dans sa fortune, sa dignité et ses honneurs, Diego Colomb, son cher fils : *Yo constitui à mi caro hijo D. Diego por mi heredero de todos mis bienes e oficios que tengo de juro y heredad deque hice en el mayorazgo,* etc. [1].

La seconde, c'est lorsqu'il ordonne à son fils Diego de faire célébrer, tout les jours, trois messes ; une en l'honneur de la sainte Trinité ; l'autre en l'honneur de l'Immaculée Conception et la troisième pour son âme, pour son père, sa mère et sa *femme, por mi anima e de mi padre e madre e muger* [2].

Indépendamment de ces deux déclarations, Christophe Colomb parle également de sa femme dans une lettre, adressée vers l'année 1500, à un ami, dans laquelle il le prie de faire remarquer aux rois catholiques que, pour les servir, il est venu *de loin* et qu'il a abandonné femme et enfants, qu'il n'a jamais vus depuis [3].

Ainsi donc, s'il est vrai que *nulla datur major probatio quam proprii oris confessio,* il résulte des aveux réitérés de Christophe Colomb que Dona Felippa Moniz était bien sa femme légitime. Arrivons maintenant aux historiens, ses contemporains.

1. *Documents diplomatiques,* n° CLVIII.
2. *Docum. dipl.,* n° CLVIII. Navarette, t. II, p. 314.
3. Y come vine a servir estos principes de tan lejos, y déjé muger y fijos que jamas vi por ello... *Docum. dipl.,* n° CXXXVII.

Interrogeons tout d'abord son fils don Ferdinand, l'auteur de sa *Vie* : « Mon père, dit-il, était un homme d'une belle prestance et qui ne se départait pas de l'honnêteté. Il arriva qu'une jeune fille noble appelée Felipa Moniz, chevalière dans le monastère de Tous-les-Saints où l'amiral avait l'habitude d'entendre la messe, se sentit prise d'une si grande amitié qu'elle devint son épouse[1] ». Nous verrons plus loin que D. Diego, son fils aîné, affirme à plusieurs reprises le premier mariage de son père.

Vient ensuite Oviedo, contemporain du héros, né vers 1478, ancien page du roi Ferdinand, connaissant la famille Colomb et son ami, et qui a écrit *l'Histoire générale et naturelle des Indes*. Or, Oviedo nous apprend que Christophe Colomb, *s'étant marié* dans le royaume de Portugal, a vécu quelque temps à Lisbonne[2].

Interrogeons ensuite l'évêque de Chiappa, Las Casas, l'ami intime du grand navigateur, qui l'avait accompagné dans ses lointains voyages. Eh bien? Las Casas appelle Diego Colomb fils légitime de l'amiral, *Don Diego Colon, hijo legitimo de l'almirante*[3]. Donc c'est qu'il croyait l'amiral légitimement marié.

Écritons en troisième lieu Gomara qui nous parle du mariage de Christophe Colomb dans l'île de Madère : « Christophe Colomb, natif de Cugurco, de Nervi ou de Gênes, se maria dans l'île de Madère[4] ». Si nous interrogeons deux autres

---

1. Era nomo di bella prestanza e che non si dipartia dall'onesta. Avenne che una gentildonna, chiamata donna Felippa Mugniz, di nobil sangue, cavalliera nel monasterio d'Ogni Santi, dove l'ammiraglio usava di andar à messa, pese tanta pratica ed amicizia con lui che divenne sua moglie. (*Historie di Don Fernando*, p. 11).

2. E tampoco fiol del aunque y era Colon casado en a quel reyno, e se habia hecho naturel vassallo, de a quella tierra por su *matrimonio*. *Histoire gén. et nat. des Ind.*, t. 1, liv. 1, ch. iv, p. 19.

3. *Hist. des Indes*, ch. xlvii, p. 23.

4. Cristobal Colon natural de Cugurco o Nervi aldea de Genova...

9.

contemporains, Garibay et Gaspard Fructuoso, ils nous répondrons, l'un, que Christophe Colomb, travaillant pour vivre à faire des cartes marines, *se maria* dans l'île de Madère [1]; et l'autre, qu'étant venu dans l'île de Madère il s'y maria [2].

Terminons enfin cette brève démonstration en disant, avec Gomara, l'historien surnommé, qu'il était « notoire, parmi tous les contemporains de Christophe Colomb, qu'il s'était marié à Madère [3] ».

Et, maintenant, faisons-nous ce raisonnement : si le premier mariage de Christophe Colomb est attesté par lui-même, par ses enfants et par les historiens contemporains, il est tout naturel et logique que le second, s'il a eu lieu, soit attesté par les mêmes autorités. Car il serait vraiment extraordinaire que personne n'ait fait mention d'un fait aussi important dans la vie du vice-roi des Indes. Donc, si aucune de ces autorités n'en souffle mot, c'est que le second mariage n'a jamais existé que dans l'imagination de ceux qui l'ont rêvé. Eh bien! nous allons prouver que non seulement ces autorités ne font jamais mention de son second mariage avec Béatrix Enriquez, mais qu'elles s'accordent à dire qu'elle n'était pas sa femme légitime et que don Fernand n'était qu'un enfant naturel. Écoutons d'abord Christophe Colomb lui-même. « Je lui (Diego) recommande Béatrix Enriquez, mère de Ferdinand, mon fils, de veiller à ce qu'elle puisse vivre honorablement, comme une personne à laquelle je

casó en la isla de Madera (*Los xi. libros del compendio historial de las chronicas*, Anvers, 1570, in fol.).

1. Cristoval Colon... viviendo de hazer cartas de navigar, *casó* en la isla de Madera (*Comp. hist.*, t. II, lib. XVIII, ch. xxx, p. 6502, Barcelone, 1628).

2. Christovao Colon... vindo da sua terra a ilha da Madeira se *casou* nella (Voir Harrisse, p. 659).

3. Casose en a quel reino (Portogallo), ó, como dicen muchos, en la isla de la Madera (Harrisse, t. I, p. 293).

suis tant redevable. Je fais cela pour *décharger ma conscience*, parce que cette affaire me *pèse sur le cœur;* il n'est pas *convenable d'en dire ici le motif* [1] ».

Avant d'entrer dans l'explication de cette recommandation pleine d'étrange, de sous-entendu et de mystère, faisons une simple remarque. Si Béatrix Enriquez avait été sa femme, Christophe Colomb ne l'aurait pas nommée après ses autres recommandations; mais non ; comme il charge à la fin de son testament son fils Diego de payer quelques dettes qu'il a contractées avec plusieurs Génois, des étrangers à sa famille, il place immédiatement avant les créanciers étrangers, une personne qui a tout l'air d'être une créancière privilégiée. N'est-il pas étrange que, dans un testament qui contient plus de quatre pages de texte, la soi-disant femme de l'amiral soit nommée à la fin?

Et maintenant expliquons chacun des membres de phrases de cette disposition testamentaire.

1°. « Je recommande, dit-il, *Béatrix Enriquez* »; si cette personne avait été sa femme, il aurait dit tout simplement *Béatrix Colomb*, ou ma femme.

Du moment qu'il se contente de lui donner son nom de *jeune fille*, Béatrix Enriquez, c'est qu'elle n'était qu'une malheureuse jeune fille. S'il est un moment où un homme sérieux et qui a du cœur doit témoigner son attachement et des égards à une femme qui ne lui a procuré que des joies

---

1. Digo y mando a Don Diego mi hijo o à quien heredare que pague todas les deddas que dejo aqui en un memorial por la forma, que alli dice, e mas las otras que instamente parecera que jo deba ; e le mando que hay encommendada a Beatrix Enriquez madre de Don Fernando mi hijo, que la provea que pueda vivir honestamente come persona à quien yo soy en tanto cargo. Y esto se haga por mi discargo de la cociencia, porque esto pes a mucho para mi anima. La razon d'ello non es licito de la escribir aqui (*Collect. dipl.*, n° CLVIII). Testament.

et des consolations, c'est bien à l'article de la mort et dans la dernière expression de ses volontés; et le moins qu'il puisse faire, c'est de lui donner son nom glorieux et doux d'épouse; eh bien! Christophe Colomb n'en ayant pas agi ainsi à l'égard de Béatrix, il en résulte qu'elle n'était pas sa femme; et voyez comme il s'applique à rendre sa pensée plus vive, plus saillante, il ajoute tout de suite : *la mère de Ferdinand, mon fils.* Ce n'est pas parce qu'elle est sa femme qu'il la recommande à Diego; s'il en avait été ainsi, il n'aurait eu qu'à dire : *ma femme, mi muger;* mais non, il la considère comme une étrangère au point de vue de la loi; s'il a des égards pour elle, ce n'est qu'au point de vue du cœur, qu'au point de vue d'un enfant qu'elle lui a donné par ses œuvres, *la mère de Don Fernand, mon fils.*

Nous avons vu qu'en parlant de Felippa Moniz, il a soin de l'appeler deux fois sa femme, son épouse, *muger.* Pourquoi n'emploie-t-il pas la même locution en parlant de Béatrix? C'est qu'elle n'a pas droit à cette qualification; c'est qu'elle ne mérite pas ce titre; c'est qu'elle n'est pas sa femme; c'est qu'elle n'est, à ses yeux, que mademoiselle Béatrix Enriquez.

2° Je fais cela pour décharger ma conscience, parce que cette affaire me pèse beaucoup sur le cœur. Voyons; soyons sincère, loyal. Est-ce là le langage d'un homme qui aurait toujours fait son devoir à l'égard de sa femme? Mais, si Béatrix avait été son épouse, Christophe Colomb n'aurait pas pris tant de précautions, invoqué le remords de sa conscience, fait parler la tristesse de son cœur. Recommander à son fils aîné Diego d'avoir soin de sa seconde femme et de lui procurer une honnête aisance, ç'eût été la chose la plus simple, la plus naturelle du monde! C'était, en somme, son devoir, purement et simplement! Mais qui ne voit ici que le langage attristé de Christophe Colomb décèle, non pas l'accomplissement d'un devoir conjugal et légitime, mais d'un devoir de réparation et de satisfaction ? Une conscience *lourde* et un cœur *bien chargé* sont synonymes, dans le langage théologique, d'une grande faute et d'une grande douleur que Christophe Colomb, au moment de paraître devant son juge, a voulu confesser et exprimer publiquement, comme pour s'en humilier et l'expier dès cette vie. Il sentait tout le poids de la responsabilité qui lui incombait du côté de la mère de Don Fernand ; ce poids était si lourd pour sa conscience coupable, si accablant pour son cœur ulcéré, qu'il n'était plus à son aise ; qu'il ne respirait plus du côté de Dieu ; qu'il se sentait impuissant à se présenter, avec espoir de pardon, devant le tribunal suprême. Cette déclaration, loin de l'amoindrir et de le rapetisser, l'élève au contraire et le grandit, ainsi que nous le dirons plus loin, aux yeux des hommes de cœur et aux yeux de la Religion.

Qui n'a admiré le courage chrétien de l'infortuné duc de Berry ? Après avoir demandé un prêtre, la sainte communion et l'extrême-onction, « comme pour justifier au monde la grandeur de son repentir et la rudesse de sa pénitence [1] », il demanda qu'on fit venir deux innocentes créatures, filles de son long exil en Angleterre ; les ayant tendrement embrassées, il s'adressa à Mme la duchesse de Berry : « Serez-vous assez bonne pour prendre soin de ces orphelines ? » La princesse ouvrit ses bras, où les petites filles se réfugièrent ; elle les pressa contre son cœur, et, leur faisant présenter *Mademoiselle*, elle leur dit : « Embrassez votre sœur ».

Ne voit-on pas que le poids qui oppressait le cœur de l'héritier de la couronne de France était de la même nature que celui qui oppressait celui du vice-roi des Indes, et que leur aveu les a élevés dans l'opinion des esprits larges et généreux ?

---

1. Chateaubriand, *Études historiques*, *Mémoires sur le duc de Berry*, p. 565.

3° *Il n'est pas convenable d'en écrire ici la raison*. Ces paroles, pleines de décence, de délicatesse et de discrétion, mettent le sceau à notre interprétation, en accentuant, dans leur mystérieux laconisme, l'amère et secrète pensée du moribond repentant.

Il venait de dire dans son testament tout ce que le devoir paternel, la justice, la religion et la charité lui ordonnaient de dire : l'institution du majorat en faveur de Don Diego; la fondation de trois messes pour la sainte Trinité, l'Immaculée Conception et pour l'âme de sa femme; la reconnaissance, avec obligation de les payer, de plusieurs dettes envers des personnes qu'il nomme expressément; il n'y a là rien qui ne soit juste, charitable, digne et convenable; aussi n'y a-t-il mis aucun ambage, aucune circonlocution, aucune réticence; il a parlé franc et clair, parce qu'il n'avait à blesser aucune susceptibilité, ni à froisser le moindre amour-propre.

Mais, dès qu'il parle de Béatrix Enriquez, sa pensée s'arrête troublée, hésitante; il sent tout le côté scabreux, délicat et pénible de sa situation; il sent qu'il ne peut pas, qu'il ne doit pas tout dire sur le compte de cette personne; il a dit juste ce qu'il fallait en recommandant à Don Diego d'avoir bien soin de *la mère de Don Fernand*. Le reste, c'est-à-dire tout ce qu'il pourrait dire sur son compte, n'aurait aucun intérêt pour Béatrix; ce serait, au contraire, oiseux et blessant; la *raison* pour laquelle il la recommande à Don Diego saute aux yeux des moins clairvoyants. Il ne pouvait et ne devait décemment dire sa défaillance; le respect qu'il devait à ses enfants, les susceptibilités de sa dignité personnelle, la pensée de ne point nuire aux intérêts de Don Fernand, ainsi que nous le dirons plus loin, et surtout la déférence et les égards que son caractère loyal et chevaleresque lui imposait vis-à-vis de Béatrix Enriquez, tout cela lui faisait un devoir de ne pas en dire davantage et de garder un silence prudent. D'ailleurs, Diego, Barthélemy son frère et Fernand lui-même en savaient bien la raison ; à quoi bon l'écrire ?

Si un poète a pu dire à tout le monde :

> Oh ! n'insultez pas une femme qui tombe !

combien plus est obligé de pratiquer ce conseil, celui-là même qui est l'auteur de sa chute? Or, Christophe Colomb, en révélant la *raison* intime de *sa recommandation in extremis*, eût insulté gratuitement cette femme, tombée par sa faute. C'eût été indélicat, odieux et cruel !

Et puis, disons-le : son cœur, déjà meurtri, n'était guère disposé à se rappeler son affreuse douleur, du moment qu'aucune raison supérieure ne lui en imposait la cruelle nécessité. Il est si dur de rouvrir une blessure encore saignante !

> *Infandum regina, jubes renovare dolorem!*

Ne quittons pas ce témoignage de Christophe Colomb sans faire une remarque qui n'est pas sans importance.

Ne se contentant pas de recommander d'une manière générale Béatrix Enriquez à Don Diego, le vieil amiral le charge de lui faire une pension annuelle de dix mille maravédis[1], c'est-à-dire environ cent cinquante francs de notre monnaie.

Eh quoi ! est-il admissible qu'un homme qui laisse des millions (en espérance assurément) à son fils, à la Banque de Saint-Georges et plusieurs milliers de francs pour la construction d'églises et d'hôpitaux, pour dire des messes et pour des amis, est-il possible, disons-nous, que cet homme ne laisse à sa femme, qu'il sait dans la gêne, qu'une misérable pension de cent cinquante francs? Cela n'est point

---

1. Navarette, *Collecion de los viages*, t. 1, p. 152.

admissible de la part de Christophe Colomb, qui avait beaucoup de cœur et qui avait toujours témoigné à sa famille un attachement constant et généreux. Cent cinquante francs de pension à la vice-reine des Indes, qui avait le droit de marcher à la tête des plus fières dames de la grandesse espagnole! mais c'eût été une dérision! une amère ironie! Non, non! si Béatrix Enriquez eût été sa femme, au lieu de cent cinquante francs, il lui en aurait laissé cent cinquante mille; si elle avait été sa femme, il l'aurait placée en tête et non pas à la queue de son testament.

Voici enfin ce que Christophe Colomb écrivait en 1500 :

« Dites bien que ce qui me fait un grand chagrin, c'est de savoir mes deux fils étudiant à Cordoue et orphelins de père et de mère dans une terre étrangère; *dice mas que tambien le daba gran pena dos fijos que tenia en Cordoba al estudio, que los dejaba huerfanos de padre y madre en tierra estrana*[1] ».

De ce passage il se dégage deux pensées. La première, c'est que Christophe Colomb se préoccupe de ses deux enfants et ne dit pas un seul mot de sa femme; une femme doit pourtant passer avant les enfants, ou tout au moins marcher de pair avec eux dans la sollicitude d'un bon époux! Mais il n'en fait nulle mention; c'est comme si elle n'existait pas.

La seconde, c'est que si Béatrix Enriquez avait été son épouse légitime, il n'aurait pas dit que ses deux enfants, Don Fernand au même titre que Don Diego, étaient orphelins de père et de mère, puisque la mère de Don Fernand vivait encore (Elle n'est morte que vingt ans plus tard). Après avoir ajouté à ces deux faits cette remarque que Béatrix Enriquez vivait alors à Cordoue, nous avons le droit de conclure que, d'après les paroles de Christophe Colomb, cette personne n'était pas sa femme légitime.

1. Navarette, *Viages* etc., t. I, p. 152.

Tel est, dans notre sincérité et notre indépendance, dans notre amour pour la vérité et pour la dignité de Christophe Colomb, le sens vrai, obvie et logique que nous avons cru découvrir dans cette clause testamentaire et dans sa lettre.

Donc il résulte des propres paroles de l'amiral qu'il n'était pas marié avec Béatrix Enriquez et que don Fernand n'était point son enfant légitime.

Avant de passer à l'interrogation des historiens contemporains, ouvrons ici une parenthèse. Nous l'avons déjà remarqué : si Béatrix Enriquez avait été sa femme légitime, son codicile accuserait pour sa compagne un manque de délicatesse et d'égards, de respect et de justice et une inqualifiable ingratitude ; ce codicile amoindrirait et rapetisserait cette grande, noble et chevaleresque figure qui a toujours conçu et exécuté de grandes et nobles choses ; ce codicile le dépoétiserait aux yeux de l'histoire et de la religion ; au lieu d'un grand homme, il en ferait un pygmée ; d'un héros, un cuistre ; d'un vice-roi, un bouffon.

Si, au contraire, nous prenons le codicile à la lettre, oh ! comme Colomb grandit devant l'histoire et la religion ! On voit alors que le grand homme se souvient avec tristesse de sa défaillance passée ; que son regard se porte avec commisération vers une malheureuse créature, pauvre et abandonnée ; qu'il exige qu'on lui fasse une pension qui la mette à l'abri de la misère et peut-être du vice (*afin qu'elle puisse vivre honnêtement*). On sent qu'il est sous le poids d'un grand remords et d'un immense repentir, qu'il lui tarde de décharger sa conscience et de réparer sa faute avant de paraître devant son juge éternel.

Et comme il tient à respecter le malheur de la pauvre délaissée, à ne pas rouvrir une plaie encore saignante et à éviter un nouveau scandale, avec un tact plein de délicatesse et de discrétion, il jette sur cette ancienne aventure le voile du silence et de l'oubli.

Et puis, avouons-le chrétiennement, cette faute n'explique-t-elle pas la vie pénitente de Christophe Colomb, dont nous parlerons plus loin? n'en est-elle pas la confirmation? Si les eaux thermales, aux effets merveilleux, supposent des coups de marteaux ou de violents efforts de la nature; si les sublimes accents du violon supposent le frottement de l'archet; si la brillante étincelle du silex suppose sa dure percussion; les larmes abondantes tombées des yeux de Christophe Colomb, les accents déchirants de son cœur, l'ardeur de sa charité, ne supposent-ils pas un violent repentir, une salutaire pénitence, une sublime expiation; en un mot, une grande faute, un indicible remords?

Poursuivons notre démonstration. Les paroles testamentaires de Christophe Colomb, assez claires dans leur laconisme, assez éloquentes dans leur réticence, se trouvent parfaitement expliquées et éclaicies par les paroles et les commentaires de ses propres enfants, des historiens ses contemporains et ses amis, de ses descendants, et de nombreux écrivains autorisés, ecclésiastiques et laïques qui ont eu às'occuper de cette question.

En tête de ces écrivains, il est juste de nommer Don Diego fils aîné de l'amiral.

C'est dans son testament que nous allons trouver la pensée de Diego touchant Béatrix Enriquez. « Moi, dit-il, Don Diego Colomb, fils de Don Christophe, premier grand amiral et vice-roy, et de dona Felippa Moniz, *son épouse* [1], etc. » Plus loin, parlant de l'ordre que lui donne son père de servir une rente annuelle à la mère de Don Fernand, il se contente de l'appeler Beatrix Enriquez [2]. De plus il ordonne à ses héritiers de

---

1. Hijo de Don Cristobal, primero almirante mayor y viroforey, y da Dona Felipa Muniz, *su muyer* (Archives du duc de Veragua).

2. Mando que a Beatrix Enriquez feran dados diez mil maravedis. *Id.*, Madrid.

payer à Béatrix Enriquez la pension qu'il a négligé de lui verser depuis dix-sept ans.

Il ressort de ces paroles, premièrement que lorsqu'il parle de Dona Felipa, il la nomme la femme de son père, *su muyer* tandis que, parlant de la mère de Don Fernand, il l'appelle tout simplement *Beatriz Enriquez;* pourquoi n'a-t-il pas donné à celle-ci le même titre qu'à celle-là? Pourquoi ne l'a-t-il pas dite la veuve de son père? Pourquoi se contente-t-il de lui donner son nom de jeune fille? C'est à peine s'il daigne ajouter qu'elle est de Cordou, *vecina que fue de Cordoba*[1]. Il parle de cette femme comme d'une personne que ses héritiers ne connaîtraient pas et qui n'aurait aucun lien de parenté avec son père; en un mot, comme d'une étrangère à laquelle on a quelque obligation; mais voilà tout. Il y a là un sans-gêne et une désinvolture qui ne s'allient guère au respect qu'on doit à la femme honorable. De ces paroles étranges dans la bouche d'un fils à l'égard de la soi-disant seconde femme de son père, et presque sa mère, car il a vécu assez longtemps avec elle, n'avons-nous pas le droit de conclure que Don Diego ne lui reconnaît aucun titre à porter le nom de l'amiral?

Il en ressort, en second lieu, que le manque d'empressement et la négligence coupable de Diego à exécuter à l'égard de Béatrix les dernières et pressantes volontés de son père, montrent qu'il ne portait pas grand intérêt à celle qui en était l'objet; si réellement Béatrix avait été la femme de son père, il n'aurait pas osé la frustrer de sa pauvre petite rente, et cela pendant dix-sept ans; il n'aurait pas poussé l'incurie jusqu'à charger ses héritiers de payer les arriérés de cette dette sacrée. Non, ce n'est pas ainsi qu'un fils bien né agit à l'égard de la femme de son père; d'une personne que l'on doit estimer, respecter et secourir. Si Don Diego s'est

1. Beatrix Enriquez, vecina que fue de Cordoba.

montré si négligent et si insouciant ; s'il n'a pas cru devoir exécuter *illico* les ordres de son père qui venait de l'instituer vice-roi et maitre de tous ses titres et dignités, c'est qu'il considérait Béatrix Enriquez comme étrangère à sa famille, comme une malheureuse qui ne méritait qu'un médiocre intérêt. Sa conduite n'en est pas moins blâmable.

Après Diego, écoutons Don Fernand. Ayant écrit l'*Histoire* de son père, Don Fernand rapporte une partie de la lettre dont nous avons parlé plus haut.

« ... Je pensais encore à mes deux fils qui sont à Cordoue ; leur grande jeunesse m'affligeait beaucoup, me représentant l'état malheureux où ils seraient après ma mort ; tout le monde les aurait abandonnés [1], etc. »

Eh bien, Don Fernand, qui avait tout intérêt à ce que son père parlât de sa mère dans cette circonstance, ne fait aucune réflexion sur le silence touchant sa personne ; il semble qu'il aurait dû trouver ce silence étrange ; un père qui, à une si grande distance parle de ses enfants sans s'inquiéter en rien de la mère, c'est tout à fait extraordinaire, bizarre ; et cependant Don Fernand n'en fait même pas la remarque dans son récit ; il trouve ce silence naturel ; jamais même le nom de sa mère ne se présente sous sa plume ; Dieu sait pourtant le respect, la vénération et l'affection qu'il avait pour son père ! Ce silence semblerait inexplicable si réellement Béatrix était la femme de son père ; il serait, au contraire, compréhensible si elle ne l'avait pas été.

Mais il y a une circonstance qui rend le silence de Don Fernand bien plus significatif. Par deux fois consécutives, il parle de doña Felippa, la femme de son père : la première, c'est lorsqu'il fait mention de leur mariage : « Il arriva, dit-il, qu'une noble jeune fille nommée Felippa Mogniez, chevalière du monastère de Tous-les-Saints s'était

___
1. *Historie*, ch. xxxv, p. 238.

tellement prise d'amitié pour lui (Chr. Colomb) qu'elle devint son épouse[1]. » La seconde, c'est lorsqu'il rapporte que son père envoya son frère Barthélemy et d'autres officiers rendre visite au commandant d'Azilla, grièvement blessé, lequel commandant fut si touché de cette démarche, qu'il envoya à l'amiral, pour le remercier, des officiers parmi lesquels se trouvaient des parents de dona Felippa sa femme[2]. Eh bien ! comment se fait-il qu'il trouve le moyen de parler deux fois de la première femme de son père et qu'il ne parle jamais de la seconde, surtout quand celle-ci était sa mère ?

Comme on le voit, il est permis de conjecturer, par le silence de son propre fils que cette personne n'était pas la femme de son père.

Il y a plus : Tout le monde sait avec quel vif empressement et quelle énergique indignation Don Fernand s'est attaqué aux historiens et aux chroniqueurs qui ont écrit sur son père ; comment surtout il a reproché à Mgr Giustiniani douze erreurs touchant les parents de son père, ses exploits, etc. Lui-même déclare qu'il ne prend la plume que pour redresser les erreurs et dire toute la vérité. Écoutons ses propres paroles : « Lisant, dit-il, leurs ouvrages (des historiens qui ont parlé de Christophe Colomb), j'y ai trouvé ce qu'on trouve habituellement chez la plupart des historiens, c'est-à-dire, qu'ils exagèrent certaines choses, les amoindrissent ou passent sous silence celles qu'ils devraient dire avec une grande particularité. C'est pourquoi je me suis décidé à entreprendre ce travail laborieux, pen-

---

1. Avenne che una gentildonna chiamata Donna Felippa Mogniz di nobil sangue, cavalliera nel monasterio d'Ogni Santi, dove l'ammiraglio usava di andare à messe, prese tanta pratiqua ed amicizia con lui, che divenne sua moglie.

2. Inviò alcuni cavallieri que erano parenti di quella Donna Felippa Mogniz la qual fu la sua moglie. *Historie*, ch. LXXXVIII, p. 195.

sant qu'il vaudra mieux pour moi souffrir tout ce qu'on voudra dire contre mon style et mon audace, que de laisser la vérité ensevelie en ce qui concerne un si illustre personnage [1] ».

Eh bien ! nous verrons bientôt Giustiniani en particulier écrire que Christophe Colomb n'a laissé qu'un fils, *e lasso un figlio* [2]; Las Casas affirmer que Don Fernand n'était qu'un enfant naturel et Oviedo dire que Christophe Colomb avait deux fils qui étaient : Don Diego, fils *légitime* et aîné, et un autre fils, Don Fernand.

Or, comment se fait-il que Don Fernand, qui relève toutes les erreurs qu'on a, suivant lui, débitées sur son père, n'ait pas pris la peine de relever celles qui touchaient à l'honneur de Béatrix Henriquez, si elle avait été sa mère légitime ? N'entendait-il pas une voix mystérieuse lui crier :

Mon fils venger sa mère est le plus saint des droits ?

Il lui était si facile de dire que tous ces écrivains étaient d'indignes calomniateurs : il n'ignorait cependant pas quelle publicité et quel retentissement devaient avoir les deux *Histoires des Indes* de ces deux grands chroniqueurs; mais non ; il ne dit rien, il ne proteste pas ; il se tait. S'il n'a pas protesté ni rien dit, s'il s'est tû, c'est que ces écrivains n'avaient rien inventé et qu'ils avaient dit la vérité.

Il y a aussi une remarque à faire à ce propos. Comment se fait-il que Don Fernand, qui parle des ancêtres de son père,

---

1. Legendo io adunque le sue opere, vi trovai quello che nella maggior parte degli storici suole avvenire, cioè che agrandiscono alcune cose, le diminuiscono, o tacciono quello che giustamente dovevano scrivere con molta particolarità. Però io mi deliberai di mettermi all'impresa, e fatica di questa opera, giudicando che a me ritornerà meglio sopportar quello, che contra il mio stile e audacia si vorrà dire, che lasciar sepolta la verità di quello, che ad un si chiaro personaggio si appartiene (*Historie*, introd.).

2. Giustiniani, *Castigatissimi annali di Genova*, l. V, p. ccxlix.

de leur profession et de leurs revers de fortune; qui donne les moindres détails sur ce même père, sur sa personne, ses antécédents, etc., etc., comment se fait-il, disons-nous, qu'il n'ait pas trouvé le moyen de faire la moindre allusion à son mariage avec Béatrix Enriquez? Comment se fait-il qu'il ne prononce même jamais le nom de sa mère? Il est pourtant si naturel à un fils, qui écrit l'histoire de son père, de dire un mot de sa mère. Une mère, mais c'est le trésor de l'enfant; c'est elle qui lui a donné son sang, son lait, son âme et son cœur. Quelle tendresse ne doit-il pas lui témoigner! Quelle reconnaissance ne doit-il pas lui avoir! Avec quel enthousiaste empressement ne doit-il pas saisir les moindres occasions pour parler de sa mère, de ses qualités, de ses vertus, de son affection, de ses sacrifices! Ce sentiment filial, mais il est la source des souvenirs les plus doux, des plus tendres émotions, des joies les plus pures! Parler de sa mère, mais c'est plus agréable que l'audition des plus suaves mélodies! que la vue des plus délicieux spectacles, que la manducation des mets les plus exquis! Parler de sa mère, mais c'est se nourrir de ce que la nature a de plus beau, la poésie de plus élevé, la grâce de plus idéal! Parler de sa mère, mais c'est le charme de l'esprit, le rassasiement de l'imagination, l'ivresse du cœur! Parler de sa mère, surtout quand elle n'est plus! mais c'est un rayon d'espérance qui fortifie et qui console! c'est une chaîne d'or qui unit la terre au ciel, c'est presque une prière! c'est une vision béatifique qui donne au pauvre enfant un avant-goût du bonheur des Cieux!

Il devait d'autant plus dire un mot de sa mère que, ainsi que nous l'avons observé plus haut, des écrivains consciencieux et autorisés avaient répandu un faux bruit; il fallait par conséquent faire cesser ce bruit, écraser cette accusation, se justifier ainsi que ses parents de cette calomnie. Mais non, Don Fernand se tait; c'est qu'il n'a pas le droit de parler ni de protester; c'est qu'il n'est pas l'enfant légitime de la femme dont il n'ose ni prononcer le nom, ni défendre l'honneur, ni réhabiliter la mémoire.

Quel est celui d'entre nous, qui écrivant la vie de son père, ne se ferait pas un devoir d'établir — preuves à l'appui — son second mariage, sa propre légitimité, et de confondre ainsi la grossière erreur ou l'indigne calomnie qui aurait injustement terni l'honneur de sa famille ? Il n'y aurait qu'un enfant dénaturé et ne jouissant pas du sens commun qui laisserait passer, sans protestation, une pareille accusation. Or, Don Fernand avait trop d'esprit et trop de cœur pour rester sous une pareille imputation si elle n'avait pas été fondée. Mais non ; il se tait, donc il l'accepte, ou mieux il la subit : *Qui tacet consentire videtur*.

Nous ne pouvons quitter D. Fernand sans signaler dans son testament, dans une inscription et l'acte de son décès, certaines particularités, certaines omissions qui sont toutes en faveur de notre thèse.

Remarquons tout d'abord que dans les deux testaments que D. Diego, fils de l'amiral, fit le 16 mars 1509 et le 2 mai 1523, il a soin de se dire fils légitime de l'amiral et de Dona Felipa Moniez, son épouse, *hijo legitimo del almirante y do dona Felipa Moniez su muger* ; et dans celui de 1523, il accentue sa pensée en disant que Dona Felipa était la femme légitime de l'amiral, *su legitima muger* [1].

Or, si nous consultons le testament de Don Fernand, nous voyons qu'il y dit être le fils de l'amiral, et c'est tout ; il se garde bien de nommer sa mère ; il y a plus ; il recommande qu'on mette en latin sur la Bibliothèque qu'il a fondée l'inscription suivante :

Don Fernando Colon, hijo de D. XPVAL Colon, primer almirante que descubrió las Yndias fundo esta casa año de mill a quinientos è veynte e seys [2].

1. Archives du duc de Veragua. Madrid.
2. Harrisse, *Don Fernand*, Appendice, p. 218. Paris, 1852.

Comme on le voit, il fait figurer sur cette inscription le nom de son père ; mais, pour ce qui est de sa mère, c'est comme si elle n'existait pas.

Nous le demandons à tout lecteur impartial : est-ce que cette lacune ne serait pas étrange, monstrueuse de la part d'un homme bien élevé, d'un ecclésiastique, d'un érudit comme Don Fernand, si Beatrix Enriquez était réellement sa mère légitime ?

Il est de notre devoir d'ajouter qu'il parle de sa mère, sans la nommer, quand il ordonne de dire des messes pour son âme, et pour l'âme de son père et de sa mère, *por el alma... de su padre y su madre;* et il ajoute tout de suite : « que Notre-Seigneur leur pardonne, *que Nuestro Señor perdone[1].* » Nous savons assurément que nous avons tous besoin que Dieu nous pardonne; mais ce recours à la miséricorde divine, dans son testament, en faveur des auteurs de ses jours, ne trahit-il pas l'intime préoccupation d'un cœur attristé ?

Du silence persistant et réitéré de Don Fernand sur le nom de sa mère, nous avons le droit de conclure qu'il rougissait de parler de celle qui n'était pas la femme légitime de son père.

Voici enfin deux documents posthumes relatifs à la mort de Don Fernand, rédigés par Marc Felipe, à propos de l'exécution de son testament. Ce Marc Felipe paraît être, d'après quelques historiens, son valet de chambre.

Dans un article premier, nous lisons « que pour la perpétuité et la conservation des choses, il importe beaucoup de relater les principales.... ; qu'il a plu à Dieu qu'en ce temps là, naquit le Seigneur D. Fernand Colomb, fils de l'illustre premier amiral qui a découvert les Indes, D. Christophe Colomb, *Por la perpetuidad y conservacion de las cosas humanas*

____

1. *Ut supra.*

importa muchos à los que viven ... y por que en nuestros tiempos plugo à Dios que naciese el senor D. Hernando Colon, higo del memorable primer almirante que descubrio las Indias, D. XPobal Colon[1]. »

Dans un second article, nous lisons la déclaration de décès : « Le seigneur D. Fernand Colomb fils D. Xpoval Colomb, âgé de cinquante ans, est décédé dans cette ville de Séville. ... *A qui gaze D. Hernando C. hijo de D. XPoval Colon que siendo de edad de cinquenta años .... fallecio en esta ciudad de Sevilla*[2]. »

Or, pourquoi le nom de sa mère ne figure-t-il pas sur aucun de ces deux documents de famille ? Est-ce que toujours dans l'acte de décès d'une personne, le nom de la mère n'est pas porté à côté de celui du père quand ils sont légitimement mariés ?

Qui ne voit que le silence de cet homme, qui n'avait aucun intérêt à dénigrer la mère de son maître, cet homme qui se fait un pieux devoir de rapporter les faits importants qui intéressent l'histoire de cette illustre famille, explique et confirme les déclarations testamentaires de l'amiral, les paroles et la négligence de D. Diego, et enfin le silence absolu et calculé de D. Fernand lui-même ?

On aurait compris, jusqu'à un certain point, le silence de D. Fernand et de son valet de chambre sur le nom de sa mère, si celle-ci avait été de basse et obscure extraction et si son nom ne lui eût apporté aucune gloire; mais nous savons le contraire, puisqu'elle appartenait à la noble famille des Arana, famille déchue assurément mais fort considérée à Cordoue.

Qu'on ne vienne pas nous dire que la gloire de la mère se confondant dans la gloire du père, il était inutile, pour

---

1. Harrisse, *ut supra.*
2. *Ibid.*

D. Fernand, de parler de celle qui lui avait donné le jour.

Nous répondons à cette objection, que ce n'est pas pour flatter un vain amour-propre qu'un enfant bien né doit parler de sa mère, mais pour satisfaire un besoin de son cœur, pour répondre à sa tendresse filiale. Mais non, si D. Fernand s'est tû, ce n'est pas pour le premier motif, ni parce qu'il n'aimait pas sa mère, — il avait trop de cœur pour cela — mais par respect pour la mémoire de son père et par la honte compréhensible que lui apportait le pénible souvenir de sa naissance.

Il y a aussi une considération qui n'est pas sans valeur en faveur de notre pénible argumentation.

Si Béatrix Enriquez avait été la femme légitime de l'amiral, en voyant qu'il ne lui avait donné ni son titre, ni sa place d'épouse dans son testament; en entendant les écrivains de l'époque proclamer sans réticence que Don Fernand était un enfant naturel, il nous semble que son cœur maternel, blessé du déshonneur qu'on infligeait gratuitement à son enfant, aurait dû bondir d'indignation; elle aurait dû sortir de sa retraite, aller devant la Cour et le peuple protester avec éclat et, nouvelle Élisabeth, s'écrier :

> . . . . Je suis faible et cependant j'irais,
> Reine et mère à la fois, dans mes yeux, sur mes traits,
> Portant le démenti d'une telle infamie,
> Aborder, le front haut cette ligue ennemie.
> J'irais, je traînerais mes deux fils sur mes pas.
>
> . . . .
>
> Qu'ils m'insultent en face, ils me verront alors,
> Entre mes deux enfants, faire tête à l'orage.
> La lionne qu'on blesse aurait moins de courage,
> Moins de fureur que moi, si jamais je défends,
> . . . . l'honneur de mes enfants[1].

1. Casimir de la Vigne, *Les enfants d'Édouard*.

En voyant Don Diego rester dix-sept ans sans lui envoyer la pension que lui avait faite l'amiral, il nous semble qu'elle aurait dû faire des réclamations et adresser des protestations, contre la coupable négligence de son beau-fils.

Mais non, Béatrix ne proteste pas; elle ne bouge pas; elle se tait; son silence est significatif.

Comme on le voit, il résulte des paroles, de l'attitude et du silence de Christophe Colomb, de Don Diego et de Don Fernand ses enfants; des déclarations officielles faites à l'occasion de la mort de Don Fernand, de l'attitude et du silence de Béatrix elle-même, que le second mariage de l'amiral est une pure invention et que Don Fernand n'est pas un enfant légitime.

Nous pourrions arrêter ici notre démonstration; le point en question n'étant que trop malheureusement éclairci. Mais comme il s'agit d'un débat historique, il est convenable que nous fassions appel à tous les témoignages qui peuvent apporter leur contingent de lumière et d'autorité.

En tête, il convient de placer Barthélemy Las Casas, le compagnon de voyage de Christophe Colomb, son ami, son confident, peut-être son confesseur, l'ami intime de ses deux enfants et leur protecteur; homme grave, honnête au premier chef, ami de la vérité et de la justice, plein de talent, de science et de zèle, ayant eu entre les mains le *Journal* de bord du grand amiral, et nous ayant transmis une copie du rapport égaré, que Christophe Colomb avait adressé aux rois catholiques touchant son troisième voyage, pour tout dire un mot, Las Casas était évêque de Chiapa; il a mérité par sa bonté, sa prudence et son énergie, d'être appelé « le protecteur et le père des Indiens [1] ».

C'est donc un témoin sûr, honnête, désintéressé et consciencieux qui va nous instruire. Or voici ce qu'il nous apprend des deux enfants de son ami : « Il (Christophe Colomb) fit

2. Herrera, dec. II, 1. II, c. III.

son testament dans lequel il institua comme héritier universel Don Diego son fils, et, dans le cas où ce dernier n'aurait
pas d'enfants, Don Fernand, son *fils naturel, a Don Hernando su hijo natural*[1]. »

Et, plus loin, comme pour mieux accentuer sa pensée et la
différence qui existait entre Don Fernand et Don Diego, il
appelle celui-ci « le fils légitime de l'amiral, *Don Diego
Colon, hijo legitimo del almirante*[2]. »

Comme on le voit, il est difficile d'être plus explicite et plus
formel.

Passons à un autre témoin, non moins autorisé, c'est-à-
dire à Oviedo y Valdez, ancien page de la Cour, historiographe de l'Espagne, gouverneur de Saint-Domingue, ami
de la famille Colomb, par conséquent son contemporain et
bien placé pour connaître l'intérieur de l'amiral.

Or voici ce que nous apprend Oviedo : « Les deux fils de
l'amiral, nous dit-il, étaient Don Diego Colomb, son fils *légitime* et majeur, et l'autre, son fils Don Fernand, qui vit aujourd'hui ; *los quales eran Don Diego Colom, hijo legitimo
y major del almirante, é otro su fijo Don Fernando Colom
que hon vive*[3] »

L'aveu de l'auteur de l'*Histoire générale et naturelle des
Indes*, pour n'être pas aussi clair que celui de Las Casas, n'en
est pas moins réel. Comme on le voit, Oviedo donne à Diego
le titre de *légitime* qu'il refuse à Fernand ; l'antithèse est
évidente ; s'il n'avait pas voulu établir de différence entre
ces deux enfants, il se serait bien gardé d'accoler l'adjectif
légitime au premier ; et s'il avait voulu les mettre sur le

---

1. Tenia hecho su testamento e nel cual instituyo por su univer-
sal heredero à Don Diego su hijo : y si no tuviere hijos à Don
Hernando, *su hijo natural* (*Hist. de las Indias*, t. II, ch. XXXVIII,
p. 194).

2. *Ibid.*, ch. XLVII, p. 237.

3. Oviedo, *Hist. gen.*, t. I, liv. III, ch. VI, p. 71.

même pied d'égalité il aurait assurément écrit : « Les deux fils légitimes de l'amiral étaient, etc. » ; mais non, son intention est visible, manifeste ; il donne à l'aîné une qualité qu'il refuse au cadet ; moins dur que Las Casas, il ne dit pas que Don Fernand est un enfant *naturel*, mais il le sous-entend en disant que Don Diego est l'enfant *légitime*. Cela ne l'empêche pas de prodiguer force éloges à Don Fernand qu'il appelle « vertueux chevalier, plein de noblesse et d'affabilité, de douce conversation, versé dans les sciences et surtout en cosmographie ». D'ailleurs, la politesse et les convenances à l'égard de la famille Colomb lui faisaient un devoir de se montrer discret sur ce chapitre délicat. Ce qui donne un grand poids aux paroles d'Oviedo, c'est que Don Fernand, qui a écrit après lui et qui lui reproche certaines erreurs relatives à son père, ne fait nulle allusion à son insinuation touchant son illégitimité. C'est ainsi qu'il dira d'Oviedo : « Si tout ce que nous avons dit plus haut touchant certaines îles et terres, rêvées par des personnes qui vécurent presque à notre époque, n'a été que fable et vanité, combien plus doit-on réputer faux ce que Consalvo Fernandez Oviedo dit dans son chapitre III de *Histoire naturelle des Indes*, dans lequel il s'imagine avoir prouvé, avec un certain rêve qu'il débite, qu'il y eut, avant mon père, un autre auteur de cette navigation dans l'occident et que les Espagnols se rendirent maîtres de ces terres[1] ».

Or, nous avons eu beau feuilleter les *Historie*, nulle part nous n'avons trouvé la moindre protestation de Don Fernand, contre l'insinuation d'Oviedo ; preuve que cette protestation n'avait pas lieu de se produire.

Après Oviedo, écoutons le témoignage d'un autre Espagnol, le chanoine Nicolao Antonio, procureur général des Affaires étrangères d'Espagne à Rome : « Don Fernand, dit-il,

1. *Hist. de C. Colomb*. Édition de Venise de Lovisa, 1728, p. 47.

est un enfant né en dehors du mariage, *Don Fernandus Colombus, citra matrimonium natus* [1] ».

Après le procureur général, écoutons Diego Ortiz de Zuniga, historien estimé d'Espagne : « Ferdinand naquit à Cordoue d'une jeune fille noble, pendant le veuvage de son père, *nacio Ferdinando, en Cordova, da doncella noble y siendo viudu su padre* [2] ». Ces paroles sont claires comme le jour : il n'est nullement nécessaire de faire remarquer les deux mots *doncella*, (jeune fille) et *viudu* (veuf) qui laissent formellement entendre que Don Fernand étant né d'une jeune fille et d'un veuf, il n'est qu'un enfant naturel. Si l'auteur avait voulu donner à la mère de Don Fernand le titre de femme mariée, il aurait assurément employé la locution usuelle en la nommant *donna Beatrix Enriquez*. Il ne l'a pas fait, c'est que cette personne n'avait pas droit à ce titre.

Avant de quitter l'Espagne, nous avons le devoir d'interroger trois autres historiens d'une immense valeur. Le premier est Don Martin Fernandez de Navarette, directeur de l'Académie royale de Madrid, qui a le premier réuni, dans cinq volumes, tous les documents relatifs aux voyages et découvertes des Espagnols [3].

« Jusqu'à présent, dit-il, on n'a trouvé aucun document qui affirme l'existence du mariage de Christophe Colomb avec Béatrix Henriquez..... Don Fernand fut un enfant naturel, et naquit à Cordoue le 15 août 1488 [4] ».

1. *Notice sur Don Fernand Colomb*, t. II, p. 285 (1672).

2. *Annales ecclesiasticos y seculares de la muy noble y muy leal ciudad de Sevilla*, l. XIV, p. 496.

3. *Coleccion de los viages y descubrimientos*, etc. Madrid, 1825. Bibliothèque nationale de Paris.

4. Hasta ahora no se ha encontrado documento que afirme este casamiento, por que en realidad no le hubo, etc. Navarette, t. I, p. cxxxvii. *Introduction*.

Le second est Don José de Vargas Ponce, marin lettré, directeur lui aussi de l'Académie royale. Ayant demandé au duc de Veragua, marquis de Jamaïque et successeur de Christophe Colomb, l'autorisation de consulter ses précieuses archives, il reçut le 23 juin 1815 une lettre dans laquelle le noble descendant du héros chrétien, après l'avoir remercié de la manière juste et loyale dont il avait parlé de son glorieux ancêtre, lui disait qu'il possédait dans ses papiers plusieurs documents originaux adressés par Christophe Colomb à son fils Don Fernand, *enfant naturel qu'il avait eu avec la femme Béatrix Henriquez* de Cordoue, dont il est parlé dans son testament [1].

Le troisième est Cesareo Fernandez Duro, membre de l'Académie royale d'Espagne, auteur de nombreux ouvrages sur l'histoire de l'Espagne et de ses colonies. Or voici ce que nous lisons dans son travail intitulé *Colon y la historia postuma* : « Dans les procès de succession de la famille qui durèrent plusieurs générations, on allégua *toujours l'illégitimité* de Don Fernand, illégitimité constatée dans toutes les *informations imprimées*. Dona Juana Colomb de Toledo, marquise de Villamayor, soutint que Béatrix Enriquez fut la maîtresse de l'amiral, *fuè manceba del almirante*. Dona Franscisca Domingo Colomb de Cordorlea Boccanegra, Don Mariano Colomb y Larriateguy et Don Piedro Colomb de Portugal, actuellement amiral des Indes, duc de Veragua et de la Vega, marquis de Jamaïque, disent sans hésiter que les termes dans lesquels est rédigée la clause du testament de Christophe Colomb touchant Béatrix Henriquez répugnent à toute idée de mariage et qu'ils expriment bien tout le con-

---

1. A su hijo Don Fernando, que le era *natural* habido con Dona Béatrix Enriquez, natural de Cordoba, de quien hace memoria en su testamento. Fernandez Duro, *Colon y la historia postuma*, p. 162, Madrid, 1885.

traire. Cette croyance subsiste dans la famille par suite de cette déclaration [1] ».

Après avoir recueilli le témoignage des écrivains espagnols, écoutons celui des Italiens. Nous avons déjà vu Mgr Giustiniani, évêque de Nebbio, en Corse, nous dire expressément que Christophe Colomb n'a laissé qu'un fils, *lascio un figlio*. Pour ne pas prolonger ces citations, contentons-nous de rapporter le témoignage, non pas de laïques éminents, et ils sont nombreux, mais celui de deux ecclésiastiques érudits. Le R. P. Spotorno, supérieur général des Barnabites, et chargé, en 1823, par la municipalité de Gênes de réunir en un magnifique volume, précédé d'une savante introduction, tous les documents importants relatifs à Christophe Colomb ; or voici ce que nous apprend le docte religieux : « Ce héros, dit-il (Chr. Colomb) laissa deux fils : Diego, né de Filippa Moniz Pelestrello ; et Fernand, fruit illégitime de Béatrix Henriquez [2] ».

1. « Iniciados los pleitos de sucesion de la casa y seguidos por varias generaciones, en todos se alego *la ilegitimidad* de D. Fernando, constando en las informaciones y probanzas que andan empresas. Dona Juana Colon de Toledo, marquesa de Villamayor, sostuvo que Beatrix Enriquez, *fuè manceba* del almirante ; D. Francisco Domingo Colon de Cordoba Bocanegra, D. Cristobal Colon, D. Mariano Colon y Larriategui y D. Pedro Colon y Portugal, à la sazon almirante de las Indias, duque de Veragua y de la Vega, marqués de Jamaica, dijeron sin discrepancia que los terminos en que está redactada la clausula del testamento del Descubridor, que toca à Beatrix Enriquez, repugnan à matrimonio, y son propios de amancebamiento, creencia permanente en la familia por testimonio de esta ultima declaracion » (Cesaro Fernandez Duro, academico, *Colon y la historia postuma*, p. 161). — Jeanne Colomb de Toledo était la troisième fille de Don Diego, fils de l'amiral, et de Louise de Cueva, sœur du duc d'Albuquerque.

2. L'Eroé lasciò due figli : Diego nato da Felippa Moniez Pelestrello e Fernando, non legittimo frutto di Beatrix Enriquez. — Spotorno, *Codice diplomatico colombiano americano*. Introduction, p. LXII.

Écoutons maintenant Mgr Sanguineti :

« Christophe Colomb, dit-il, eut cet enfant (Don Fernand) avec Béatrix Henriquez de Arana, pauvre mais noble personne de Cordoue. On connut son nom par le testament de l'amiral, et ses paroles sont telles qu'il faut être en proie à des préjugés voulus, pour ne pas reconnaître la nature des liens qui l'avaient uni, un temps bien court, à cette femme. Les auteurs espagnols, Oviedo, contemporain de Christophe Colomb, et Herrera, presque contemporain, en ont parlé si explicitement qu'il faut un effort de subtilité pour leur faire dire le contraire de ce qu'ils ont dit [1] ».

Nous passons sous silence plusieurs écrivains français et étrangers qui tous partagent notre opinion.

Toutefois, parmi les étrangers, il y a trois hommes dont les travaux considérables sur Christophe Colomb nous font un devoir de citer leur témoignage sur le sujet qui nous occupe : ce sont Washington Yrving, Alexandre de Humboldt et Henry Harrisse.

« Une clause de ce testament, dit le premier, recommande aux soins de Don Diego, Béatrix Enriquez, mère de son fils naturel, Don Fernand. Ses liaisons avec elle n'avaient jamais été sanctionnées par le mariage ; et soit par suite de cette circonstance, soit qu'il eût à se reprocher de l'avoir négligée,

---

1. Cristoforo Colombo ebbe questo figlio (D. Fernand) da Beatrix Enriquez de Arana, povera ma nobile signora di Cordova. Si conobbe il suo nome pel testamento dell' ammiraglio ; e le sue espressioni sonotali, che bisogna essere in preda a preconcetti propositi per non riconoscere qual genere di legami lo aveano per breve tempo unito a questa femmina. Gli autori spagnuoli, Oviedo, contemporaneo di C. Colombo, ed Herrera prossimo al suo tempo, ne parlano cosi esplicitamente che ci vuole uno sforzo di sottigliezza per tirarli à dire il contrario di quel che dicono (Sanguinetti, *Vita di C. Colombo*, note, p. 306-397. *Genova*, 1891).

il parait avoir été ému d'une vive componction à ce sujet dans ses derniers moments[1] ».

Alexandre de Humboldt parle de Dona Béatrix Henriquez, mère de Don Fernando Colombo, « fils naturel de l'amiral né le 15 août 1488[2] ».

« Le langage solennel du testament, dit le troisième, et le manque absolu de document dans un sens contraire, autorisent l'opinion, adoptée d'ailleurs par la tradition et par tous les historiens sérieux de l'amiral, qu'il ne fut jamais l'époux de Béatrix Enriquez et que Fernand était un fils illégitime[3] ».

A ces preuves multiples, diverses, autorisées, nous avons tenu à en ajouter une d'un nouveau genre. Puisqu'il existe encore des descendants de l'illustre Christophe Colomb, nous avons eu la pensée d'écrire à Son Altesse le duc de Veragua pour lui demander quelle était son opinion et celle de sa famille sur la question qui nous occupe. Voici la lettre que nous en avons reçue.

« Madrid, 7 juillet 1892.

« Monsieur le chanoine,

« En réponse à votre honorée du 2 de ce mois, j'ai le regret de vous dire que ma santé, extrêmement délabrée depuis deux ans, ne me permet pas de vous donner d'une manière complète et satisfaisante les informations que vous me demandez. Je puis seulement *vous assurer que dans ma famille on a toujours considéré Don Fernando comme le fils illégitime de Christophe Colomb*, et l'essai de M. Roselly de

---

1. *A History of the life and voyages of Christopher Columbus*, t. IV, l. XVIII, ch. IV, p. 37. Londres, 1828.

2. *Examen critique de l'histoire de la géographie*, t. I, p. 104.

3. *Recueil de voyages et de découvertes*, pour servir à l'histoire de la géographie, depuis le XIIIᵉ siècle jusqu'à la fin du XVIᵉ, t. II, p. 34.

Lorgues, de prouver le contraire, nous a paru plutôt inspiré par le désir de hâter la canonisation de notre ancêtre, que basé sur des preuves authentiques.

« J'ai l'honneur, Monsieur le chanoine, de vous envoyer l'expression de mes sentiments les plus distingués,

« Le duc DE VERAGUA ».

Cette lettre met le sceau à notre démonstration.

De tout ce que nous venons d'entendre de la bouche de Christophe Colomb, de ses enfants, de prélats distingués, d'écrivains éminents et de ses descendants, nous sommes en droit de conclure qu'il est absolument certain que Béatrix Enriquez n'était pas la femme légitime de l'amiral et que Don Fernand n'était qu'un enfant naturel.

Et maintenant arrivons à la solution des objections proposées par les écrivains[1] qui prétendent le contraire.

Avant de répondre à leurs objections, nous éprouvons l'impérieux besoin de faire trois remarques.

La première c'est qu'on ne saurait trop les louer d'avoir entrepris une pareille tâche ; après la manifestation du génie scientifique de Christophe Colomb, rien n'était plus noble et plus glorieux que de travailler à faire ressortir son génie moral et religieux ; leur cause mérite par conséquent tout intérêt et toute sympathie ; elle est si auguste et si élevée que de prime-abord et avant de l'avoir mûrement étudiée, elle nous avait religieusement souri, attiré et gagné à sa beauté. C'est assez dire que c'est à regret que nous nous trouvons aujourd'hui parmi ses contradicteurs attristés : le *magis amica veritas* est seul cause de notre évolution. Et puis nous espérons tirer un heureux parti de cette faute, en faveur de notre héros.

1. Roselly de Lorgues, P. Marcellin de Civezza, Peragallo, Dondero, Baldi, etc.

La seconde c'est que nous rendons un solennel hommage à la bonne foi, à la sincérité et à la loyauté de ses pieux, savants et vaillants défenseurs. Il est certain que si leur cause avait pu être gagnée, ils méritent d'avoir remporté ce triomphe,

> ... si *Pergama dextra,*
> *Defendi possent, etiam hac defensa fuissent.*

La sincérité de leur conviction n'a d'égale que leur ardeur à la défendre, et la noblesse de leur cause trouve un écho vivant dans leurs nobles accents.

La troisième c'est que, si nous ne sommes pas d'accord avec nos éminents contradicteurs sur le point secondaire du deuxième mariage de notre héros, nous le sommes sur le point capital; et si nous combattons un point historique, nous combattons en faveur du point religieux, à savoir, de la béatification de l'ambassadeur du Très-Haut. Car s'il est vrai, ainsi que nous le verrons, que la miséricorde divine est supérieure à la faiblesse humaine, Christophe Colomb s'en est rendu digne par sa vie pénitente et mortifiée; et il mérite par conséquent les honneurs suprêmes de l'Église et de la religion.

Reprenons le cours de notre discussion. Les objections de nos honorables adversaires sont de trois sortes : les premières sont tirées de l'interprétation du codicile de Christophe Colomb concernant Béatrix Enriquez; les secondes du témoignage des historiens et les troisièmes de certaines convenances.

Pour mieux faire saisir par le lecteur la force des objections tirées par nos honorables contradicteurs des paroles testamentaires de Christophe Colomb, nous allons reproduire de nouveau ces paroles : « Je dis et j'ordonne à Don Diego, mon fils, ou à celui qui héritera, de payer toutes les dettes qui sont rapportées dans le mémoire ci-joint, dans la

forme qui y est indiquée et en outre tout ce que je dois justement. Je lui ordonne d'avoir soin de Béatrix Enriquez,
mère de Don Fernand, mon fils; qu'il veille à ce qu'elle
puisse vivre honnêtement, comme une personne à laquelle
je dois tant. Je fais cela pour décharger ma conscience, parce
que c'est un lourd poids pour mon âme; il n'est pas convenable d'en dire ici le motif. »

Or, voici comment les défenseurs de la légitimité de Don
Fernand interprètent cette clause pleine de mystère; quand
on aura vu leurs explications on ne pourra s'empêcher de
leur appliquer la critique de Boileau :

Le texte fut souvent par la glose obscurci.

Nous laissons maintenant la parole au vénérable comte
Roselly de Lorgues, qui a eu l'honneur de défendre le premier cette cause : « Malgré sa haute naissance, Béatrix, en
sa fleur de beauté, avait épousé Colomb déjà blanchi, étranger, pauvre, inconnu, repoussé à cause de l'incroyable grandeur de ses vues, n'apportant en patrimoine de son génie
qu'un projet rejeté par trois gouvernements, ne rencontrant
au lieu d'appui que l'incrédulité et le persiflage. Elle avait
affronté l'opposition de sa famille, de ses amies, l'opinion
du monde, bravé le ridicule, se faisant une secrète joie de
chacun de ses sacrifices ; et cependant, *pour lui en témoigner sa reconnaissance, Colomb, peu après son mariage,
s'éloigne de Cordoue, n'y revient presque jamais et n'y
séjourne plus.* C'est qu'il ne s'appartenait pas à lui-même;
il se devait à l'opération de la Providence. Le service des
rois, qu'il tournait ici à la gloire de Dieu, à l'accroissement
de l'Église, le retenait sans cesse. Il immolait sans pitié son
bonheur domestique aux intérêts du globe. Ainsi que les
apôtres s'étaient séparés de leurs femmes, de leurs enfants,
pour s'en aller répandre parmi les nations la bonne nouvelle, Christophe Colomb, se dégageant des étreintes du

bonheur, oubliait la félicité qu'il s'était promise, afin de travailler uniquement à l'accroissement de notre domaine...»

« Toutefois, au moment d'entreprendre sa dernière exploration, la plus hardie et la plus dangereuse, pendant qu'il écrivait ses intentions testamentaires, *venant à se rappeler les longs sacrifices, le dévouement silencieux de Béatrix, l'abandon où il l'a laissée pendant tant d'années, songeant qu'il ne lui avait point constitué de douaire dans son acte de majorat*, Colomb fut pris d'un regret douloureux, d'un scrupule de cœur. *Il craignit de paraître ingrat*, d'avoir réellement trop négligé celle qui s'était dévouée à lui, à l'heure de ses tribulations... il eut peur de n'avoir pas assez concilié les égards dus à sa compagne avec les exigences du service de Dieu. »

« Ne pouvant désormais modifier quant au fond son institution de majorat, connu des souverains et du Saint-Siège, en faveur de Béatrix, qui ne demandait rien, ne voulait rien, dont le silence et la résignation égalaient le dévouement du premier amour, il dut se borner à la recommander à son héritier universel, en des termes qui rendraient doublement obligatoire sa volonté testamentaire. C'était, disait-il, pour le soulagement de sa conscience. Il rappelle en deux mots combien il est redevable. Et comme il ne jugeait pas séant de consigner, dans cet acte de dernière volonté, pourquoi cette obligation était un poids sur son cœur, il se suffit en disant : « Il n'est pas convenable d'en écrire ici la raison[1]. »

Eh bien ! nous le demandons à tout lecteur impartial et qui a le sentiment de l'honneur, de la justice et des convenances; est-il naturel, juste et convenable qu'un mari abandonne ainsi une épouse jeune, belle, aimante, passionné-

---

1. *Christophe Colomb*, par Roselly de Lorgues, t. II, p. 384, 385, 386.

ment aimante, puisque son amour lui a parlé plus fort que l'opposition et l'affection des siens, que les conseils de l'amitié et que le ridicule du public ?

M. Roselly de Lorgues nous dit qu'il l'a abandonnée « parce qu'il ne s'appartenait pas et qu'il se devait à l'opération de la Providence ». Mais nous lui ferons respectueusement remarquer que sachant, avant de convoler aux secondes noces, « qu'il se devait à l'opération de la Providence », il aurait été bien mal inspiré de contracter une union qu'il savait ne pouvoir continuer ; s'il ne s'appartenait pas à lui-même, il n'avait plus le droit de se donner à une femme, pas plus qu'on n'a le droit de vendre deux fois la même marchandise.

Et puis la seule pensée de laisser une jeune femme, « qui se faisait une secrète joie de chacun de ses sacrifices » ; de la laisser dans l'abandon, la tristesse et les larmes, cette seule pensée, disons-nous, aurait dû suffire pour le détourner d'un mariage qui devenait, pour la malheureuse enchaînée, une amère dérision, une cruelle ironie, un affreux martyre !

Il est certain que si l'amiral avait dit à Béatrix, comme autrefois Orosmane à Zaïre :

> . . . Avant que l'hyménée
> Joigne à jamais nos cœurs et notre destinée,
> J'ai cru, sur mes projets, sur vous, sur mon amour,
> Devoir, en *chrétien*, vous parler sans détour ;

Il est certain, disons-nous, que si Christophe Colomb lui avait tenu ce langage et s'il lui avait dit qu'il l'abandonnerait le lendemain de leur union pour se livrer à sa mission religieuse, nul doute que sa fiancée lui eût répondu en l'éconduisant et en lui disant qu'elle ne se mariait pas pour épouser un apôtre toujours absent, ni même un roi, mais un

homme qui joindrait son existence à la sienne, un homme
dont elle deviendrait la compagne fidèle et dévouée et qui
l'emmènerait partout où il irait... :

> Je n'ai point recherché le trône et la grandeur.
> Qu'un sentiment plus juste occupait tout mon cœur !
> Hélas ! j'aurais voulu qu'à vos vertus unie,
> Et méprisant pour vous les trônes de l'Asie,
> Seule, et dans un désert, auprès de mon époux,
> J'eusse pu sous mes pieds les fouler avec vous.

C'est en vain qu'on invoque l'exemple des apôtres qui s'é-
taient séparés de leurs femmes, de leurs enfants pour s'en
aller répandre parmi les nations la bonne nouvelle ; on oublie que les apôtres étaient déjà mariés lorsqu'ils reçurent
du Christ leur vocation sainte : il n'est question pour aucun
d'eux qu'il se soit marié après avoir entendu le divin appel,
et qu'il ait quitté sa femme pour suivre la voix mystérieuse.
Il n'en est pas de même pour Christophe Colomb. Bien
avant son mariage, il se sentait appelé à la grande mission
évangélique ; par conséquent, s'étant déjà voué à Dieu et
enchaîné à son œuvre, surtout après la mort de sa femme,
il ne pouvait et ne devait enchaîner son existence à une
autre existence qu'il savait devoir plonger dans la désolation
et cela quelques mois après cette union.

Ce n'est pas ainsi qu'un homme mûr, sérieux, juste et
bon, agit à l'égard de sa femme ; or, l'âge de Christophe
Colomb (il avait dépassé la cinquantaine), ses graves méditations, son esprit d'équité et la bonté qu'il a toujours mon-
trée pour tous les membres de sa famille, ne doivent pas
laisser supposer qu'il ait tenu une si blâmable conduite à
l'égard de celle qu'il se serait choisie pour épouse ; par conséquent, s'il a abandonné Béatrix Enriquez, c'est qu'elle
n'était pas sa femme légitime.

« Ne pouvant, dit M. Roselly de Lorgues, modifier, quant

au fond, son institution du majorat, connu des souverains et du Saint-Siège, en faveur de la noble Béatrix..., il dut se borner à la recommander à son héritier universel ».

Et d'abord le lecteur a le droit de se demander avec nous, comment il se fait que Christophe Colomb n'ait pas même mentionné le nom de Béatrix dans cet important document[1], dans lequel il dispose de ses titres, de ses dignités et de sa fortune ; comment il se fait qu'il n'y ait pas constitué un magnifique douaire à la vice-reine des Indes, ou tout au moins qu'il n'ait pas chargé son héritier d'avoir soin d'elle ? Ce silence serait étrange, incompréhensible, odieux de la part d'un homme à l'égard de sa femme, surtout lorsqu'on voit cet homme parler de ses enfants, de ses frères et de sa patrie. Est-ce que toujours la femme ne doit pas avoir le pas sur les enfants ? N'est-elle pas le chef naturel et légal de la famille ? N'en assume-t-elle pas les charges et les responsabilités après la mort de son mari ?

Disons ensuite que rien n'empêchait Christophe Colomb de modifier, quant au fond, l'institution du majorat, « connu des souverains et du Saint-Siège, en faveur de la noble Béatrice » ; on est toujours à temps quand il s'agit de réparer une faute et une injustice, surtout lorsqu'il s'agit d'une épouse aimée. L'institution du majorat eut lieu le 22 février 1498 : le codicile, où il est question de Béatrice, a été écrit le 1er avril 1502 : ce même codicile, recopié par Christophe Colomb, le 25 août 1506, a été déposé chez le notaire royal, le 19 mai 1506. Eh bien ! Qu'est-ce qui empêchait Christophe Colomb de faire cette modification, soit lorsqu'il écrivit pour la première fois son codicile, soit lorsqu'il le recopia, trois ans après, au moment de le confier au notaire Pedro de Hinojedo ? Rien ne l'empêchait : s'il ne l'a pas fait, c'est qu'il croyait que Béatrix n'avait aucun droit à cette

---

1. L'acte de l'institution du majorat eut lieu le 22 février 1498.

modification. On nous fait remarquer que c'était parce que l'acte de l'institution du majorat « était connu des souverains et du Saint-Siège ». Nous ferons remarquer à notre tour que « les souverains et le Saint-Siège auraient dû être vivement choqués de ne point voir figurer, dans ce document, le nom de Béatrix, dans l'hypothèse qu'elle eût été la femme de l'amiral. Celui-ci aurait dû, au contraire, saisir avec empressement les deux occasions où il a rédigé et recopié son codicile pour remanier son majorat, afin d'y donner à sa compagne la place qu'elle méritait; de se faire pardonner son indifférence, son absence prolongée, en un mot tous ses torts, et d'effacer ainsi, dans l'esprit « des souverains et du Saint-Siège » la mauvaise impression ressentie à la lecture du majorat. En agissant ainsi, il eût déchargé sa conscience et il se fut épargné d'avouer à son lit de mort « qu'un lourd fardeau pesait sur son âme; que sa conscience était chargée et qu'il ne lui convenait pas de dire la raison de son chagrin et de son remords ».

Et puis, ainsi que nous l'avons déjà remarqué, est-ce qu'un gouverneur général, un grand amiral, un vice-roi des Indes, doit croire avoir suffisamment réparé à l'égard de sa femme, les torts sus-énoncés, en lui faisant une mesquine pension de cent cinquante francs, mettez cinq cents francs[1]. Cela n'est pas admissible, surtout quand on met en regard de cette misérable pension, les sommes immenses que Christophe Colomb avait léguées pour des fondations pieuses et pour sa patrie; non, ne rapetissons pas ce grand caractère; il est moins glorieux pour Christophe Colomb d'avoir été un

---

1. Il y des auteurs qui disent que le maravédis vaut 28 centimes de notre monnaie. Voici pourtant ce que nous lisons dans le Grand Dictionnaire de La Châtre. On distingue deux sortes de maravédis : le *maravédis de Vellon* qui est la 34ᵉ partie du *réal*, et qui vaut moins d'un de nos centimes, et le *maravédis de Plata*, double du précédent, qui vaut un centime et demi.

mari indifférent, intéressé, ingrat et cruel, que d'avoir été un pécheur repentant. L'histoire ne lui pardonnerait jamais d'avoir tenu une pareille conduite à l'égard d'une épouse vertueuse et si généreusement dévouée, tandis qu'elle ne lui marchandera pas son indulgence et son admiration pour le repentir et la pénitence d'une faiblesse courageusement avouée et chrétiennement expiée.

Comme on le voit, l'interprétation donnée à ce codicile, par les partisans du second mariage de Christophe Colomb, étant contraire au sentiment de la justice, de la reconnaissance et de l'amour; froissant toutes les délicatesses, les convenances et le bon sens; laissant planer sur le cœur si tendre de l'amiral la terrible accusation d'indifférence conjugale, de dureté sans pareille et d'odieuse ingratitude, cette interprétation, disons-nous, est inadmissible et laisse subsister la nôtre contre le second mariage du fameux navigateur.

Ne quittons pas le codicile de Christophe Colomb sans relever une autre objection de nos adversaires. « Christophe, disent-ils, dans une lettre écrite en 1500 aux membres du conseil, leur dit : « J'ai laissé femme et enfants et jamais je « ne vécus pour eux ». Donc, ajoutent-ils, il reconnaît Béatrix Henriquez pour sa femme.

Rétablissons tout d'abord le texte complet de ce passage : « Je vous supplie, comme zélés chrétiens en qui Son Altesse a grande confiance, de prendre en considération tous mes écrits et comment je suis venu de *si loin* pour servir ces princes, abandonnant femme et enfants que jamais ne vis plus; *Supplico à vuestras mercedes que con zelo de fielisimos cristianos y de quien S. A. tanto fian, que miren todos mis scrituras, ycamo vine à servir estos principes te tan legos, y deja muger y fijos que jamas vi por illos* » *Doc. dipl.*, n° CXXXVII (Nav., t. II, p. 255).

-C'est par erreur que nos honorables contradicteurs rapportent ce fragment de lettre à Béatrix Henriquez, dans l'allusion que son auteur fait à sa femme, *muger*. Il y a une circonstance, un mot, dans cette lettre, qui prouvent que la femme dont il y est question, c'est Felippa Moniz. Il faut remarquer, en effet, que Christophe Colomb dit qu'on doit prendre en considération que pour servir ces princes (Ferdinand et Isabelle), il est venu de bien loin, *yemo vine à servir estos principes de tan legos;* or, où était-il avant de se rendre en Espagne? N'était-il pas en Portugal, à Madère ou à Porto Santo? Eh bien, c'est là qu'il a laissé femme et enfants pour aller se mettre au service du roi d'Espagne; et cette femme était Felippa Moniz. Que si on nous objecte que *fijos* signifie plusieurs enfants et que l'histoire ne lui en reconnaît qu'un de Felippa, nous répondrons, ou que c'est par hyperbole que l'amiral a parlé au pluriel, ou que même il a pu avoir, selon quelques auteurs, d'autres enfants morts en bas âge et dont il n'est pas fait mention dans l'histoire. Le point important est que ces paroles : *Je suis venu de bien loin*, appliquées à son séjour en Espagne seraient un non-sens, tandis que, rattachées à son séjour en Portugal, elles sont compréhensibles et naturelles. Donc l'objection tirée de ces paroles tombe d'elle-même en présence des faits.

Passons à la seconde objection, tirée du témoignage des historiens. « La vérité historique, dit le P. Marcelin de Civezza, est que Christophe Colomb avait convolé à de secondes noces avec Béatrix Henriquez, à Cordoue ; nous en avons pour preuve le plus grand et le plus autorisé historien d'Espagne, Antoine Herrera qui nous dit « que Christophe Colomb était domicilié et marié en Espagne, *avezindo y casado en España*[1] » (*Descripcion de las islas y tierra firme del mar*

1. *Vita di Cristoforo Colombo e delle ragioni di chiedere la beatificazione,* del conte Roselly de Lorgues tradotta dal francese ed

11.

Oceano, etc.). De ce second mariage, continue le Révérend Père, nous en parle aussi Alvarez de Colmenar quand il dit « que Colomb avait eu deux femmes, dona Felippa Moniz de Palestrello et dona Béatrix Henriquez [1] ».

« Les écrivains des autres nations, poursuit le P. Marcelin, répètent la même chose ; qu'il nous suffise de citer Tiraboschi de la Compagnie de Jésus, lequel nous apprend « que Colomb eut pour seconde femme Béatrix Henriquez qui donna le jour à Fernand, l'auteur de sa *Vie* ».

« Nous pourrions citer ici, poursuit le Révérend Père, tous les historiens de l'Ordre franciscain, auquel appartenait Colomb, comme tertiaire, — tels que Wading, Gonzague, de Gubernatis, Rapine, Mariano, Arthur, Hueber, — qui, tous, parlent de Christophe Colomb comme d'un homme de vertu intègre ; ils se seraient bien gardé de le faire, s'ils avaient eu le moindre doute sur la moralité de sa conduite, et surtout s'ils avaient su ses relations immorales avec une dame de Cordoue [2] ».

Pour réduire à néant la force de cette objection qui, de prime abord, paraît triomphante, nous n'avons qu'à rappeler ce principe de critique historique ; c'est que, entre deux historiens qui affirment un fait, le bon sens et la justice exigent que l'on donne la préférence à celui qui a été le contemporain de ce fait, qui en a été témoin oculaire et auriculaire ; qui a connu les personnes dont il parle, qui en a été le protecteur et l'ami. Or, nous avons déjà vu, à la page 172 de ce travail, que Mgr de Las Casas — qui possède tous ces motifs de crédibilité — nous a appris « que Don Fernand était un enfant *naturel :* son témoignage doit par con-

accresciuta di nuovi documenti, dal P. Marcellino da Civezza, M. O. p. 383. — Prato per Ranieri Guasti, 1876.

1. P. 405.

2. *Ibid.* p. 405-406. — Tiraboschi, *Storia della litteratura italiana*, t. VI, l. I, cap. vi, § 12. Modène, 1772. 13 volumes in-4°.

séquent annuler celui d'Herrera qui n'a écrit qu'en 1601 [1] ;
celui d'Alvarez de Colmenar qui n'a écrit qu'au xviiie siècle
(1745) [2] ; celui enfin de Tiraboschi qui a publié son *Histoire
de la littérature italienne* en 1772-1782. Nous en dirons
autant de Wading [3] et de ses autres confrères qui lui étaient
postérieurs.

Pour ce qui est des éloges que ces pieux et savants écrivains ont décernés à leur illustre tertiaire, dont ils ont pu
ignorer la chute, ils s'adressent à l'ensemble de sa vie qui
a été — à part une passagère défaillance — toute de foi, de
piété et de vertu. Qui ne sait, d'ailleurs, qu'une sincère pénitence fait une nouvelle auréole au pécheur repentant, et que
le fameux persécuteur des chrétiens est appelé par l'Esprit-
Saint *un vase d'élection?*

« Mais, nous dit-on, nous avons un témoignage juridique
de la plus haute importance. Don Perez de Castro, grand
juris consulte espagnol, affirme « que dans aucun des documents du procès ne se trouve aucune preuve que Don Fernand ne fût fils légitime de Colomb : *En ninguna parte de
estos autos hemos visto prueba de que Fernando no fuese nino
legitimo* [4] ».

Nous ferons tout simplement remarquer que Don Perez
est dans son rôle : c'est un avocat qui plaide sa cause, à
qui tous les arguments sont bons et qui ne recule devant
aucune affirmation. Dans ses conclusions qu'il adresse à la
cour d'appel de Madrid, il s'applique naturellement à faire
ressortir la légitimité de l'ancêtre de ses clients. Mais depuis

1. *Descripcion de las islas y tierra firme de mar Occano que llaman
Indias occidentales.* Madrid, 1601, in-folio.

2. *Annales d'Espagne et de Portugal*, t. 1, p. 469. Amsterdam,
1745.

3. *Annales Ordinis Minorum*, 1628.

4. *Informacion juridica*, p. 101. — Verso pleytos de los descen-
dientes de Colon.

quand l'affirmation d'un avocat constitue-t-elle un document historique ?

Et puis, n'avons-nous pas entendu les propres descendants de l'amiral nous dire que Don Fernand était un enfant naturel ?

Et même, en admettant qu'aucune pièce livrée au procès n'établisse l'illégitimité de Don Fernand, s'ensuivrait-il, qu'en dehors de l'enceinte du prétoire et dans les monuments historiques, personne ne crût à cette illégitimité ? Nous avons démontré le contraire.

Christophe Colomb, nous dit M. Antonio Marcone, ecclésiastique génois, nous est représenté par Las Casas comme un homme qui, « dans les choses de la religion chrétienne, était catholique et fort dévot [1]. » Or, est-il possible, continue-t-il, qu'un homme si religieux et si vertueux ait commis la faute qu'on lui attribue, sans la réparer publiquement, et en la pleurant, comme David, à chaudes larmes ?

Nous ferons remarquer à notre vénéré confrère que le dogme et la morale sont deux choses fort distinctes ; qu'on peut avoir la foi aux vérités révélées et ne pas conformer sa conduite à sa croyance, sans cesser pour cela d'être chrétien ; qu'une défaillance passagère n'empêche pas un homme d'être dévot. Est-ce que Louis XIV, « qui avait osé imposer, en pensée, à la France, comme monarques légitimes, ses bâtards légitimés [2] », n'était pas un homme de grande foi et ne remplissait-il pas extérieurement tous ses devoirs de dévotion ? Ne savons-nous pas qu'il assistait dévotement à la messe le dimanche, qu'il observait ponctuellement les jours d'abstinence et qu'il récitait pieusement son chapelet ? N'entendons-nous pas Massillon déclarer, du haut de la

1. Antonio Marcone, *Cristoforo Colombo e la legitimità di suo figlio Ferdinando*, p. 25. Milano, 1891.
2. Chateaubriand, *Œuvres*, t. I, p. 606-607.

chaire de la Sainte-Chapelle que *Louis* avait une *vertu uniforme, tendre, constante*, et qu'il est mort en roi, en héros, en *saint* [1] ?

Or, si la qualité de *saint* donnée à Louis XIV par l'éloquent évêque de Clermont n'empêchait pas les désordres scandaleux du grand monarque, le qualificatif de *dévot* donné à Christophe Colomb par le pieux évêque de Chiappa doit encore moins empêcher la faiblesse passagère du grand amiral. Nous ajoutons, pour répondre à la pensée de M. Marcone, que nous prouvons plus loin que la faute de son illustre compatriote a été lavée dans les larmes du repentir et expiée par les rigueurs de la pénitence.

Puisque nous discutons avec cet honorable contradicteur, relevons une assertion de sa part que la critique historique ne saurait accueillir. Tout le monde sait que Las Casas dit expressément que D. Fernand est un fils naturel, *hijo natural*, de Christophe Colomb. Eh bien, pour détruire la portée de cette affirmation de l'évêque de Chiappa, M. l'abbé Marcone, nous dit qu'il *est possible* que ce détail n'ait pas été écrit par Las Casas lui-même, mais qu'il ait été ajouté par une main intéressée : *E supponibile e diremmo quasi certo che nel corso di tre secoli ... si siatrovato chi per interesse ve l'abbia aggiunta* [2] *(questa accusa)*. Nous rappellerons à notre confrère le vieil adage : *Nemo præsumitur malus nisi probetur;* l'histoire ne se fait pas avec des suppositions ni des possibilités, mais avec des documents formels et des preuves positives; qu'on nous dise à quelle époque et par qui cette calomnie a été ajoutée au texte original.

Mais, tant qu'on ne nous prouvera pas cette adjonction, cette interpolation, nous sommes en droit de nous en tenir aux textes autorisés de Las Casas.

1. *Oraison funèbre de Louis le Grand*, II° partie.
2. Antonio Marcone, p. 28.

M. l'abbé Marcone insiste en disant « qu'en appelant à la succession, immédiatement après Don Diego, son fils Fernand, Christophe Colomb considère ce dernier comme un enfant légitime, d'autant plus que l'amiral, ajoute notre confrère, exclut, plus loin, de la succession tout enfant *illégitime*[1]. »

En appelant Don Fernand à la succession, immédiatement après Diego, Christophe Colomb considère celui là comme fils *légitime*, en ce sens qu'il possède tous les droits et prérogatives d'un enfant *légitime comme capacité, aptitude à hériter, concedo;* mais dire qu'il le considère comme issu d'un *mariage légitime, nego.* Il est certain, ainsi que nous allons le remarquer, que la loi espagnole conférait à Christophe Colomb le droit de mettre, au point de vue de la succession, Don Fernand sur le même pied que Don Diego; Christophe Colomb a usé de ce droit et c'est tout; mais cela n'implique pas la légitimité d'origine de l'auteur des *Historie*. Un enfant adoptif a les mêmes droits qu'un enfant légitime, sans être pour cela issu d'un mariage légitime.

Pour ce qui est de la défense faite par l'amiral d'admettre à la succession des enfants *illégitimes*, il est vraiment puéril et sans raison de vouloir faire remonter aux enfants et personnes pré-nommés, la *condition* qu'il a exprimée seulement pour les descendants.

Voici d'ailleurs les termes du testament : « S'il plaisait à Dieu que mes biens, après être restés un certain temps dans la ligne des susdits, venaient à manquer d'un héritier immédiat et *légitime*, la succession passera dans ce cas au parent le plus rapproché de *naissance légitime* dans la ligne masculine. » Cette défense, *très compréhensible*, mais sans effet rétroactif, n'a de vigueur que pour les descendants. Par conséquent, les paroles testamentaires de l'amiral n'impliquent nullement la légitimité de Don Fernand.

---

1. P. 12-13.

Donc, il résulte que les objections tirées de l'histoire, loin d'infirmer, corroborent au contraire et éclairent d'un jour nouveau notre thèse, qui n'a besoin d'aucune autre lumière.

Arrivons enfin aux objections tirées de la théologie, du droit canonique, du droit civil et de certaines convenances.

« En supposant un moment d'oubli, écrit l'avocat Dondero, Christophe Colomb aurait dû y remédier : *Vous avez péché* dit saint Pierre, *faites pénitence;* et la pénitence que l'amiral aurait dû faire (s'il n'était pas marié), c'était d'épouser Béatrix. L'honneur, la conscience, la religion lui imposaient cet impérieux devoir[1]. Ne l'ayant pas fait, conclue-t-il, c'est que, vu ses sentiments de religion et de vertu, il n'avait pas besoin de le faire parce ce qu'elle était sa femme. »

Avant de répondre directement à cette objection, il est bon de poser les principes théologiques qui régissent cette matière.

1. *Si puella quam seduxit inde conceperit*, le séducteur doit *ordinairement* l'épouser, afin de prévenir le scandale, assurer le sort de l'enfant et réparer ainsi, autant que possible, la faute dont il s'est rendu coupable.

Nous avons dit *ordinairement*, car il y a des cas où cette obligation cesse : 1° si la personne séduite a commis le même péché avec un autre ; 2° si elle a trompé le séducteur en lui disant qu'elle était riche tandis qu'elle était pauvre ; 3° si elle n'avait pas lieu, raisonnablement parlant, de prendre au sérieux la promesse de mariage.

II. Le séducteur est cependant tenu de pourvoir à l'éducation de l'enfant solidairement avec la mère, si celle-ci avait péché librement et volontairement.

Dans le cas où le séducteur aurait eu recours à la violence, l'éducation de l'enfant serait principalement à sa charge. Il

1. *L'onesta di Cristoforo Colombo* d'all'avvacato Guis. Ant. Dondero, p 22. *Genova*, 1877.

est de plus tenu, dans une certaine mesure, à réparer, à l'é-
gard de la famille de cette personne, le dommage qu'il a pu
lui causer par sa faute. Ainsi parlent le cardinal Gousset [1],
Mɡr Bouvier [2] et tous les théologiens.

Eh bien! en appliquant ces principes au cas de Christophe
Colomb, qui est-ce qui osera affirmer, sans passer pour sévère ou tout au moins téméraire, qu'il était obligé en conscience d'épouser Béatrix Enriquez?

Tout en étant très disposé à accorder d'avance à cette jeune
fille toute sorte de qualités, qui pourra nous affirmer qu'elle
ne s'était pas mise dans un des cas que nous venons de citer?
L'histoire nous apprend qu'elle était pauvre : la misérable rente
que Christophe Colomb lui faisait sur les boucheries de Cordoue, jointe à celle qu'il lui laissait dans son testament en
sont la preuve ; la noblesse de sa famille ne l'empêchait pas
de vivre dans la gêne; sans vouloir rien dire de sa conduite,
nous trouvons dans M. Roselly de Lorgues une note sur les
femmes cordovaises, qui nous laisse rêveur : « L'oisiveté
babillarde, dit-il, les élégances raffinées et la coquetterie
paresseuse des femmes de Cordoue étaient proverbiales en
Espagne. Pour les en punir, la reine Isabelle les déclara,
pendant un temps, déchues de tout droit aux acquêts ma-
trimoniaux [3]. »

D'un autre côté, n'y avait-il pas de la naïveté de sa part
de croire que Christophe Colomb, qui était déjà avancé dans
la cinquantaine, l'aurait épousée malgré son jeune âge?

Bref, avec les sentiments de justice, de foi et de piété que
tout le monde reconnaît à Christophe Colomb, il est permis
de conclure qu'il ne se croyait pas obligé en conscience d'é-

---

1. *Théologie morale*, t. I, p. 514.

2 Bouvier, *Institutiones theologicæ*, t. VI, p. 173, *Tractatus de
de jure*.

3. *Christophe Colomb*, t. I, p. 52, au bas.

pouser la mère de Don Fernand; mais s'il ne l'a pas épousée nous avons vu qu'il a réparé en partie le tort matériel qu'il lui avait fait, en prenant soin de son honnête existence. Pour ce qui est de Don Fernand, il l'a élevé, chéri et traité comme un véritable fils légitime et il est juste de faire remarquer qu'il n'a pas oublié la famille de Beatrix, puisque, lors de son premier voyage, il amène avec lui, en qualité d'inspecteur général de la flotte, Diego de Arana, neveu de Béatrix, et à sa troisième expédition, il met Pedro de Arana son jeune frère à la tête d'un de ses navires.

Rien donc ne prouve qu'il ait été obligé de réparer sa faute par le mariage; et il a pu, après l'avoir réparée d'une autre manière, mourir en paix avec sa conscience et son Dieu.

Il y a une autre objection tirée du droit canonique; c'est M. l'abbé Peretti qui la formule ainsi : « Dès sa jeunesse (Don Fernand), il se donna à Dieu et à l'Église en recevant les Ordres sacrés. C'est encore là une preuve de sa légitimité; car l'illégitimité de la naissance est regardée par les lois de l'Église comme une irrégularité qui exclut des Ordres sacrés [1]. »

Nous avons lu et relu ce passage pour bien nous assurer de la pensée de son auteur. Nous avouons que c'est avec une pénible surprise que nous constatons chez M. le curé de Sainte-Marie de Calvi un si regrettable oubli des lois ecclésiastiques.

Il est certain que le défaut de naissance, *defectus natalium*, constitue, depuis le xie siècle, une *irrégularité* canonique pour les Ordres sacrés; mais il n'est pas moins certain que l'évêque a le droit d'en dispenser, de lever cet empêchement pour la réception de la tonsure et des Ordres mineurs, et le pape celui d'en disposer pour les Ordres sacrés; les théolo-

---

1. Peretti, *Christophe Colomb français, corse et calvais*, p. 29.

giens sont unanimes sur ce point. Les papes ont souvent usé de cette dispense en faveur de jeunes gens qui, en somme, n'étaient entachés d'aucun crime ni responsables de leur humiliante naissance.

L'histoire ecclésiastique du moyen âge et des temps modernes jusqu'à 1789, nous présente tels abbés et tels évêques dont le principal titre à leur abbaye et à leur diocèse était celui d'être issus d'un commerce coupable, d'un prince voluptueux ou d'un puissant seigneur dissolu. Et, sans sortir de l'Italie, de l'Espagne et de la France, nous apprendrons à notre honorable confrère que les papes Sergius III et Jean XI n'étaient, au dire de Luitprand, Baronnius et Fleury, que des enfants naturels ; que l'archevêque de Saragosse, Don Alonso d'Arago [1], était un fils illégitime du roi Ferdinand lui-même, et qu'un grand évêque français, mort il y a quelques années, n'a jamais vu son extrait de naissance orné du nom de son père.

Il en résulte que le caractère sacré de Don Fernand peut parfaitement s'allier à l'illégitimité de sa naissance et que l'objection de M. l'abbé Peretti demeure sans portée.

Voici une objection tirée du droit civil : « Christophe Colomb, nous dit-on, ayant appelé après Don Diego, Don Fernand à la succession de ses droits, et la loi ayant admis cette disposition testamentaire, il en résulte que ce dernier était un enfant légitime. » L'objection est subtile, mais elle ne nous émeut guère.

---

1. Voici, en effet, un passage de la curieuse supplique adressée par les chanoines du Chapitre de Saragosse au pape Sixte IV pour obtenir cette nomination : « Embiaron a suplicar al papa, que tunise por bien de proueer de aquella iglesia (metropolitana de Çaragoça) en la persona de Don Alonso de Aragon, *hijo natural del rey de Castilla*, que era de seys anos. Le nouvel évêque de Saragosse fut préconisé le 14 août 1478, *Annales de Aragon*, Madrid, 1601, in-fol., lib. XX, c. xxiii, t. IV, p. 296, *sub anno* 1478.

Il ne faut pas juger des lois de succession étrangères d'après celles de la France ; il est certain qu'en France les enfants naturels ne sont pas admis à la succession ; mais il n'en était pas de même en Espagne. La loi espagnole, en effet, admettait les bâtards à la succession Elle exigeait seulement que le père les instituât héritiers : *Son legitims e poden venir a succesio, si'l pare, quan dona muller a son fill natural, l'appellara fill, e no dira fill natural ... allo meteyx es si en son testament o pleyt denant jutge l'appella fill, e no y enadeyx natural* [1]. Comme on le voit il suffit que le père ne dise pas que son fils n'est pas un enfant *naturel,* pour que celui-ci puisse lui succéder.

La jurisprudence espagnole actuelle dit que pour que le père puisse appeler son bâtard à la succession, il lui suffit d'employer dans son testament la formule suivante : « Je demande que tels ou tels de mes enfants. que j'ai eus avec telle femme soient mes héritiers légitimes : *quiero que fullan e fullan mios fijos que hobe de tal muyer que sean mios herederos legitimos* [2]. »

Ces dispositions, remarque Harrisse, étaient tellement dans les mœurs espagnoles que les fameuses *Toro,* promulguées en 1505, les amplifiaient encore : « Mais, disent-elles, s'il s'agit d'un fils naturel dont le père n'aurait pas de fils ou de descendants légitimes, nous ordonnons que le père puisse donner légalement à ce fils tout ce qu'il voudra de ses biens, même à défaut des ascendants légitimes. »

Il résulte de ces prescriptions légales que la présence de Don Fernand dans le testament de son père n'implique nullement sa légitimité originaire et qu'il avait droit d'y figurer

---

1. *Costums de Tortosa,* loi ms. du XIII° siècle, cité par M. Bienvenido Olivio.

2. *Leys de toros,* loi X dans le Code espagnol. Madrid, 1872, t. VI, p. 573.

malgré sa qualité d'enfant naturel, du moment que Christophe Colomb n'a pas exprimé cette qualité.

Il y a plus : en étudiant attentivement les termes du dit testament, on y trouve cinq mots qui tranchent toute difficulté en enlevant à l'objection de nos adversaires la force qu'ils lui supposent.

Les rois catholiques, en instituant le majorat en faveur de Christophe Colomb, l'autorisent à le transmettre à ses enfants, à ses frères et à n'importe quelle personne qu'il lui plairait de désigner, *E a defeto e falta de hijos en uno ó dos de nuestros parientes ó otras personas que vos quisieredes*[1]. Or, du moment qu'il pouvait transmettre ses droits *à n'importe quelle personne de son choix*, il va de soi, *a fortiori*, qu'il avait le droit de les transmettre à son fils naturel, Don Fernand.

Arrivons aux objections tirées des convenances. « Comment, nous dit M. Roselly de Lorgues, un commerce scandaleux aurait il été toléré par la vertueuse famille de Dona Béatrix ? La vengeance de cette noble maison n'aurait-elle pas contraint le séducteur à réparer sa faute[2] ? »

D'abord, rien ne prouve que Christophe Colomb ait vécu maritalement avec Béatrix Enriquez; M. Roselly de Lorgues lui-même donne à entendre le contraire quand il nous dit que « Cordoue est précisément la ville où Christophe Colomb s'est le moins souvent et le moins longtemps trouvé, durant sa résidence en Espagne[3]; il n'y a jamais résidé six mois de suite[4] ». Or, ces rares apparitions, ces courts séjours dans une ville où demeurait sa femme, d'après nos adversaires, outre qu'ils militent contre le mariage en ques-

---

1. Institution du Majorat.
2. *Opere citato*, t. I. p. 52. *Introduction.*
3. *Ib.*, p. 49.
4. *Ib.*, p. 52.

tion, ne sont pas de nature à laisser croire à « un commerce scandaleux » entre ces deux personnes. Il y a eu assurément une surprise de la passion au milieu des ennuis du veuvage, des tristesses de l'exil et des amères déceptions qu'il eut à essuyer. Mais vu l'âge, les sentiments religieux et les graves problèmes qui s'agitaient dans la pensée de Christophe Colomb, il est à supposer que cette surprise ne s'est pas renouvelée et que toute relation a cessé depuis. Par conséquent, en l'absence de tout scandale, la famille de Béatrix, au lieu de le provoquer ou de le faire éclater par ses réclamations, a préféré garder un silence résigné.

Pour ce qui est de la contrainte qu'elle aurait dû exercer envers le séducteur en faveur du mariage, cette prétention n'est pas admissible si l'on se rappelle l'état de gêne du pauvre marin. Ne savons-nous pas, en effet, que veuf, chargé d'un enfant et sans fortune, il était obligé de copier des livres et de faire des cartes marines pour vivre, lui et son fils en bas âge ? D'un autre côté, Béatrix était sans fortune : eh bien ! est-ce qu'une famille noble aurait jamais consenti à forcer un marin dans la gêne à épouser sa fille sans fortune, sous prétexte de lui faire réparer sa faute ? Assurément non ; c'est ce qu'a pensé la famille de Béatrix ; elle avait assez de la honte pour ne pas y ajouter la misère ; elle a cru qu'il était plus convenable et plus digne de subir sa flétrissure en silence que de se laisser aller aux éclats des vaines récriminations et d'un scandale déshonorant.

« Est-ce que la reine, continue M. Roselly de Lorgues, si rigide pour les mœurs, aurait donné comme pages à son fils unique, l'infant Don Juan, les deux frères Colomb : l'un légitime, l'autre bâtard [1] ? »

1. M. le comte Roselly de Lorgues, pour donner un peu plus de force à ses objections, nous dit que, aujourd'hui, cette calomnie, âgée de cinquante ans, se sent si fort accréditée qu'elle prend des airs

Nous répondons à cette objection en disant qu'à cette époque de mœurs faciles, où la faiblesse humaine se donnait libre carrière, surtout dans les hautes classes, on ne regardait pas d'aussi près à une question qui froisse justement, à notre époque, notre légitime délicatesse et notre fière susceptibilité. Et pourquoi la reine Isabelle aurait-elle refusé de donner à son fils un page bâtard ? Quelles étaient, en somme, les fonctions des pages ? On croit facilement qu'elles étaient très augustes et quelles consistaient à avoir une grande influence sur l'esprit et le cœur de leurs princes. Ce n'est pas cela : ils avaient tout simplement pour fonction de remplir les services ordinaires de la domesticité près de la personne de leurs maitres ; et remarquez qu'on donnait ce titre de pages aux enfants des nobles, lorsqu'à l'âge de *sept à huit ans* ils étaient retirés des mains des femmes pour passer à quelque prince, baron ou chevalier. Eh bien ! quel mal y avait-il, de la part de cette vertueuse reine, à donner à son fils, pour page, l'enfant du vice-roi des Indes, surtout un enfant si jeune et si bien doué[1] ? Ne voyons-nous pas dans nos annales françaises quelque chose de plus fort ? Louis XIV faisant épouser Mademoiselle de Blois, sa fille légitimée, au duc d'Orléans, son neveu, et Louise-Bénédicte de Bourbon, fille du prince du Condé d'alors, au duc du Maine, né, comme Mademoiselle de Blois, de madame de Montespan ? Ne savons-nous pas qu'à certaine époque de

de documents historiques, t. 1, p. 44, *Introduction*. Nous ferons respectueusement remarquer au vénérable historien de Christophe Colomb qu'il se trompe évidemment de date ; car cette « calomnie », si calomnie il y a, est âgée de quatre siècles, puisque nous avons entendu Las Casas, contemporain du grand homme et Dona Juana de Tolède, marquise de Villamayor, sa belle-fille, pour ne citer que ces deux personnages, affirmer l'illégitimité de Don Fernand.

1. Oviedo nous apprend que Don Fernand était un chevalier vertueux, de grande noblesse et affabilité, et de conversation agréable.

notre histoire, on vit souvent des bâtards revêtir de grandes dignités et se dire publiquement *bâtard de telle maison* ? Témoins Dunois, pour les temps anciens, et le maréchal de Saxe, pour les temps modernes. La reine Isabelle ne faisait donc que suivre les usages de son temps en admettant un bâtard dans l'entourage de son fils.

Eh quoi ! continuent nos contradicteurs, « Christophe Colomb aurait eu l'audace de charger un digne ecclésiastique, l'abbé Martin Sanchez, de conduire son fils naturel à sa maîtresse ? Est-ce que cet ecclésiastique s'en serait chargé si Ferdinand n'avait pas été un enfant légitime ? » Il faut vraiment ne pas connaître l'histoire et les mœurs des temps passés pour trouver, dans ce fait des rapports d'un ecclésiastique avec un bâtard et sa mère, quelque chose de bien étrange et surtout une preuve de la légitimité de cet enfant. Nous répondons à cette objection par deux faits : celui du savant abbé Fleury, acceptant d'être le précepteur du comte de Vermandois, l'un des fils adultérins de Louis XIV ; et celui de Bossuet, implorant le secours de la veuve du poète burlesque Scarron, alors épouse clandestine de ce même Louis XIV, pour engager le roi à s'opposer à la prétention du chancelier Pontchartrain qui voulait l'obliger à soumettre un de ses ouvrages à l'approbation d'un docteur de Sorbonne. (Rorbacher, *Hist. eccl.*, t. II, p. 173.)

Donc il résulte des témoignages des contemporains de Christophe Colomb, de la teneur de ses propres paroles, de l'attitude et du silence de ses deux fils, de l'insuffisance et de la vacuité des objections des partisans du second mariage, que Béatrix Enriquez n'était pas sa femme légitime et que Don Fernand n'était qu'un enfant naturel.

Nous demandons à nos lecteurs, avant de quitter ce sujet délicat, la permission de répondre à une objection personnelle. « Il est triste et scandaleux, nous a-t-on déjà écrit, de voir un ecclésiastique marcher sur les traces des protestants, des francs-maçons, des juifs et des libres-penseurs, pour accoler les mots de déshonneur et d'impudicité aux noms superbes de Colomb, ce miroir de chasteté; de Béatrix, cette perle de la pudeur; et de Fernand, cet ange issu d'une sainte et légitime union. »

À cette objection, nous ferons trois réponses. Remarquons, avant tout, que lorsque nous avons entrepris ce travail, nous ignorions que des auteurs protestants, francs-maçons, juifs ou libres-penseurs, eussent nié la légitimité de Don Fernand; nous étions convaincu — d'une conviction vague assurément, n'ayant pas encore étudié la question — que le second fils de l'amiral était issu d'un mariage légitime. Ce n'est que lorsque nous avons abordé sérieusement ce sujet et que nous l'avons étudié sous toutes ses faces, que nous avons acquis la conviction que l'on connaît. Arrivons à nos réponses.

Premièrement, nous croyons qu'en dehors des questions dogmatiques et morales, et dans le domaine des vérités purement scientifiques et naturelles, il est souverainement absurde et ridicule de vouloir établir des inégalités d'aptitudes et des différences entre les catholiques et les adeptes des autres religions. La vérité prime la religion et la raison est antérieure à la foi; lors donc que Dieu crée les hommes, il leur donne une âme de même nature; au sortir de ses mains, l'âme qui va naître de parents catholiques est identiquement de la même nature que celle qui va naître de parents juifs, protestants, libres-penseurs, francs-maçons ou athées. Par conséquent, il est tout logique et naturel que l'intelligence de ces derniers ait parfois non seulement autant de pénétration, de vivacité et de compréhension que l'âme d'un catholique, mais même davantage. Que l'on comprenne une fois pour toutes; que l'on sache que le domaine de la science naturelle, géologique, historique ou astronomique, n'est pas l'apanage exclusif des catholiques, mais qu'il est à tout homme venant en ce monde. C'est là un terrain commun où tout le monde peut se donner la main dans la fraternité des enfants de Dieu.

A ce compte, qu'y a-t-il d'étonnant à ce que, sur certaines questions purement scientifiques, les catholiques se trouvent d'accord avec les juifs, les protestants et les francs-maçons ? Donc, aux yeux d'un homme intelligent, il n'est ni *triste* ni *scandaleux* de voir même un ecclésiastique partager, en fait d'histoire, l'opinion d'un libre-penseur et d'un athée.

En somme, que demande-t-on à un historien, à un savant ? Du bon sens, de la droiture, de la sincérité et de l'honnêteté, n'est-ce pas ? Eh bien, soit dit à l'honneur de l'humanité ; on trouve ces qualités diverses chez des savants et des historiens autres que les catholiques ; et la preuve, c'est que tous les jours nous voyons des catholiques citer les Guizot, les Humbold, les Darwin, les Washington et d'autres savants protestants, pour ne parler que de ceux de cette confession.

C'est ce qui fait que, pour ne citer qu'un fait actuel, on a vu, à l'occasion d'un duel malheureux, les gens sensés de tous les partis et de toutes les religions, le cardinal Richard et le grand rabbin de France, Mgr d'Hulst et Cluseret lui-même, s'accorder pour demander une loi contre ce genre de combat, réprouvé par la raison, la religion et l'humanité.

C'est ce qui fait que nous avons entendu, ces jours derniers, Sa Sainteté le pape Léon XIII faire appel aux hommes graves et sérieux de tous les partis et de toutes les confessions religieuses pour opposer une digue au torrent révolutionnaire.

Bref, s'il y a des hommes supérieurs chez les catholiques, il est juste de reconnaître qu'il n'en manque pas chez les juifs, les protestants et les libres-penseurs ; et si nous trouvons des oisons dans leurs rangs, ils constateront pas mal de buses dans les nôtres.

Deuxièmement, ceux qui nous ont fait cette objection semblent complètement ignorer les deux grandes maximes dictées par la raison et la foi et qui sont devenues la règle des polémiques courtoises et des apologies bien conduites.

La première, c'est l'antiquité qui nous la donne quand elle nous dit qu'il est permis de recevoir des leçons d'un adversaire : *Fas est ab hoste doceri.*

La seconde nous vient de l'Esprit-Saint quand il nous dit que nos adversaires peuvent nous donner non seulement la vérité, mais qu'ils peuvent être la cause de notre salut : *Salutem ex inimicis nostris.*

Or, Dieu sait si nos illustrations catholiques, nos grands saints et l'Église elle même se sont fait faute de faire souvent des emprunts aux livres et aux savants juifs, protestants et païens, soit pour asseoir une vérité, pour terrasser l'erreur, soit pour édifier les uns ou pour terrifier les autres.

Qui est-ce qui reprochera jamais à l'Église d'entourer d'honneur et de vénération les livres juifs de l'Ancien Testament et d'y puiser tous les jours à pleines mains ? à saint Paul de citer des poètes païens ? à saint Thomas d'avoir calqué sa philosophie sur celle d'Aristote ? et à Bossuet d'avoir tiré un si heureux parti des variations des protestants, variations qui ont ramené tant de frères égarés ?

S'il en est ainsi, un historien catholique a le droit de prendre son bien partout où il le trouve ; chez les protestants, les juifs et les libres-penseurs ; tout en condamnant leurs opinions sur le dogme et la morale, il lui est permis d'adopter leurs opinions sur des sujets de science ou de politique purement naturelles, du moment que ces opinions sont revêtues de tous les caractères de crédibilité.

Troisièmement enfin, pour ce qui est de la question qui nous occupe, nous ferons remarquer aux auteurs de l'objection que ce ne sont ni des protestants, ni des juifs, ni des libres penseurs, ni des athées qui ont, les premiers, dévoilé l'illégitimité de Don Fernand Colomb et qui nous ont éclairé sur cette grave question, mais que ce sont des hommes éminents en vertu, en science et en probité; des chanoines tel que Antonio Nicolas, procureur général des Affaires étrangères d'Espagne à Rome; des prélats tel que Mgr Angelo Sanguineti; des religieux tel que le P. Spotorno, supérieur général des Barnabites; des évêques tels que Mgr de Las Casas, évêque de Chiappa et Mgr Giustiniani, évêque de Nebbio, en Corse.

Ce sont enfin les parents même de Christophe Colomb, c'est-à-dire, ainsi que nous l'avons dit, ses dignes et illustres descendants du Portugal et d'Espagne sans compter nombre d'historiens catholiques, honorables et compétents.

Voilà donc quels ont été nos guides et nos inspirateurs; guides sûrs, éclairés, compétents, de bonne foi, et nous ajoutons désintéressés; car quel intérêt NN. SS. Giustiniani, Sanguinetti et le R. P. Spotorno, tous trois Génois, auraient-ils eu à faire passer Don Fernand pour bâtard, s'il était réellement un fils légitime? Aucun, assurément. Il est évident que leur patriotisme aurait été flatté de constater le contraire; et la religion et la morale dont ils étaient les ministres en eussent retiré quelque éclat ou tout au moins n'en auraient pas été froissées.

Si nous avons rencontré sur notre chemin des savants et des critiques de valeur qui, en présence des documents matériels irrécusables, ont adopté cette opinion, il est certain que nous avons recueilli leur témoignage sans leur demander leur profession de foi religieuse, politique et sociale. Qu'y a-t-il dans notre conduite de triste et de scandaleux? Nous ne le voyons guère; c'est un scandale pharisaïque *acceptum sed non datum.*

Comme on le voit, cette objection, qui confond à dessein le naturel et le surnaturel, la raison et la foi, l'histoire et la religion, le sacré et le profane, se dissipe comme une vaine fumée devant les simples lumières du bon sens. C'est une injure aussi gratuite que maladroite et trop basse pour atteindre la hauteur de notre mépris.

Dans l'épître dédicatoire que Voltaire écrivait à M. Fa'kener, marchand anglais, en lui envoyant *Zaïre*, nous lisons ce qui suit : « Vous êtes Anglais, mon cher ami, et je suis né en France ; mais ceux qui aiment les arts sont tous concitoyens. Les honnêtes gens qui pensent ont à peu près les mêmes principes et ne composent qu'une république. »

Ce que Voltaire disait des arts, nous pouvons le dire encore plus de la vérité ; oui, il y a des amis de la vérité dans tous les pays, dans toutes les religions et dans tous les partis ; il n'y a ni honte ni déshonneur à les rencontrer sur son chemin, à les saluer et à leur donner une poignée de main, parce qu'ils font partie de la même patrie, de la même république, de la patrie et de la république de la vérité.

CHAPITRE II

Expiation.

Mais, nous dira-t-on, comment pouvez-vous travailler à la glorification religieuse d'un homme reconnu coupable d'une pareille défaillance?

Avant de répondre à cette objection, faisons quelques restrictions préliminaires. 1° Il est profondément regrettable que Christophe Colomb ait eu cette faiblesse; il est certain qu'il y a là un amoindrissement de son caractère, de sa dignité, de son honneur et de son prestige; il eut été assurément plus admirable et plus glorieux de voir Colomb, dont le nom rappelle la blanche colombe, symbole d'innocence et de pudeur, porter dans son cœur intact, dans ses mains innocentes et sur ses lèvres sans tache, la vérité évangélique aux nations infidèles : c'eût été le Christophore idéal; un Christ humain portant un Christ divin.

De quelle auréole son front n'aurait-il pas été environné, si sa parole ruisselante d'intégrité morale se fût faite le véhicule immaculé de la morale du Christ?

Ç'eût été un nouveau soleil éclairant par la pureté de ses rayons un monde assombri; un baume exquis parfumant, de ses suaves senteurs, un monde corrompu; un fleuve, aux eaux limpides, assainissant un terrain marécageux!

Ç'eût été une autre Marie portant Jésus à travers les

plaines et les montagnes d'un monde qui l'ignorait et qui attendait cependant sa venue.

Dieu n'a pas permis qu'il en fût ainsi : il a préféré que ce fût un pécheur qui soit chargé de cette mission, de même qu'il n'a pas choisi des anges ni des hommes parfaits, mais de simples mortels, de pauvres pêcheurs pour prêcher l'Évangile au monde. Il y a là comme une secrète industrie et un miséricordieux encouragement de sa part pour solliciter effectivement les pécheurs à embrasser un culte et une morale qui sauraient compatir à leurs faiblesses puisqu'il en avait confié la propagation à des instruments faibles et imparfaits.

Notre-Seigneur ne s'est-il pas fait péché, suivant l'énergique pensée de saint Paul, pour mieux gagner à lui les pécheurs? Aussi était-il heureux, l'apôtre des gentils, de leur dire : « Nous avons un pontife qui sait compatir à nos infirmités, *habemus pontificem qui compati possit infirmitatibus nostris*; et c'est justement cette commisération affectueuse qui touchait les cœurs, les brisai tel les convertissait.

2° Il est de notre devoir de flétrir et de stigmatiser la faute dont notre héros s'est rendu coupable.

La loi naturelle, la morale évangélique et notre sainte religion la condament et la réprouvent; comme l'Esprit-Saint, nous devons donc nous écrier : « J'ai haï l'iniquité et je l'ai eue en abomination, *Iniquitatem odio habui et abominatus sum*[1]. »

Oui, le mal est toujours le mal, le péché est toujours le péché, quelle que soit la qualité, la condition sociale ou la dignité de celui qui s'en est rendu coupable; et nous ne serions pas prêtre si nous n'osions pas en reconnaître la malice ou en blâmer la perpétration; la réprobation du mal moral est un sentiment qui doit marcher de pair avec l'a-

____

1. Ps. CXVIII, 163.

mour du bien et qui ne peut trouver d'excuse ni dans le
lien de l'amitié, ni dans la voix du sang, ni dans les splendeurs de la sainteté et de la religion. Ces réserves et ces déclarations faites, sur un moment d'oubli de Christophe
Colomb, nous n'en continuerons pas moins à travailler à sa
glorification chrétienne; la miséricorde de Dieu et la conduite de l'Église nous y autorisent et même nous y engagent
du moment que nous démontrerons que notre héros a expié
et lavé sa faute dans les larmes du repentir et dans les aus-
térités de la pénitence.

Qui est-ce qui pourra raconter les miséricordes du Seigneur,
s'écriait autrefois son prophète? *Misericordias Domini, quis
enarrabit*[1]? N'est-il pas. notre Dieu, appelé le Dieu de la
miséricorde, *Deus misericordiæ*[2]?

Ne l'entendons-nous pas nous dire lui-même que « nos
péchés seraient-ils comme l'écarlate et rouges comme le
vermillon, ils deviendront blancs comme la neige et comme
la laine la plus blanche si nous allons nous prosterner devant
lui? *Et venite et arguite me dicit Dominus; si fuerint peccata
vestra ut coccinum, quasi nix dealbabuntur; et si fuerint ru-
bra quasi vermiculus, velut lana alba erunt*[3] ».

Cette divine miséricorde n'était-elle pas disposée à s'exercer à l'égard des plus odieux criminels s'ils y avaient eu
sincèrement recours? N'était-elle pas disposée à pardonner
au fratricide Caïn, aux immondes sodomites, au sacrilège Na-
buchodonosor, et au déicide Judas lui-même, s'ils s'étaient
repentis et s'ils avaient fait pénitence de leurs fautes? N'a-
t-elle pas pardonné l'énorme prévarication de nos premiers
parents, l'idolâtrie des Hébreux et le crime de David?

L'Église n'a-t-elle pas placé sur les autels Marie-Made-

1. *Eccles*, xviii, 12.
2. *Exode*, xxxiv, 6.
3. Isaïe, i, 18.

leine malgré la notoriété scandaleuse de son inconduite?
Saint Augustin, malgré son fils naturel et ses deux liaisons
criminelles? Charlemagne, malgré ses quatre concubines?
Saint Guillaume d'Aquitaine, malgré le rapt de la femme
de son frère qu'il garde trois ans? La bienheureuse Marguerite de Cortone, malgré son inconduite avec un seigneur
de Monte-Pulciano? N'a-t-elle pas placé sur ses autels des
apostats, des hérétiques et des persécuteurs tels que saint
Pierre et saint Paul, crimes spirituels qui, au dire de tous
les théologiens, sont plus grands que les péchés charnels[1]?
Il n'y a là rien d'extraordinaire; tout, au contraire, est parfaitement naturel, logique et chrétien. Du moment que ces
grands pécheurs sont revenus à Dieu; qu'ils ont regretté
leurs fautes dans l'amertume de leur cœur et qu'ils les ont
expiés dans les rigueurs de la pénitence; du moment, en un
mot, que leur âme est devenue blanche comme la laine et
brillante comme la neige, l'Église, tenant compte de leurs
vertus héroïques, n'a pas craint de leur décerner les honneurs
de la canonisation ou de la béatification.

Eh bien! pour en revenir au sujet qui nous occupe, le
premier point qui nous incombe d'établir, pour rendre
Christophe Colomb digne d'attirer l'attention de l'Église,
c'est de prouver qu'il a été un grand pénitent.

Grâce à Dieu, nous n'aurons pas grand'peine à démontrer
cette vérité, et si Notre-Seigneur nous apprend que la conversion d'un pécheur apporte au Ciel plus de joie que la persévérance de quatre vingt-dix-neuf justes, nous avons lieu
de croire que la joie du Ciel et de la terre sera immense
quand nous aurons prouvé que la conversion sincère, le repentir profond et la pénitence prolongée de notre héros ont
fait oublier la faiblesse d'un moment.

---

1. Peccata spiritualia sunt majoris culpæ quam peccata carnalia.
Saint Thomas, 2, 2, 9, LXXIII, art. V.

Nous trouvons les éléments de cette expiation, dans l'aveu
humiliant de sa faute; dans le silence résigné et chrétien
avec lequel il a accepté les nombreuses et terribles épreuve
dont il a été accablé; dans les mortification qu'il s'est généreusement imposées; enfin dans l'appel touchant qu'il fait
à toutes les créatures pour pleurer sur ses péchés.

I

Aveu.

Et d'abord, avons-nous dit, nous trouvons un élément de
son expiation dans l'aveu humiliant de ses fautes; sans parler de la confession hebdomadaire[1] qu'il s'était pieusement
imposée, il a senti l'impérieux besoin de faire l'aveu public
de ses fautes : « Je suis, dit-il, un très grand pécheur ».
Remarquons l'éloquence de l'aveu; il ne se contente pas de
se dire un pécheur ordinaire, ni un grand pécheur, mais un
très grand pécheur, *yo son peccador gravissimo*[2]. Il s'agit
d'une faute si grande, si énorme, qu'il lui est impossible de
la garder sur la conscience et qu'il ne pourrait expier tout seul
avec ses pénitences, ses prières, ses bonnes œuvres et ses
larmes; il lui faut absolument la pitié et la miséricorde de
Dieu; *la piedad y misericordia de Nuestro Señor sempre
que yo nellamado por ellas;* » c'est elles qu'il implore, c'est
en elles qu'il espère, c'est d'elles que doit lui venir le pardon;
ce pardon qui lui apporte la paix du cœur, la tranquillité de
l'âme. la plus grande, la plus douce, la plus suave consolation, *consolacion suavissima.*

1. Las Casas.
2. Yo son peccador gravissimo : la piedad y misericordia de
Nuestro Señor sempre que yo ne llamado por ellas un han cobier-

Cet aveu public ne suffit pas à son cœur repentant. Il a besoin de se dire à lui-même et souvent l'énormité de sa faute; et alors, comme David qui avait toujours son péché sous les yeux pour le regretter, *peccatum meum contra me est semper*, Christophe Colomb, pour mieux s'exciter au repentir du sien et s'en inspirer une sainte horreur, se met à paraphraser, en six strophes empreintes d'une émotion communicative, cette grave maxime catholique : Souvenez-vous de vos fins dernières et vous ne pécherez jamais; *memorare novissima tua et in æternum non peccabis* (*Documents dipl.*).

Nous ne pouvons résister au plaisir de citer cette page où l'horreur du péché, la crainte de Dieu et la terreur des châtiments éternels sont décrits dans un langage éloquent et pathétique.

I. *Memorare*. Qui que tu sois, ô homme, si tu veux régner avec Dieu aies toujours devant ta pensée, sa présence et son commandement; alors tu travailleras en pleine connaissance : car forcément tu dois mourir, et, au moment de partir pour le grand voyage, tu trouveras le chemin aplani.

II. *Novissima*. Ainsi agirent toujours les saints; ils abandonnèrent le monde et ils servirent le Christ. Endurant les tribulations, et abandonnant les affections charnelles, tu dois humblement maîtriser tes passions.

III. *Tua*. Tu dois mettre en balance et considérer avec attention quelle est la triste fin des pécheurs et le bonheur des justes.

IV. *Et*. Tu dois aller au ciel; fortifie ta pensée et évite avec prudence les vanités de ce monde; et si tu ne veux pas être subjugué par le vice, sois toujours prêt à lui résister.

tododo; consolacion suavissima ne fallado en echar todo mi cuidalo a contemplar su maraviglioso conspetto. *Docum. dipl.*, t. II, p. 265.

V. *Non peccabis*. Si tu pensais à la douleur de ceux qui meurent, à l'anxiété et à la terreur du pécheur, tu verrais avec satisfaction la patience du juste en le voyant sortir victorieux de tant de maux.

VI. *In æternum*. Ceux qui embrassent le bien jouiront éternellement, et ceux qui aiment le mal pleureront et brûleront sans cesse; et puisqu'ils se plurent toujours dans le monde et dans ses jouissances, ils seront aussi pour toujours privés des éternelles délices [1] ».

1.

I

Memorare. Con grand tiento,
O hombre, cualquier qui seas,
Tener siempre en pensamiento
A Dios y su mandamiento
Si con el reinar deseas
Para mientes que provea,
Pues neccsario es morir,
Queu el tiempo del partir
El camino llano veas.

II

Novissima. Proveyeron
Siempre los sanctos varones :
Del mundo se suspendieron,
A Cristo siempre sirvieron
Sufriendo tribulaciones,
Dejando las afecciones
Carnales de vanidad :
Debeste con humildad
Refrenar de tus pasiones.

III

Tua. Con consideranza
Debes muy mucho mirar,
Y en qué fin van à parar
Los males y su pujanza ;
Y la bienaventuranza
Que los justos alcanzaron
Su deuda cnigual balanza.

IV

El. Tu debes resurtir
Tu pensamiento en el Cielo,
Y de las cosas del suelo
Con grand prudencia huir ;
Y non quieras consentir
Ser del vicio subyugado,
Siempre seas avisado
A sabelle resistir

V

Non peccabis. Si el dolor
De los que murenpensares,
Y la fatiga y terror
Que padesce el pecador
Contigo bien contemplares :
La paciencia que ternà
El justo cuando verà
Que sale de tantos males.

VI

In æternum. Gozaran
Los que lo bueno abrazeron
Y asimismo lloraran
Porque continuo arderan
Los que la malicia amaron :
Y pues siempre se agradaron
Del mundo y de sus cudicias,
De las eternas divicias
Para siempre se privaron.

(*Docum* CXL, p. 270.)

Quels sentiments repentants! quelle haine du péché! quelles aspirations vers le Ciel! Comme on sent, dans ces paroles, le besoin impérieux de détester le mal, de le réparer et de satisfaire à la justice divine!

Comme on le voit, cette âme blessée, sentant toute la gravité de sa faute, l'immensité de l'offense qu'il avait faite à Dieu, le scandale qu'il avait pu donner et le tort qu'il a fait à une jeune innocente, ne peut plus garder son péché dans le secret du confessionnal; il veut que tout le monde le connaisse, ses enfants, ses frères, ses amis, ses ennemis; il veut que l'histoire l'enregistre espérant trouver dans cette humiliation volontaire une expiation et un pardon.

Cet aveu peut lui faire perdre l'estime, la confiance, la considération et l'amitié dont il jouit dans l'esprit et le cœur des rois catholiques, ses protecteurs; des religieux, ses amis; des officiers attachés à sa personne, en un mot de tous ceux dont le concours lui est si utile et parfois si nécessaire: n'importe, il se résigne à tout perdre du côté des hommes pour garder la paix de sa conscience et pour rentrer en grâce avec son Dieu. Et que lui fait la perte de la vice-royauté de la terre, s'il est sûr d'obtenir un trône au Ciel! Voilà bien le grand chrétien repentant qui sacrifie tout au salut de son âme, à l'édification du prochain, à l'honneur de la religion et à la gloire de Dieu!

Quelle élévation de sentiment dans cet aveu! quelle générosité énergique et quelle confiance sublime dans l'opinion des hommes et dans la miséricorde de Dieu! Ne trouvons-nous pas, dans cette confession publique, le digne pendant des confessions de David et d'Augustin?

Premier élément d'expiation que nous trouvons dans la proclamation courageuse de sa faute, au risque de devenir un objet de blâme, de honte et de dérision, au risque de perdre sa considération et de se voir atteint dans ses intérêts temporels.

II

Résignation.

Le premier pas de Christophe Colomb dans la voie de l'expiation était assurément bien pénible, bien dur, bien humiliant pour son amour propre. Il en est un second qui nécessite une immense force de caractère pour comprimer, dompter et terrasser les instincts les plus susceptibles, les plus délicats, nous allions dire les plus légitimes de la nature; accepter les dérisions, les moqueries et les insultes imméritées, et se taire; souffrir les calomnies, les injustices, et les trahisons, et se taire; essuyer les plus rigoureuses inclémences des éléments déchaînés, et se taire; être torturé par la maladie et les infirmités, et se taire; en un mot accepter les plus cruelles épreuves sans plaintes, sans murmures et sans récriminations : garder au milieu de ces afflictions déchirantes un silence résigné, patient, chrétien, n'est-ce pas là une des formes les plus méritoires de l'expiation, la mortification la plus coûteuse pour la nature, la pénitence la plus capable de satisfaire à la justice divine?

C'est le silence sublime qu'a pratiqué Notre-Seigneur au milieu de sa cruelle Passion, lui, qui s'est laissé crucifier comme un agneau se laisse immoler, sans proférer la moindre plainte, *sicut ovis ad occisionem ducetur : et quasi agnus coram tondente se obmutescet et non aperiet os suum*[1].

C'est ce silence qu'ont pratiqué les martyrs au milieu de leurs tortures qui semblaient avoir pris pour devise ces deux mots *pati et tacere*, « souffrir et se taire ». Eh bien! Christophe Colomb, malgré la vivacité de sa nature et la violence de son tempérament génois, a toujours su, au milieu des plus terribles épreuves qu'aucun mortel ait subies, comprimer

______
1. Isaïe, LIII, 7 ; Saint Mathieu, XXVI, 63.

son indignation, enchaîner sa langue, mettre comme un frein à ses lèvres ; il a toujours su rester calme et silencieux. Celui qui avait dompté l'impétuosité des flots soulevés, adouci la férocité des sauvages et mis à la raison des équipages en rébellion, celui-là avait commencé par se vaincre lui-même et par accepter sans mot dire tous les revers amoncelés sur sa tête ; et ce qui lui commandait ce silence, c'était justement un sentiment supérieur ; un sentiment d'expiation et de pénitence, un sentiment de repentir et d'humilité.

Pour mieux nous rendre compte de cette excellente disposition d'âme de Christophe Colomb, il est nécessaire de l'étudier dans les diverses épreuves par lesquelles il a plu à Dieu de faire passer ce nouveau Job. Ces épreuves, nous les trouvons dans ses contradicteurs, dans ses ennemis, dans les éléments, dans ses maladies et sa pauvreté.

Et d'abord ses contradicteurs. Pour rester strictement dans les limites de notre sujet, nous ne parlerons que des contradicteurs auxquels il eut affaire depuis sa liaison avec Béatrix Enriquez. En tête de ces contradicteurs, nous trouvons le roi Ferdinand le Catholique. Espérant le gagner à sa cause, il lui écrivit la lettre qu'on va lire.

« Sérénissime Prince,

« Je navigue dès ma jeunesse. Il y a près de quarante ans que je cours les mers. J'en ai visité tous les parages connus, et j'ai conversé avec un grand nombre d'hommes savants, avec des ecclésiastiques, des séculiers, des Latins, des Grecs, des Maures et des personnes de toutes les religions. J'ai acquis quelques connaissances dans la navigation, dans l'astronomie et la géométrie. Je suis assez expert pour dessiner la carte du monde et placer les villes, les rivières et les montagnes aux lieux où elles sont situées. Je me suis appliqué aux livres de cosmographie, d'histoire et de philosophie. Je me suis présentement porté à entreprendre la découverte

des Indes; et je viens à Votre Altesse pour la supplier de
favoriser mon entreprise. Je ne doute pas que ceux qui l'ap-
prendront ne s'en moquent; mais si Votre Altesse veut me
donner les moyens de l'exécuter, quelques obstacles qu'on
y trouve, j'espère la faire réussir [1]. »

Eh bien ! cette lettre si digne et si sensée ne reçut d'autre
réponse que le silence; ainsi que son auteur l'avait prévu,
le roi a dû s'en moquer avec les courtisans qui en avaient
pris connaissance. Cette indifférence n'arracha à Christophe
Colomb ni un murmure ni un blâme. Malgré la certitude de
ses intuitions et l'espoir fondé de ses découvertes, il garde
le silence, il espère et il prie jusqu'à ce que, grâce à la puissante intervention du nonce apostolique, Mgr Antonio Geraldi-
dini et de Don Pedro Gonzalez de Mendoza, grand cardinal
d'Espagne et grand chancelier de Castille, il pût obtenir du
roi que son projet fût examiné par une junte de savants; ce
qui nous met en présence de nouveaux contradicteurs.
Réunie dans la docte ville de Salamanque, dans le couvent
des Dominicains, sous la présidence de Fernando de Talavera,
prieur de Prado, qui s'était adjoint comme vice-président le
docteur Rodrigo Maldonato de Talavera, régidor de la célèbre
université ; composée des premiers professeurs d'astronomie
et de cosmographie, et des principaux géographes et physi-
ciens de l'Espagne; ayant pour auditoire des personnages
éminents, tels que le nonce apostolique Mgr Barthélemy
Scandiano, l'ex-nonce Mgr Geraldini, Didau Muro doyen de
Compostelle, le fameux professeur Guttierez de Tolède, Villa
Sandino, premier professeur de droit ecclésiastique, le ma-
thématicien Juan Scriba, le docteur Gaspar Torella qui a
eu l'honneur de soigner deux papes, et F. Diego de Deza le
premier professeur de théologie du collège de Saint-Étienne,
la savante assemblée, disons-nous, mal impressionnée et

______

1. *Historie de Don Fernando*, ch. IV.

circonvenue par l'opinion déjà connue du président et du vice-président son parent, qui étaient opposés aux idées de Christophe Colomb, non seulement elle condamnait à l'unanimité son projet comme chimérique et impraticable, « mais elle osait s'attaquer à sa personne et à sa science théologique en le traitant d'orgueilleux, de Génois et en laissant croire que les théories de cet étranger constituaient une innovation dangereuse, couvant peut-être quelque hérésie[1] ».

Eh bien ! Christophe Colomb, qui n'emporta de cette junte fameuse que l'agréable souvenir de la généreuse hospitalité que lui offrirent les Dominicains de Saint-Étienne et l'appui scientifique qu'un des leurs, Diego de Deza, lui prêta dans ses savantes polémiques, loin de s'irriter contre les conclusions de ce congrès, loin d'accuser ses membres d'ignorance, de prévention ou de jalousie ; loin de se laisser aller à des plaintes stériles et à des imprécations haineuses, courbe le front, s'impose le plus grand silence, acceptant cette nouvelle humiliation en expiation de sa faute.

Assurément, il exposa son projet avec une grande dignité, une remarquable élévation et une érudition peu commune ; son éloquence, servie par une voix sonore, empruntait à la sincérité de ses convictions, à la lucidité de ses preuves, au charme qu'il savait tirer des textes sacrés, des écrits des savants, de l'expérience et de la nautique, une force de persuasion telle qu'il n'avait pas besoin de recourir à la vivacité pour se concilier la sympathie. Soit qu'il discutât les arguments de ses contradicteurs, soit qu'il résolût leurs objections ; soit qu'il leur fît sentir leur erreur, avec l'ardeur, le zèle de l'apôtre et l'émotion du savant, il ne se permit jamais aucune allusion personnelle, aucune attaque blessante, et toujours il se maintint sur le terrain du calme, de la modération et de la courtoisie. S'il pouvait se dire en lui-même, en pensant

<hr>

1. Roselly de Lorgues.

à l'incompétence et aux insultes de ses contradicteurs, ce que
Notre-Seigneur disait de ses bourreaux, « *nesciunt quid fa-
ciunt*, ils ignorent ce qu'ils font », jamais aucune parole ni
dans ses conversations, ni dans ses écrits, ne traduisit à l'extérieur cette pénible impression de son âme.

Et cependant qu'il a dû souffrir cet homme, se voyant si
versé et si compétent dans sa science professionnelle, si ex-
périmenté dans ses excursions maritimes, se sentant divine-
ment inspiré pour entreprendre un voyage dont il répondait
du succès ; qu'il a dû souffrir en venant s'échouer devant
des hommes prévenus, devant des théologiens plutôt que des
savants, devant des professeurs qui enseignaient que la terre
était le corps le plus vaste de la création matérielle, qu'elle
formait un cercle aplati ou un quadrilatère immense borné
par les eaux et que le soleil tournait autour de cette planète
qu'ils considéraient comme le centre fixe de l'univers !

Eh bien ! ces souffrances il les a gardées dans son cœur, trop
heureux de les faire servir à l'expiation de sa faute. Après ses
contradicteurs, viennent ses ennemis ; les frères Pinzon, les
officiers, les maîtres et les équipages des trois caravelles
qu'il avait amenés dans son premier voyage ; après soixante-
neuf jours de course à travers la *mer Ténébreuse*, ainsi qu'on
l'appelait à cette époque ; après des tempêtes essuyées, des
naufrages évités, et des espérances chaque jour renouvelées et
chaque jour déçues ; après avoir passé par toutes les transes
de la souffrance, les horreurs de la faim et les ardeurs de la
soif, ces hommes, dont le cœur se reportait vers la patrie
absente, vers leur mère, leur femme et leurs enfants ; exténués de fatigue, à bout de ressources, se voyant à tout instant la proie des flots courroucés sur de frêles caravelles ; ces
hommes, disons-nous, se désespèrent et n'ont plus confiance
en leur chef ; aux gémissements et aux murmures individuels
et isolés succèdent des colloques, des attroupements dans
lesquels grondent de sinistres projets ; on se regarde, on se

plaint, on s'excite; de sourdes et discrètes, les récriminations deviennent publiques, générales; on ne s'en cache plus; l'insubordination, la résistance aux ordres de l'amiral sont inscrites à l'ordre du jour; des paroles on en vient aux actes; on le traite d'insensé, de Génois, de *blagueur* [1]; on le maudit, on refuse d'exécuter ses commandements : un complot est organisé, il ne s'agit rien moins que de le jeter à la mer en faisant croire au public qu'il y est tombé pendant son observation des étoiles [2] : cruelles conjonctures pour notre héros! Un autre, à sa place, cédant à la violence de son caractère, aurait tonné, fulminé contre ces rebelles dont il partageait en somme les dures privations, les terribles dangers et les sombres terreurs; mais non; au lieu de s'irriter et de sévir, ainsi qu'il en avait le droit, il emploie le langage de la mansuétude et de la modération, de la longanimité et de la persuasion; il supporte tout en patience; c'est à peine s'il leur dit « que leurs plaintes ne serviraient à rien; qu'il était parti pour se rendre aux Indes, et qu'il entendait poursuivre son voyage jusqu'à ce qu'il les trouvât par l'assistance de Notre-Seigneur [3] ». Il leur garde si peu rancune de leurs criminelles tentatives, qu'il n'en fait nulle mention dans son *Journal* de bord; ce n'est que quelques mois après qu'il écrit « que le Dieu Éternel lui avait donné la force et la magnanimité dont il avait besoin et l'avait soutenu seul contre son équipage et ses matelots qui avaient tous résolu d'un commun accord à s'en retourner [4]. »

1. Dandogli del genovese, truffatore ebeffatore. Benzoni, *La historia del mondo nuovo*, li. I., p. 14.

2. Potrebbono accortamente gittarlo in mar publicar poi, che volendo egli riguardar le stelle et segni, viera caduto inavvertimente. Fern. Colomb, *Hist.*, ch. xix.

3. Y añadia que por demas era quejar pues que el habia venido á las Indias, y que asi lo habia de proseguir hasta hallarlas con el ayda de Nuestro Senor. (*Journal de bord*, mercoles 10 de octubre.)

4. Los ciales todos á una voz estaban determinados de se volver

Après ses ennemis, qui étaient en somme ses compagnons de voyage et ses subordonnés, nous allons voir l'infortuné navigateur aux prises avec des ennemis excités, non pas comme les premiers par les fatigues et les privations, les déceptions et les dangers de la mort, mais par des sentiments plus bas, plus infâmes et plus odieux ; le dépit, la jalousie et l'envie.

De retour de son premier voyage, après avoir échappé à de violentes tempêtes, Christophe Colomb est obligé d'aborder en Portugal. Après bien des hésitations, des tergiversations et des difficultés mesquines de la part de Barthélemy Diaz, officier de l'amirauté portugaise, il obtint de mouiller dans le Tage. Le bruit de la découverte d'un nouveau monde par un navire qui mouillait dans les eaux portugaises se répandit comme une traînée de poudre à Lisbonne. Le peuple, les notables et les grands de la cour et du royaume, vivement intrigués, accoururent à la caravelle pour voir l'illustre découvreur et entendre ses récits. Le roi Jean II, lui-même, fit prier Christophe Colomb d'aller le voir dans sa charmante habitation du Val-Paradis : il lui fit une réception digne d'un prince du sang et le combla des plus gracieuses attentions. Malgré cela, en présence d'un résultat qui apportait à l'Espagne un si considérable développement, le roi, visiblement contrarié de n'avoir pas donné lui-même suite aux propositions que lui avait faites le hardi Génois ; croyant que l'intrépide navigateur avait empiété sur les droits du Portugal garantis par la bulle pontificale obtenue par l'infant Don Henri, réunit immédiatement son conseil auquel il exposa ses doutes et son mécontentement.

Toujours disposés à favoriser les rancunes de leur maître, les courtisans, insinuant que Christophe Colomb n'était dé-

---

y alzarse haciendo contra él protestaciones, y el eterno Dios le dió esfuerzo y valor contra todos. » (Truxes, 14 de hebrero.)

barqué en Portugal que pour narguer le roi ; que sa découverte allait donner à l'Espagne sa rivale, une puissance qui constituait un danger permanent, opinèrent qu'il fallait dérober la connaissance de ses découvertes en le mettant à mort, avant de le laisser partir pour la Castille [1]. Jean de Barros, surnommé le père de l'histoire portugaise, affirme même que quelques gentilshommes s'offrirent pour perpétrer cet abominable assassinat [2].

Heureusement, le roi qui joignait à ses sentiments profondément chrétiens un amour éclairé pour la science nautique et une réelle admiration pour son hôte, s'opposa à cet inique projet, ordonna qu'on traitât Christophe Colomb avec les plus grands égards, le combla de présents et il lui offrit une mule de ses écuries et même, s'il voulait rentrer par terre en Espagne, il donna ordre pour qu'on le défrayât de toutes ses dépenses de route [3].

1. Que muriesse Colon autes que passasse à Gastilla-Vasconscellos, *vita y acciones del rey don Juan*, el II, l. VI, fol. 293-294.

2. Offereceram-se delles que o queriam matar, etc... Joa de Barros *Da Asia*, decada I, l. III, cap. xi, p. 246.

3. Quoique le Portugal comme gouvernement ait refusé, soit par sceptiscisme, soit par manque de ressources, soit parce qu'il était à cette époque occupé à découvrir les côtes d'Afrique et de la mer Océane, d'écouter Christophe Colomb, ou du moins de prendre au sérieux son projet, il est cependant juste de reconnaître que son passage dans ce pays n'a pas été sans influence sur l'esprit du navigateur.

Il est un fait certain que les Portugais, comme les Génois, brûlaient aux xive et xve siècles de la fièvre des voyages ; ce fut vraisemblablement cette parenté de goûts nautiques qui l'attira vers le Portugal. Les indications nombreuses découvertes en Portugal soit dans les bibliothèques, soit dans les cartes de son beaupère, soit dans les entretiens avec des marins n'ont pas peu contribué à mûrir et à fortifier son projet. Ne savons-nous pas que, sur l'ordre de Jean II, il eut des conférences avec deux médecins juifs, Calcadilla et Joseph Rodrigo, fort versés dans la cosmo-

Eh bien! le grand chrétien, qui avait connu les perfides desseins du conseil royal, ne formula jamais le moindre ressentiment contre leurs auteurs, n'en fit même jamais mention dans ses écrits; il subit en silence cette nouvelle épreuve, heureux de cette nouvelle affliction qui lui permettait d'y trouver une expiatoire humiliation.

Nous n'en avons pas fini avec les ennemis de Christophe Colomb. Ici, c'est Bernard Diaz, lieutenant des payeurs généraux, qui, après un rapport basé sur de faux témoignages, forme un complot contre l'amiral et décide sa perte : Christophe Colomb évente la conspiration; et, au lieu de lui infliger, ainsi qu'à ses complices, le châtiment qu'ils méritaient, il

graphie? Ne savons-nous pas que ce fut de Lisbonne qu'il écrivit au savant abbé Paolo Toscanelli pour connaître son sentiment sur ses projets? Cette influence nous est d'ailleurs attestée par le docte Antoine Ribeiro dos Santos qui affirme que les Portugais ont fourni l'occasion de la découverte du Nouveau-Monde, *occasião do mesmo descobrimento do Novo Mundo* (*Memor. Hist. sobre vlg. Mathe. Portug.*, cap. v, p. 177 cité par Peragallo). Il y a un autre historien non suspect; celui-ci, Mgr Ginstiniani, qui nous dit que Barthélemy Colomb, qui naviguait fréquemment avec des Portugais, avait appris de leur bouche beaucoup de choses qu'il confrontait avec ce qu'il avait appris lui-même dans les cartes et chez les cosmographes; qu'à la suite de ces conversations et de ces études, il s'était persuadé qu'en suivant telle route, il serait possible, après quelques mois de navigation, de découvrir ou quelque île ou les derniers continents des Indes. Cum quibus (c.-à-d. les navigateurs portugais) is (Barthélémy) pluries sermone ferens quæque abeis acceperat conferens cum his que et in sui ipse jam dudum fuerat meditatus picturis, et legerat apud cosmographos, tandem venerat in opinionem posse omnino fieri ut qui ethiopum ad libicum vergentium littora linques, rectus dirigat inter zephirum et libicum navigatione, paucis mensibus, ant insulam aliquam, ant ultimas indorum continentes terras assequeretur. Psalterium, p. 3, ch. iv. Honneur donc au catholique royaume du Portugal qui mérite d'occuper une place à part dans les fêtes du quatrième centenaire de la découverte.

se conduisit, d'après la remarque de Washington Irving, avec beaucoup de modération et préféra la clémence à la rigueur [1].

Là, c'est Juan Aguado, commissaire royal, obligé et protégé de Christophe Colomb. Pour perdre son ancien protecteur, il informe contre lui, ramassant, dit Roselly de Lorgues, les témoignages de la lie des colons, des paresseux, des lâches et des soldats mécontents des corvées, refusant de travailler aux édifices publics [2]. Loin de se plaindre des procédés inconvenants du commissaire royal contre son frère et contre lui-même; loin même d'accuser ce délégué infidèle auprès des rois catholiques, l'amiral souffre tout en silence et en patience, se contentant d'exposer à Leurs Altesses la situation vraie de la colonie.

Ailleurs, c'est François Roldan, un ancien serviteur de l'amiral, qu'il avait élevé à la dignité de grand juge de la colonie haïtienne. Esprit fourbe, intrigant, audacieux, exploitant le mécontentement des uns, la jalousie ou la cupidité des autres, Roldan rêvait de devenir gouverneur de la nouvelle conquête de son illustre maître qu'il voulait supplanter. Foulant aux pieds tout sentiment d'amitié, de reconnaissance et de justice, après s'être assuré le concours de deux hommes tarés, Diego de Escobar et Pedro Riquelme, il fomente une insurrection parmi les Européens et parmi les indigènes. Tout ce que l'insolence a de plus humiliant, et l'audace de plus hardi, il l'emploie contre son ancien protecteur. Propos blessants, conditions inacceptables, refus hautains, rien ne fut négligé pour abreuver d'amertume le cœur sensible de l'amiral. Pour toute réponse, pour tout blâme à une conduite aussi odieuse, Christophe Colomb trouve dans son âme chré-

<hr>

1. *Histoire de la vie et des voyages de Christophe Colomb*, t. VI, ch. VIII.

2. *Christophe Colomb*, t. I, p. 541.

tienne assez de calme, de douceur et de magnanimité pour écrire à ce misérable la lettre que l'on va lire :

« Cher ami, mon premier soin en arrivant dans cette capitale, après avoir embrassé mon frère, fut de demander de vos nouvelles. Vous ne sauriez douter qu'après ma famille, vous n'ayez depuis longtemps occupé la principale place dans mon cœur... Jugez par là de ma douleur en apprenant que vous étiez brouillé avec les personnes du monde qui me touchent de plus près et me doivent être les plus chères. On me consola néanmoins en me disant que vous attendiez mon retour avec ardeur. Je me flattais que vos premiers sentiments à mon égard n'étaient point changés, et je m'attendais qu'aussitôt que vous sauriez mon arrivée, vous ne tarderiez pas à vous rendre auprès de moi ; ne vous voyant pas paraître et croyant que vous appréhendiez quelque ressentiment de ma part, je vous ai envoyé Ballester pour vous donner toutes les assurances que vous pouviez désirer. Le peu de succès de cette démarche a mis le comble à mon chagrin. Et d'où vous peuvent donc venir les défiances que vous témoignez envers moi ? Enfin, vous m'avez demandé Carjaval, je vous l'envoie ; ouvrez-lui votre cœur et marquez-lui ce que je puis faire pour regagner votre confiance. Mais au nom de Dieu, songez à ce que devez à la patrie, aux rois nos souverains seigneurs, à Dieu, à vous-même ; prenez soin de votre réputation et jugez plus sainement de toutes choses que vous n'avez fait par le passé ; considérez avec attention l'abîme que vous creusez sous vos pieds et ne persistez pas plus longtemps dans une résolution désespérée. Je vous ai présenté à Leurs Altesses comme un homme de la colonie sur qui elles pouvaient plus sûrement compter ; il y va de mon honneur et du vôtre qu'un témoignage si avantageux ne soit pas démenti par votre conduite. Hâtez-vous donc de vous remontrer tel que je vous ai autrefois connu. J'arrête les navires qui sont tout prêts à partir dans l'espoir que, par une prompte et parfaite soumission, vous me mettrez en liberté de confirmer ce que j'ai dit de vous. Je prie le Seigneur qu'il vous ait en sa sainte garde[1] ».

Quel langage touchant ! Quel ton d'indulgence et de paternité ! Là ne s'arrête pas la patiente mansuétude de l'amiral à l'égard du traître et de ses partisans. Il signe un traité dans lequel il est stipulé : 1° que Roldan et ses partisans s'embarqueraient pour l'Espagne ; 2° qu'il leur serait délivré un certificat attestant qu'ils avaient bien servi et un mandat pour toucher l'arriéré de leur solde ; 3° qu'on leur restituerait certaines propriétés mises sous le séquestre, entre autres à Roldan un troupeau de trois cent cinquante têtes de porcs, etc. ; 4° qu'on leur accorderait à chacun, pour les servir, quelques indiens, qu'ils pourraient conduire en Castille, si ceux-ci consentaient à les suivre, avec faculté d'emmener de préférence les femmes indiennes qu'ils avaient rendu mères ou qui allaient le devenir.

La patience, le pardon des injures et la bonté de l'amiral vont encore plus loin. Imitant l'exemple du Bon Pasteur qui va à la recherche de la brebis égarée, Christophe Colomb, malgré sa situation, son rang et sa dignité, va au-devant du serviteur ingrat et rebelle qui l'accueille avec une insolente fierté et l'oblige à signer un traité outrageant.

« Le cœur, dit justement Roselly de Lorgues, se soulève au récit de ces outrages. La tristesse égale l'indignation quand on voit le révélateur du Nouveau-Monde, ce héros chrétien, obligé de contester et de débattre avec de pareils misérables ; réduit à accepter les conditions d'un serviteur atrocement ingrat et menacé dans son pouvoir et son existence par des hildagos dévergondés, des soldats ennemis de la discipline, des ouvriers fainéants, des réclusionnaires auxquels il avait procuré le facile moyen de devoir à eux-mêmes leur réhabilitation. »

1. Roselly de Lorgues, *Christophe Colomb*, t. II, p. 58.

Ce n'est pas tout encore : la liste des ennemis de Christophe Colomb n'est pas close. Il y en a un qui prime tous les autres, et qui a mis le comble à la noirceur par le nombre des mensonges, la gravité des calomnies, l'âpreté des convoitises, la violence, la grossièreté et la cruauté de ses procédés ; nous avons nommé François de Bobadilla.

A la suite des tristes événements qui ont marqué le funeste passage de Roldan à l'Espagnole et des accusations mensongères formulées contre l'administration de l'amiral, celui-ci, pour donner satisfaction à Leurs Altesses circonvenues par des conseillers haineux, ainsi que pour l'acquit de sa conscience, demanda qu'on envoyât dans la colonie un magistrat éclairé pour y rendre la justice et informer contre les rebelles. Le commandeur Bobadilla qui jouissait d'un grand crédit à la cour, fut choisi à cet effet, c'est-à-dire qu'au lieu d'être nommé juge supérieur de l'Ile, il ne reçut que la commission d'informer sur les troubles qui y avaient éclaté ; de procéder contre ceux qui s'étaient révoltés contre l'amiral, et de les juger avec toute la rigueur des lois. Au moyen d'intrigues et d'influences adroitement mises en œuvre, il fut même convenu qu'au cas où l'administration de l'amiral aurait été reconnue défectueuse, Bobadilla aurait tout pouvoir pour le remplacer.

Le lundi 22 août 1699, les caravelles qui portaient Bobadilla et sa suite firent leur entrée dans le port de Saint-Domingue. Après avoir fait lire par le notaire royal, devant la foule assemblée, curieuse et inquiète, les lettres qui l'investissaient de pouvoirs discrétionnaires, il se dirigea vers la maison du vice-amiral. « Il prit possession de tout son mobilier, cadeau personnel de la reine. Il s'empara de sa vaisselle, de son linge, de ses chevaux, de ses armes, de ses vêtements, de ses perles, de ses pierreries ; prit tout le numéraire, tout l'or en gangue et en lingots qu'il trouva ; cela sans témoin, sans vérification, sans inventaire ; fit disparaître des pépites d'or précieuses, des échantillons rares que l'amiral avait mis en réserve pour les montrer aux rois ; des grains très gros pareils à des œufs d'oie ou de poule et une chaîne d'or qui pesait jusqu'à vingt marcs. Les curiosités minéralogiques, les rares coquillages, les collections végétales qu'il avait réunies ou formées dans ses voyages, les figurines, les objets religieux qui lui avaient été donnés devinrent la proie de cet ignorant brutal et cupide. Les remarques de notes de Colomb, les observations de sa sagacité, les aperceptions de son génie, ses cartes, ses dessins, ses notes scientifiques, les épanchements de sa piété, les plus intimes confidences de ce cœur sublime furent fouillées et souillées par le regard de ce sycophante. Il confisqua, comme une dépouille légitime du génie et supprima des dossiers administratifs, toutes les pièces qui eussent confondu les accusateurs de l'amiral [1] ».

Ce n'est pas tout ; ayant envoyé à Bonao, où se trouvait l'amiral, un alcade pour y proclamer sa déchéance, Bobadilla le fit arrêter et jeter en prison, les fers aux pieds.

Moins que sommairement vêtu, presque nu, *desnuedo en cuerpo*, le malheureux prisonnier, qui souffrait terriblement des rhumatismes et de la goutte, souffrit plus durement encore du froid de la nuit. Ignorant de quel crime on l'accusait, il avait de tristes pressentiments et il ne douta pas qu'on vînt l'assassiner sans autre forme de procès. Il ne retrouva un peu de calme que lorsqu'on le conduisit à bord de la *Gorda* qui devait le conduire en Espagne : « Où me conduis-tu ? » demanda-t-il à l'officier qui l'accompagnait. Celui-ci lui répondit : « Par la vie de votre seigneurie, je jure que je la mène à la caravelle pour s'embarquer ».

Voilà donc ce grand conquérant d'un Nouveau-Monde, ce grand amiral, ce vice-roi, cet homme qui a donné à son nom un lustre universel ; le voilà, disions-nous, victime de la jalousie, de l'arbitraire et de l'ingratitude ; traqué comme

1. Roselly de Lorgues, *Christophe Colomb*, t. I, p. 93.

une bête fauve, dégradé avec la dernière humiliation devant ses sujets, arrêté, emprisonné, chargé de chaînes et envoyé comme un vil malfaiteur, pour être jugé et condamné par ceux-là même qui vont recueillir le fruit de ses immenses découvertes. Tout autre à sa place aurait violemment refusé d'obéir aux injonctions despotiques du commissaire royal; faisant appel à la reconnaissance, à la fidélité et au courage de ses sujets, il aurait pu les exciter à la révolte et faire payer chèrement les prétentions exorbitantes du nouveau venu. Mais non! il se souvient de la parole du divin Maître: « Bienheureux ceux qui souffrent persécution pour la justice »; et alors il refoule son indignation, son ressentiment et il souffre en silence, sans plainte et sans murmure. Quand il s'agit de lui mettre les fers aux pieds, tous les cœurs s'émurent d'indignation et de pitié. Personne ne se sentit le courage d'enchaîner le héros. L'ordre barbare de Bobadilla allait rester inexécuté, lorsqu'un impudent subalterne, le propre cuisinier de l'amiral — livrons son nom (Espinossa) à l'infamie — eut la triste audace de river les fers de son Don maître; Christophe Colomb, comme un agneau sans voix, se laisse faire et garde le silence.

Durant la longue et douloureuse traversée, quelques marins de cœur s'approchent de lui pour le débarrasser de ses fers, l'amiral refuse chrétiennement cet allégement à ses maux.

S'il a supporté toutes ces humiliations avec une admirable patience, s'il n'a même pas voulu faire connaître aux rois catholiques les odieux traitements qu'on lui a fait subir, il sentit cependant le besoin de décharger son cœur dans celui d'une grande chrétienne, d'une intime de la reine, doña Juana de la Torre qui avait été la nourrice du fils d'Isabelle, l'infant Don Juan; cette dame, contrairement aux usages modernes, appartenait à la grandesse espagnole qui considérait comme un insigne honneur de donner la première alimentation à l'héritier du trône. Écoutons quelques fragments de cette touchante missive dont nous avons déjà rapporté quelques passages : « Si c'est une nouveauté, que de me plaindre du monde, son habitude de maltraiter est fort ancienne. Il m'a livré mille combats, et j'ai résisté à tous jusqu'à ce moment, où n'ont pu me servir ni armes, ni conseils. C'est avec barbarie qu'il m'a coulé à fond. L'espérance dans Celui qui m'a créé me soutient; son secours fut toujours très prompt. Il n'y a pas longtemps, étant encore plus abaissé, il me releva de son bras divin, me disant : O homme de peu de foi, relève-toi ; c'est moi ; sois sans crainte. J'ai été à venir du dehors, servir ces princes avec une affection intime et leur rendre des services inouis. Dieu me fit le messager du nouveau ciel et de la nouvelle terre dont il parlait dans l'*Apocalypse* par la bouche de saint Jean, après avoir parlé par celle d'Isaïe, et il me montra le lieu où l'on devait les trouver. Tous se montrèrent incrédules. Mais le Seigneur donna à la reine, ma maîtresse, l'esprit d'intelligence, lui accorda le courage nécessaire et la rendit héritière de tout, comme étant sa fille chère et bien-aimée.

« Je ne dois pas être jugé comme un gouverneur envoyé dans une ville ou dans une province administrées régulièrement, et où les lois existantes peuvent être exécutées à la lettre, sans péril pour la chose publique. Je dois être jugé comme un capitaine envoyé d'Espagne pour conquérir jusqu'aux Indes une nation nombreuse et guerrière, dont les coutumes et la religion sont en tout opposées aux nôtres, dont les individus vivent épars sur les hauteurs, sans agglomérations régulières. Dans les Indes, il n'y a ni villes, ni traités politiques .

« Dieu, Notre-Seigneur, reste avec sa puissance et sa science comme auparavant, et il châtie surtout l'ingratitude[1]. »

---

1. *Collection diplomatique*, 1 vol., p. 265.

La douce patience et la chrétienne résignation de Christophe Colomb dans ces cruelles conjonctures ne servirent pas seulement à l'aider à expier ses péchés, mais elles trouvèrent leur légitime récompense dans le résultat des faux rapports de Bobadilla.

A peine, en effet, la reine eut-elle pris connaissance de la lettre reçue par Juana de la Torre qu'elle fut aussi indignée que contristée des mensonges et des calomnies du commissaire royal. Immédiatement remis en liberté, Christophe Colomb reçoit une lettre signée du roi et de la reine, dans laquelle ils lui expriment leurs regrets, leur estime et leur déférence; invité à se rendre à la cour, il y trouve l'accueil le plus gracieux, et les larmes attendrissantes de la reine Isabelle jointes au décret de révocation de l'infâme Bobadilla furent un baume de consolation pour son cœur abreuvé d'amertume.

Nous arrivons aux derniers ennemis de Christophe Colomb. Son quatrième et dernier voyage n'a été qu'une suite ininterrompue d'orages, d'ouragans, de violentes tempêtes. L'athmosphère semblait s'être entendue avec l'Océan pour déployer leurs furies et livrer leurs plus épouvantables combats au fameux marin dans son dernier voyage et qui avait jusqu'alors fièrement bravé leurs assauts.

Ces tempêtes inouies, le manque de vivres, le délabrement des navires, la poursuite d'une troupe de requins, le massacre par les sauvages de tous les hommes d'un grand canot, tout cela avait jeté le désespoir au milieu des équipages et fait naître une profonde irritation contre l'amiral. Deux frères, François et Diego Porras, que Christophe Colomb avait nommés, l'un capitaine de vaisseau et l'autre notaire de l'escadre, ces deux frères, disons-nous, imbus des préjugés et des antipathies des bureaux de Séville contre le hardi navigateur, exploitent adroitement le mécontentement général. Ils répandent à voix basse le bruit que l'amiral les

tient misérablement campés sur des caravelles pourries ; que
les bureaux de Séville (d'où étaient les équipages) en ont
assez de cet étranger ; que le roi ne serait pas fâché de
trouver une occasion pour se débarrasser de ce Génois et
qu'enfin, ils étaient assurés qu'en arrivant à Saint-Domingue,
le gouverneur Ovando, qui détestait l'amiral, serait charmé
de le voir abandonné de tous.

Après avoir ainsi préparé les esprits qui ne demandaient
qu'à se laisser aller au ressentiment, les deux instigateurs
ourdissent un complot ; il s'agit de se débarrasser de l'amiral.

Ayant fait un appel à leurs compatriotes contre leur chef,
ceux-ci les suivent en foule en criant comme des forcenés,
en faisant allusion à Christophe Colomb et à son frère Barthélemy : « Qu'ils meurent ! qu'ils meurent ! » Il y a plus :
abusant de l'indulgence de l'amiral qui avait pardonné à
ces rebelles et leur avait promis de les rapatrier, les Porras
poussent ces bandes stupides à aller « s'emparer de sa personne et prendre tout ce qu'il y avait sur ses vaisseaux [1] ».
Sans l'intervention de quelques officiers et soldats fidèles,
et surtout sans le sang-froid et la bravoure de son frère Barthélemy qui fit à François Porras une blessure qui le mit
hors de combat, c'en était fait des jours de Christophe
Colomb ; il le sentit si bien qu'il s'empressa « de remercier
son frère de l'avoir délivré de la mort [2] ».

Eh bien ! Christophe Colomb, malgré les cuisantes douleurs que lui infligeait une goutte opiniâtre, augmentée par les barbares traitements de ses deux protégés ; malgré l'humiliation
profonde qu'il ressentit de cette révolte et de cet attentat ;
malgré qu'il pût, avec son pouvoir exceptionnel, tirer une
juste et terrible vengeance en châtiant de mort ces misé-

<hr>

1. Herrera, *Histoire générale des voyages des Castillans*. Dé-
cade 1re, liv. VI, ch. xi.
2. Herrera, *id.* chap. xi.

rables, il préféra tout souffrir en patience; et, comme pour mieux manifester l'esprit d'expiation silencieuse et de chrétienne résignation qui l'animait au milieu de ces horribles angoisses, il a pitié de ses ennemis, il fait seulement maintenir François Porras prisonnier, et il les embarque pour l'Espagne sur une caravelle qu'il s'était réservée pour son retour et celui de sa famille en Europe.

Et maintenant, si nous voulions regarder au-dessus de ces ennemis subalternes, nous en trouverions une autre qui, tout en se tenant discrètement dans l'ombre et dans une espèce de silence calculé et hypocrite, n'en a pas moins voulu à la gloire de l'illustre navigateur. Cet ennemi, on peut le dire, a autorisé par son attitude toutes les plaintes, les accusations, les complots et les attentats contre l'amiral. Cet ennemi étrange, inattendu, puissant, c'était le roi d'Espagne lui-même, Ferdinand II, roi d'Aragon.

On sait que sous l'influence des décisions de la junte de Salamanque et aussi de ses préjugés personnels, Ferdinand s'était montré toujours opposé aux projets de Christophe Colomb. Défiant et cauteleux, il était resté étranger à l'exécution du projet; il se contenta de donner son nom et sa signature aux actes de la reine, suivant les conventions établies entre eux. L'honneur de l'entreprise de la découverte du Nouveau-Monde, il est juste de le proclamer en l'honneur de la femme, est dû uniquement à Isabelle, reine de Castille.

La pénétration de son esprit, l'intuition de sa foi, son zèle aussi ardent qu'éclairé pour la gloire de Dieu, l'extension de l'Église et le salut des âmes, non moins que son ambition légitime d'étendre les limites de son royaume, lui firent accueillir Christophe Colomb avec une vive sympathie et une chrétienne sollicitude. « Le seul aspect de ce noble étranger, dit Roselly de Lorgues, de qui la rapprochait, à son insu, une secrète communauté de foi et de génie, la rassura contre les objections de la junte de Salamanque. Il n'y eut dans cet entretien nul débat sur le projet, parce qu'il ne subsista aucun doute sur sa réalisation. La reine y donnait son adhésion par instinct, elle sentait en cet homme une compréhension supérieure des choses; il lui offrait une personnalité exceptionnelle. Sa seule présence trahissait sa grandeur intérieure. Elle croyait en Colomb[1] ».

Jaloux de la gloire de l'illustre amiral, craignant que le vice-roi des Indes ne formât plus tard de ses découvertes un royaume indépendant et rival, blessé dans son amour-propre d'avoir manqué de perspicacité à l'endroit des projets grandioses du fameux navigateur, peut-être même intérieurement ému de l'ascendant que cet étranger avait pris sur la reine qui lui témoignait de son côté une admiration mêlée d'une extrême sympathie, Ferdinand, disons-nous, nourrissait une profonde antipathie contre l'amiral. Cette antipathie resta latente durant la vie de la reine qui s'était faite, en toute circonstance, l'avocate écoutée et la protectrice obéie du grand homme au milieu de ses multiples épreuves.

A peine l'auguste reine Isabelle eut-elle rendu le dernier soupir à Medina del Campo, le 26 novembre 1504, « que des défiances, des mécontentements éclatèrent dans les hautes régions de la Cour, les fronts se rembrunirent; de graves inquiétudes assaillirent les hommes de paix et de prévoyance; le machiavélisme fut en possession de la politique; les médiocrités jalouses, les hypocrisies adroites levèrent la tête, les bons et les justes devinrent suspects[2] ».

Christophe Colomb, que ses horribles douleurs empêchaient de supporter aucun moyen de locomotion, imagina de se faire transporter sur une litière de mort jusqu'au lit de sa gracieuse et sainte reine. L'auguste malade, aux récits

_____

1. *Christophe Colomb*, I, p. 206.
2. *Ibid.*

du noble écuyer, sentit son cœur s'abîmer dans l'amertume ; et l'infortuné navigateur en apprenant quelques jours après sa visite, la mort de celle qui avait été « l'âme des découvertes, la patronne des Indes, la protectrice du vrai et du juste, l'image du beau et du bien, l'idéale de la supériorité royale[1] », en fut comme foudroyé ; il sentait que tout s'effondrait sous ses pas et qu'il ne lui restait plus qu'un cœur pour souffrir et des yeux pour pleurer.

C'est ici que commence le chemin du calvaire que le triste roi Ferdinand trace sous les pas du héraut de la croix. Brisé par les tortures morales et les souffrances physiques, Christophe Colomb débarque en Espagne, non seulement malade, infirme et profondément attristé, mais aussi dans la plus grande gêne. Ayant écrit quatre fois au roi pour lui faire connaître l'état vrai de l'administration des Indes, lui demander de lui faire payer ses arrérages et de nommer son fils Diego en son lieu et place comme vice-roi, il ne reçut aucune réponse d'un roi à qui il avait donné d'immenses royaumes. Voyant ce silence obstiné, il se décide, malgré ses cuisantes souffrances, à se rendre de sa personne à la cour ; sa démarche demeure infructueuse, le roi ne veut rien faire. L'amiral tente de lui écrire une dernière lettre pleine d'élévation et de fermeté, dans laquelle il fait ressortir les immenses avantages que l'Espagne retirerait de ses découvertes. Cette lettre reçoit pour toute réponse que le roi a soumis la réclamation au Conseil des acquêts, lequel se garde bien de se prononcer tout en laissant entendre au roi que l'intérêt de l'État s'opposait à l'exécution du traité du 17 avril 1492[2], malgré sa ratification. N'obtenant aucune

1. Roselly de Lorgues.
2. Ce traité stipulait outre les dignités et titres de vice-roi, gouverneur général, grand-amiral, accordées à Christophe Colomb et la transmission de ces dignités à sa descendance, qu'il recevrait la

satisfaction, il fait écrire au roi par son fils Diego et par son ancien défenseur devant la junte, Diego de Deza, sans obtenir le moindre résultat.

En attendant, ses ressources s'épuisent, au point qu'il recommande à son fils une grande économie : « Fais grande attention à la dépense, lui écrivait-il, car c'est une nécessité[1] ». Il est obligé d'emprunter pour vivre et pour faire même des avances à ses marins malgré leurs ingrates rébellions, il n'a même pas une petite pièce de monnaie pour donner à l'offrande quand il est à l'église, *No tengo Solamente una blanca para el oferta*[2]. Comme on le voit, la conduite de ce roi à l'égard de celui qui lui avait donné tant de royaumes est tout simplement inique : non seulement il veut le dépouiller de ses titres et dignités, mais il veut lui enlever même ses revenus; il veut le voir mourir dans la misère et dans l'humiliation.

Eh bien! qui le croirait? à tant d'indifférence, d'ingratitude et de barbarie, Christophe Colomb, au lieu de répondre par la violence et l'indignation, par la plainte ou les récriminations, répond en excellent chrétien, par la patience et la résignation; c'est à peine s'il ose écrire au célèbre dominicain, de Deza, alors archevêque de Séville : « Il paraît que Son Altesse ne juge pas à propos d'exécuter les promesses que j'ai reçues d'elle et de la reine (qui est maintenant dans le sein de la gloire) sur leur parole et leur sceau. Lutter contre sa volonté, ce serait lutter contre le vent. J'ai fait tout ce que je devais faire. Je laisse le reste à Dieu, qui m'a toujours été propice dans tous mes besoins[3] ».

dîme de toutes les richesses, perles, diamants, or, argent, parfums, épices, fruits, et productions quelconques découvertes ou exportées dans les régions soumises à son autorité.

1. *Lettre de Colomb à D. Diego*, 21 décembre 1504.
2. *Lettre aux rois catholiques.*
3. *Docum. dipl.*

Il fait plus. Loin d'exciter ses enfants contre un souverain sans conscience et sans cœur, il les exhorte à la soumission et au dévouement à l'égard de son Altesse. Écoutons ce qu'il écrit à D. Diego. « Maintenant... l'important et la chose qui vaille toutes les autres, c'est de s'appliquer et de faire de continuels efforts pour le service du roi, notre seigneur, et de travailler à lui épargner des ennuis. Son Altesse est la tête de la chrétienté : voyez le proverbe qui dit que lorsque la tête est souffrante, tous les membres le sont aussi ; et c'est pour cela que tous les bons chrétiens doivent prier pour la prolongation de sa vie et la conservation de sa santé ; et nous, qui avons plus spécialement l'obligation de le servir, nous devons aider à cela avec plus d'étude et de zèle que tous les autres[1] ».

Voilà un noble et généreux langage ! Langage chrétien inspiré par ce que la religion a de plus élevé et de plus magnanime. Christophe Colomb, traçant ces lignes sur son misérable grabat, sous le toit d'une obscure auberge, nous apparaît plus grand que Ferdinand sur son trône et sous les lambris dorés de son palais. Et cette grandeur morale est d'autant plus magnifique et radieuse qu'elle a pour base un sentiment de repentir et d'expiation, et pour couronnement la piété et la vertu.

C'est ce qu'il nous apprend lui-même quand il nous dit que c'est pour expier ses péchés et pour son salut que Dieu lui a suscité tant d'ennemis, et envoyé tant d'oppositions ; « c'est pour mes péchés et pour mon salut, je crois, qu'on a pris en aversion tout ce que je disais et tout ce que je de-

---

1. Su Alteza es la cabeza de la cristiandad : ved el proverbio que diz : cuando la cabeza duele, todos los membros duelen ansi que todos los buenos cristianos deben suplicar por su larga vida y salud, y los que somos obligados a le servir, masque otros, debemos ayudar à esto congrande estudio y dilegencia. (Cartes de D. Cristobol Colon.)

mandais[1] ». C'était pour le même motif qu'il demandait de pardonner à ses ennemis et à tous ceux qui se sont opposés et qui s'opposaient encore à ses excellentes entreprises. Et s'il lui est arrivé d'avoir rompu le silence en faisant connaître, à contre-cœur, aux rois, le mal qu'ils lui avaient fait il s'en justifiera en disant que c'était par amour pour Leurs Altesses que son âme ulcérée s'est décidée à parler[2] ».

Telle a été l'attitude calme et résignée, chrétienne et méritoire du héros chrétien en présence de ses ennemis. Non seulement il n'a pas cherché à s'en venger, mais il leur a pardonné, il les a comblés de bienfaits; il a prié pour eux, disons le mot, il s'est sacrifié pour eux ; n'a-t-il pas mis, à lettre, en pratique les belles recommandations du Sauveur ? « Aimez vos ennemis, faites du bien à ceux qui vous ont haï ; et priez pour ceux qui vous calomnient et vous persécutent[3] ». Aussi combien cette sainte attitude a-t-elle été agréable à Dieu ? et combien la parole de nos Livres Saints s'est réalisée pour Christophe Colomb, le salut par nos ennemis, *salutem ex inimicis nostris;* tant il est vrai que, dans le plan divin, les âmes généreuses et élevées trouvent dans n'importe quel ennemi, dans n'importe quel mal un élément de vertu et comme une mine de grâces et de mérites.

Et, pour le remarquer en passant, quand on se trouve en présence et victime d'ennemis, au lieu de s'en venger soi-même on a le bon esprit de laisser ce soin à Dieu, on est sûr que sa justice vindicative s'exerce sur eux, même dès ici bas; c'est ce que faisait dire à notre indulgent et grand chrétien :

1. Y en esto por mi pecados, o por mi salvacion creo que será, fui questo en aborrecimiento, y dado impedimiento à cuanto yo decia y demandaba. Navarette, t. I, p. 243.

2. Y plega à Nuestro Senor de tirar de memoria elas personas que han impugnato y empugnan tan excelente empresa, *ib.*, p. 262.

3. Saint Mathieu, v. 43.

« Dieu, Notre-Seigneur, reste avec sa puissance et sa science comme auparavant ; il châtie surtout l'ingratitude[1] ».

Tel a été le premier élément de la pénitence et de l'expiation de Christophe Colomb ; le silence patient, résigné et chrétien dans les plus dures adversités, dans les plus cruelles épreuves qu'il eut à subir de la part de ses contradicteurs et de ses ennemis.

Il nous serait facile de montrer ce même silence chrétien au milieu et sous le choc des éléments déchaînés pendant lesquels ses historiens ont remarqué qu'il ne s'est jamais laissé aller à proférer ces imprécations et ces jurons si communs aux gens de la mer. « Malgré sa vivacité, nous dit Don Fernand, jamais l'amiral n'envoyait au diable ni matelots, ni cordages, ni manœuvres, ni contrariété de bord ou d'atmosphère, comme cela se fait perpétuellement par habitude dans toutes les marines ; je jure, continua-t-il, que jamais je ne l'ai entendu jurer ; sa locution favorite était : « par saint Ferdinand », *Per san Fernando*[2]. Mais nous avons hâte d'arriver aux mortifications positives qu'il s'est imposées pour mieux expier son péché. Ainsi donc il demeure acquis que ce grand serviteur de Dieu, sous les coups de la jalousie et de la calomnie, de l'injustice et de la déloyauté, de l'ingratitude et de la trahison, n'exhale aucune plainte, aucun murmure, aucune imprécation, et accepte tout avec la plus silencieuse résignation. Il semblait dire à Dieu : « Déchaînez contre moi toutes les industries de la perversité humaine ; accablez-moi sous le poids des plus cruelles épreuves ; abreuvez-moi des plus étouffantes amertumes ; j'inclinerai la tête, je bénirai votre miséricorde et

---

1. Dios Nuestro Senor esta con sus fuerzas y saber, Como Solia, y castiga en todo Cabo, en especial la ingratitud de injurias. Lettre à la nourrice Jeanne, Navarette, t. I. 276.

2. *Vie de l'Amiral*, ch. IV.

vous dirai : ce que vous faites, Seigneur, est juste; j'ai péché, vous m'offrez le châtiment, l'expiation; loin de m'en
plaindre, je vous en remercie : frappez toujours, frappez frappez encore, votre serviteur accepte vos coups en silence et
avec gratitude; car je préfère expier dans cette vie plutôt
que dans l'autre une faute qui m'eût valu les supplices de
l'enfer.

III

Mortifications.

Il ne suffisait pas au repentir de Christophe Colomb de
s'avouer publiquement pécheur et d'accepter avec patience
et résignation les épreuves et les humiliations que Dieu lui
envoyait, il voulait y joindre quelque chose de personnel,
une pénitence volontaire, une expiation qu'il se serait choisie
et dont il goûterait, tout à son aise, les amertumes et les
rigueurs. S'inspirant de la conduite et des enseignements,
des prophètes qui, pour faire pénitence, se revêtaient et recommandaient de se vêtir d'habits grossiers, Christophe Colomb résolut de déposer ceux que comportait sa haute dignité
de vice-roi. Et, certes, ce n'était ni les beaux vêtement, ni
les riches étoffes qui lui faisaient défaut; car nous savons
que la prévoyante Isabelle lui avait fait à ce sujet des dons
très généreux[1].

Voulant donc porter, jusque dans son extérieur, un signe
de pénitence, il revêtit l'habit des religieux de Saint-François
avec le cordon traditionnel[2] c'était le vêtement le plus pauvre,
le plus grossier et par conséquent le plus mortifiant qu'il

1. *Colleccio diplom.*, docum. n° LXXVII.
2. Oviedo y Valdez, *La Historia natural y general de las Indias*,
lib. II, cap. XIII.

pût choisir. Alexandre de Humboldt reconnaît « que ce fût par dévotion qu'il se montra dans les rues de Séville en habit franciscain ».

Non content de revêtir son corps de péché des emblèmes de la pénitence, il s'appliqua à lui infliger des privations plus coûteuses. Ses historiens et son journal de bord nous le montrent en effet s'abstenant de vin et ne buvant que de l'eau légèrement sucrée. La viande paraît très rarement sur sa table; les légumes, les figues, le raisin sec, le miel et les dattes constituent son alimentation habituelle [1]. En sorte que, non seulement il observait strictement le carême, les vigiles, les quatre-temps et toutes les prescriptions de la loi franciscaine, mais il faisait maigre, presque d'un bout de l'année à l'autre. Il est bien entendu que le jeûne accompagnait toujours ses abstinences.

Que de fois, durant ses longues et laborieuses traversées, les vivres étaient tellement avariés, moisis, corrompus, disons le mot, remplis de vers, que l'équipage, malgré une faim exténuante, ne se sentait pas le courage d'y toucher! Eh bien, lui, heureux de cette circonstance qui lui permettait de mortifier son corps, mangeait ces aliments décomposés, sans répugnance comme sans forfanterie.

Et maintenant, qui nous dira les nuits qu'il a passées sur la dure, les larmes qu'il a versées dans le silence et la solitude du couvent de la Rabida et les nombreux pèlerinages qu'il a faits à pied à divers sanctuaires?

1. Lors de sa seconde expédition, la reine lui avait donné pour son office : cent livres de riz; cent livres de dattes; deux cents livres de raisin sec; cinquante livres de confitures sans pépins; une douzaine de boîtes de conserves; vingts livres de cédrats confits; douze boîtes de confitures de coings; deux jarres d'olives marinées; cent poules et six coqs, parce qu'il faisait une grande consommation d'œufs. *Collec. dipl. Inedit.* n° LXXVII.

IV

Demande de larmes.

Ce n'est pas tout encore. Non content d'accepter avec patience et résignation les nombreuses et cruelles épreuves que la Providence lui a envoyées ; non content de s'imposer des mortifications corporelles de toute sorte et de verser des larmes abondantes, il sent le besoin de faire appel à toutes les créatures pour pleurer, souffrir et expier sa faute avec lui.

Écoutons les accents émus de ce cœur repentant :

« J'ai pleuré assez sur les autres ; maintenant, que le Ciel me fasse miséricorde ; que la terre pleure sur moi ; pleure également sur moi quiconque aime la charité, la vérité et la justice[1] ! »

Quel cri de repentir et de pénitence ! Il trouve qu'il n'a pas assez versé de pleurs, qu'il n'a pas assez de larmes dans les yeux pour laver son péché, et alors il demande des pleurs à toute la nature ; il supplie la terre et la mer, les plaines et les montagnes, les plantes et les animaux, les hommes et les femmes, les jeunes gens et les vieillards de lui apporter le tribut expiatoire de leurs larmes, de l'aider à laver sa souillure et à satisfaire la justice divine. Ne croirait-on pas voir l'univers pleurer et gémir sur la faute de notre héros, comme il pleurait et gémissait sur les désordres de Tyr ?

« Criez et hurlez, s'écriait Isaïe, vaisseaux de la mer, parce que le lieu d'où les navires avaient accoutumé de faire voile a été détruit... Traversez les mers, poussez des cris et des hurlements, habitants de l'Ile. Criez, hurlez, vaisseaux de

---

1. Yo he lloradofasta aqui à otros ; aya misericordia agora el Cielo ; y llore por mi la Tierra ... Llore por mi quientiene caridad, verdad y justicia, *Collecion dipl.*, t. I, p. 312.

la mer, parce que toute votre force est détruite!... La terre
est dans les larmes, elle se fond, elle tombe en défaillance...
Le vin pleure, la vigne languit et tous ceux qui avaient la
joie dans le cœur sont dans les larmes[1] ».

Ne croirait-on pas entendre Jérémie s'écrier dans l'immensité de son repentir? « Qui donnera à mes yeux une
fontaine de larmes[2] ? »

Telle était la soif d'expiation qui dévorait l'âme du grand
chrétien, qu'il aurait voulu que la création ne fût qu'un
océan de larmes pour la satisfaire et pour offrir à Dieu un
hommage équivalent de son repentir. Quelle pénitence
quelles mortifications et quelle expiation, de la part d'un
grand amiral, d'un vice-roi, d'un personnage qui attirait
l'attention de l'Europe et de la papauté, du plus grand homme
de son siècle !

Aussi entendons-nous Mᵍʳ Sanguinetti s'écrier : « Nous
pouvons avoir la ferme certitude qu'il est monté dans le
doux embrassement de Dieu, celui qui, se croyant appelé du
Ciel pour être l'instrument providentiel, pour ouvrir la voie
aux apôtres de l'Évangile et de la civilisation au profit des
peuples plongés dans les ombres de la mort, avait répondu
avec une si intrépide constance à sa haute mission ; et s'il a
payé quelque dette à la fragilité humaine, *il en avait expié
la faute par un long et douloureux martyre*[3] ».

Eh bien ! si le repentir, la pénitence et les larmes de Ma-
rie-Madeleine, de Pierre, de Paul, d'Augustin, de Marguerite de Cortone, de Guillaume d'Aquitaine et de tant d'autres,
leur ont fait trouver grâce devant l'Église qui s'est empres-
sée de les placer sur ses autels, pourquoi le repentir éclatant, la pénitence publique et les larmes abondantes de

1. Isaïe, XXIII-XXIV, v. 1, 6, 14, 4-17.
2. Quis dabit capiti meo fontem lacrymarum? Jérémie, IX, 1.
3. Sanguinetti, *Vita di Chr. Colombo*, p. 277.

Christophe Colomb ne lui vaudraient-ils pas les mêmes honneurs ?

Moins coupable que ces saints pénitents, puisqu'il n'a été ni un scandaleux, ni un apostat, ni un persécuteur des chrétiens, pourquoi, avec une vie aussi pénitente que la leur, n'aurait-il pas droit à la même faveur ?

A la date du premier décembre, on célèbre, dans le diocèse de Paris, la fête de saint Éloi. Or, voici ce que nous lisons dans la huitième et neuvième leçon de cette solennité : « Faites un pacte avec Dieu, de manière à ne plus pécher ; mais si vous péchez, espérez avec confiance le pardon, car le Seigneur tient constamment ouvert le sein de sa miséricorde et il cherche à gagner tout le monde au moyen de la pénitence, car en admettant que quelqu'un soit adultère, scandaleux, voleur, ivrogne, menteur et même meurtrier de ses enfants, s'il a soin de faire pénitence de ses fautes, le Très-Haut lui pardonnera[1] ».

Or, Christophe Colomb n'ayant été ni adultère, ni pécheur public, ni voleur, ni adonné au vin, ni menteur, ni meurtrier de ses enfants, mérite, à cause de son grand repentir de sa faiblesse passagère, non seulement l'indulgence de Dieu, qu'il a assurément obtenue, mais aussi celle de l'Église, qui voudra bien, quand elle le jugera à propos, l'inscrire sur son glorieux martyrologe.

---

1. Tantum facite in corde pactum cum Deo, ut non amplius peccetis, sed fiducialiter veniam sperate, quia Dominus sinum pietatis suæ assidue patefacit et omnes ad se recipere per pœnitentiam quærit... Nam etsi adulter quis, aut meretrix, aut fur, aut ebriosus, aut mendax, vel etiam filiorum necator fuerit, tantum de cætero pœnitens caveat, et indulgebit illi Altissimus. (*Bréviaire parisien*, Propre. 1er décembre.)

CHAPITRE III

**Postulatum et vœu de l'épiscopat catholique en faveur
de la béatification de Christophe Colomb.**

Lorsqu'un chrétien, par la pureté de sa vie, l'héroïsme de
ses vertus et l'éclat de ses miracles, a instruit et édifié ses
contemporains au point d'avoir conquis leur amour et leur
religieuse admiration, l'ordre ou le diocèse auxquels il appartient se fait un devoir d'attirer sur lui les regards de
l'Église. Il juge avec raison dans sa sagesse qu'une si brillante lumière ne saurait rester sous le boisseau ; qu'un si
précieux trésor ne saurait rester enfoui : que tant de vertus
et tant de mérites sont dignes de récompense et d'honneur ;
et l'Église, toujours heureuse de reconnaître et d'honorer
les vertus de ses meilleurs enfants, s'empresse d'informer
cette cause, de s'entourer de témoignages authentiques et
de décider, avec son autorité infaillible, si le serviteur de
Dieu en question mérite les honneurs qu'on réclame pour
lui.

Pour Christophe Colomb, simple laïque, ce n'est ni un
ordre religieux ni un diocèse qui appelle l'attention de
l'Église sur la sainteté de sa vie, mais c'est l'épiscopat catholique, les cardinaux, les patriarches, les archevêques
et évêques de l'univers qui expriment le vœu qu'on lui décerne les honneurs de la béatification.

Mais avant d'arriver à l'expression de ces vœux, faisons
en quelques mots l'historique de cette pensée éminemment
chrétienne.

Depuis 1846, époque de l'élévation de Pie IX au souverain pontificat, il s'est fait autour de Christophe Colomb un bruit inusité ; des historiens, des poètes, des prédicateurs et des artistes se sont plu à évoquer cette colossale figure ; chacun l'a étudiée à son point de vue personnel, avec plus ou moins de véracité dans le récit, de verve dans la poésie, de talent dans le ciseau ou le pinceau, mais tous l'ont fait avec une curiosité singulière, avec admiration et avec amour :

L'Italie nous a donné *Christophe Colomb*, par Lorenzo Costa ;

L'histoire des Liguriens illustres, par le chevalier Louis Frillo ;

L'histoire de l'Illustre navigateur, par Constant Reta ;

L'emprisonnement et la transportation de Christophe Colomb, par Mgr Stefano Rossi ;

Les siècles du Dante et de Christophe Colomb, par le comte Dandolo ;

La patrie et la biographie de Christophe Colomb, par Mgr Luigi Colombo ;

L'histoire populaire de Christophe Colomb, par J.-B. Torre ;

Les recherches historiques sur la véritable patrie du célèbre Christophe Colomb.

Christophe Colomb est le P. Juan Perez de Marchena, par le F. Agostino d'Osimo ;

Colomb restitué à l'Église, par le P. Ventura ;

Un discours sur Christophe Colomb, par Mgr Charaz, archevêque de Gênes, que le Conseil municipal a fait imprimer à ses frais ;

La vie de Christophe Colomb, par le chanoine Sanguinetti ;

Christophe Colomb et sa famille, par M. l'abbé Prosp. Peragallo ;

Plusieurs articles paru dans le *Giornale Ligustico*, par de Simoni, archiviste de Gênes;

Honnêteté de Christophe Colomb, par Antonio Dondero ;

Appunti storici sur Christophe Colomb, par M· A.-M. Mizzi ;

Le quatrième centenaire de la découverte de l'Amérique, par Arnauld Tortesi.

Le quatorzième siècle, par Cesare Cantu (*Histoire universelle*).

Les restes de Christophe Colomb, par P. Iongo.

Lettre de Mgr Magnasco, archevêque de Gênes, pour préparer de grandes solennités en faveur de l'illustre Génois.

Un bref de Sa Sainteté Léon XIII, à Mgr Magnasco pour le féliciter de glorifier religieusement[1] celui qui, dans ses entreprises périlleuses, n'a eu d'autre but que d'ouvrir la voie aux apôtres de l'Évangile pour éclairer tant de peuples qui étaient assis à l'ombre de la mort [1].

Enfin un autre bref de Sa Sainteté daté du 10 janvier 1891 au même archevêque pour lui dire qu'Elle approuve avec plaisir la pensée de célébrer d'une manière religieuse celui qui s'est proposé, dans ses découvertes, la diffusion de l'Évangile de Jésus-Christ qui a dit à ses apôtres : « Allez dans l'univers, prêchez l'Évangile à toutes les créatures ». Nous passons sous silence d'autres publications moins importantes.

La France nous a donné :

La biographie de Christophe Colomb, par Lamartine ;

L'histoire de Christophe Colomb, par le baron de Bonnefoux ;

Colomb dans les fers, par l'abbé Dubreuil, mort archevêque d'Avignon ;

---

1. Bref du 10 janvier 1887. — Tout le monde sait les préparatifs que le gouvernement italien fait pour célébrer le quatrième anniversaire de la découverte de l'Amérique par son illustre enfant.

Le résumé des travaux héroïques de Christophe Colomb, par Philarète Chasle;

La Trilogie, par Georges Seigneur;

L'histoire de Christophe Colomb, par le marquis du Belloy;

Don Juan converti, par Désiré Laverdant;

Le monarque de la sagesse, par Borel d'Hauterive;

Histoire abrégée de Christophe Colomb, par le chanoine Cadoret;

Les canevas chronologiques de la vie de Christophe Colomb, par M. D. d'Avezac;

Mélodie océanique, par Félicien David;

Les portraits de Christophe Colomb, par le baron Feuillet des Conches;

Monographie de Christophe Colomb, par Gaultier de Claubry;

L'album de la Rabida.

Il vient de se constituer à Paris, sous la présidence de M. de Hérédia, ancien ministre, un comité intitulé L'Union-Américo-Latine, pour célébrer le quatrième centenaire de la découverte de l'Amérique par Christophe Colomb.

En Espagne, les Cortès, le 22 avril 1864, votent un crédit de 800.000 réaux pour élever une statue à Christophe Colomb.

Canovas del Castello, président du Conseil fait une conférence, dans l'athénée de Madrid, sur Christophe Colomb. D'autres conférences sont annoncées pour cette année sur le même sujet, par MM. Salmeron, Carvajal, Sanchez, Miguel et par d'autres orateurs espagnols, portugais et américains.

L'Amérique nous donne la *Bibliotheca Americana vetustissima;*

L'histoire de Christophe Colomb, son origine, etc., excerpta Colombiana;

Les Colombo de France et d'Italie;

Christophe Colomb et la Corse;

Recueil de tous les écrits authentiques attribués à Christophe Colomb;

Bibliographie raisonnée de toutes les œuvres écrites dans tous les pays relatifs à Christophe Colomb.

Christophe Colomb et la Banque de Saint-Georges;

Christophe Colomb et Savone, Verzellino, etc.;

La sépulture de Christophe Colomb;

Les restes de Christophe Colomb;

Et d'autres écrits remarquables d'érudition par Henry Harrisse. *Colon y la historia postuma.* Examen général par César Fernandez Duro (Madrid).

Le révélateur du globe, par Léon Bloy;

L'onesta di Cristoforo Colombo, par Giuseppe Antonio Dondero;

Les restes de Christophe Colomb, par Émile Travers;

La glorificazione del genio cristiano, par le chevalier di Baldi.

Nous passons sous silence les nombreuses statues érigées à Christophe Colomb en Amérique et les discours prononcés à cette occasion.

Qu'il nous suffise de dire qu'au sénat de Washington (séance de janvier 1889), le sénateur Hoer a déposé un projet d'exposition universelle en l'honneur de Christophe Colomb.

Le Pérou a commandé au sculpteur génois Salvatore Revelli une statue colossale de Christophe Colomb.

Saint-Domingue. Lettre de Mgr Rocco Cocchia à Sa Sainteté Léon XIII exaltant les restes de Christophe Colomb[1].

Et maintenant nous n'en finirions plus si nous voulions rapporter les statues qu'on a commandées, les fêtes que les

---

1. Une partie de la nomenclature qu'on vient de lire est tirée de Roselly de Lorgues.

académies et les sociétés instituées sur les divers points du globe et surtout de l'Italie, de l'Espagne et du Nouveau-Monde à l'occasion du quatrième centenaire des découvertes de Christophe Colomb.

Nous en avons dit assez pour constater le mouvement universel et sympathique qui se fait depuis bientôt un demi-siècle autour de l'immortel Génois.

Mais, hâtons-nous de le dire, tous ces écrits, ces travaux, ces préparatifs, ces expositions et ces statues n'ont d'autre but que d'honorer et d'exalter le génie audacieux, la science nautique, les exploits maritimes et les brillantes découvertes de l'amiral de l'Océan ; c'est le profond penseur, l'intrépide marin, l'habile découvreur, l'homme en un mot avec ses intuitions vertigineuses, ses énergies indomptables et son abnégation, son courage héroïque qui en sont le principal objet.

Il semble qu'on a négligé ou du moins oublié qu'à côté de l'homme, du penseur et du marin, il y a, dans Christophe Colomb, le chrétien, l'inspiré, l'apôtre.

Un homme s'est rencontré pour combler cette lacune ; à la fois historien, artiste, philosophe et chrétien, M. le comte Roselly de Lorgues, mettant au service d'une intelligence remarquable et d'une patience à toute épreuve un zèle ardent, une grande érudition, et par-dessus tout l'amour de Dieu, de l'Église et des âmes, s'est mis hardiment à un travail dédaigné par quatre siècles d'ingratitude, de négligence et d'oubli. Remontant aux sources premières revêtues du double caractère d'authenticité et de véracité ; interrogeant les manuscrits du grand homme, les écrits de ses enfants, les récits de ses contemporains ; passant des marins aux rois, des chroniqueurs aux papes, des Espagnols aux Portugais et aux Italiens, des amis aux ennemis, des langes de son berceau aux chaînes de sa tombe, il a reconstitué l'ensemble de cette figure extraordinaire, en y ajoutant et en accentuant d'une manière saisissante l'élément religieux qui fait de Christophe Colomb un grand chrétien qu'il voudrait convertir en un grand saint. Les matériaux pour élever à l'illustre navigateur ce monument magnifique, M. le comte Roselly de Lorgues les a réunis dans *sa Croix dans les deux mondes*, dans l'*Ambassadeur de Dieu*, dans *Satan contre Christophe Colomb*, dans l'*Histoire de la vie et des voyages de Christophe Colomb* et dans l'*Histoire posthume de Christophe Colomb*.

Tout en rendant hommage au réel talent de l'auteur, qu'il nous soit cependant permis de regretter chez lui une certaine absence de criterium historique sur quelques points de la vie du héros.

Disons-le tout de suite; après un long entretien de Pie IX avec M. Roselly de Lorgues, sur la vie du grand chrétien, Sa Sainteté daigna charger notre éminent compatriote d'écrire l'histoire de l'illustre Génois.

Le monde religieux, ému autant que charmé du nimbe glorieux qui éclairait la figure oubliée de Christophe Colomb, fit au travail de M. Roselly de Lorgues le plus sympathique accueil.

Passant de la sympathie à l'admiration, de l'admiration à la louange, de la louange aux désirs ardents, aux vœux religieux et aux actes, de zélés chrétiens entreprirent, sur l'auguste parole de Pie IX qui leur avait dit : *Il tentar non noce* (tenter cette entreprise ne nuit pas), de demander l'introduction de la cause de béatification de Christophe Colomb devant la Sacrée Congrégation des Rites; voilà pourquoi, se mettant immédiatement à l'œuvre, l'épiscopat et les fidèles adressèrent à Rome plusieurs suppliques dans ce sens.

Le premier *Postulatum* (supplique), par la date et l'importance, a été adressé en 1866 par M. le comte Roselly de Lorgues.

En voici le texte, aussi remarquable par l'élévation des pensées que par l'élégance du style.

POSTULATUM

POUR L'INTRODUCTION, PAR VOIE EXCEPTIONNELLE, DE LA CAUSE

DE BÉATIFICATION DE CHRISTOPHE COLOMB

Beatissime Pater,

Post hominum salutem, ab incarnato Dei Verbo, Domino Nostro Jesu Christo, feliciter instauratam, nullum profecto eventum extitit aut præclarius, aut utilius incredibili ausu Januensis nautæ Christophori Columbi, qui omnium primus inexplorata horentiaque Oceani æquora pertransiens, ignotum mundum detexit, et ita porro terrarum mariumque tractus Evangelicæ fidei propagationi duplicavit.

At enim, christianissimo huic summeque de religione, totaque humanitate bene merito Heroi, condignum nullum præmium dum viveret relatum est, sed contra multæ calumniæ impactæ, multa opprobria et gravia etiam tormenta irrogata; sic ut Novo Continenti per summam injustitiam Americæ nomen indito, ipsa quoque detecti Novi Orbis gloria ab inclyto viro, ad alterum ex priscis ejus sectatoribus, prope modum traduceretur.

Sola Apostolica Sedes ut supernam viri missionem agnovit, ita omnibus quibus poterat modis adjuvasse videtur; nam et legati apostolici munus eidem detulit, totque alia tamque præclara amoris et grati animi testimonia per tres pontifices Innocentum VIII, Alexandrum VI et Julium II ipsi attribuit, quanta nulli unquam paris conditionis homini inveniantur elargita.

Nunc vero, post tria et amplius sæcula, a novo orbe

*reperto, singularis prorsus divinæ sapientiæ consilio effe-
ctum est, ut tu, Beatissime Pater, prædictam Apostolicam
Sedem conscenderes, primus videlicet inter beati Petri successores, qui Atlanticum Oceanum olim transieris, magnam-
que Americæ partem lustraveris, sicque propriis veluti
oculis metiri potueris maximum laborem ac molestiarum
molem ab eo perlatam, qui cæteris audacissimum iter aperuit, de melius perspicere quot quantisque divinæ gratiæ
auxiliis christianum ejus pectus roborari debuerit, ut tam
arduum opus, ad catholicæ Ecclesiæ diffusionem, ac tot
animarum salutem perficeret.*

*Hæc sane animadversio in causa fuit, ut egregius comes
Roselly de Lorgues sub auspicatissimis initiis pontificatus
tui, fidentius, in qua Christophori Columbi superna voca-
tio, ejus que virtutes et præsertim zelus plane catholicus in
novo orbe perquirendo, nec non apostolicæ sedi favor, et
cœlestia signa quibus fuit adjutus, summa diligentia et
fide describuntur.*

*Gloriosa interim Christophori memoria, ex ejus oblivionis
tenebris statim egressa, ubique gentium gratiose personat,
et dum Orbis universus grati animi sensus erga apostolicum
et bene meritum Heroem certatim exprimit, christi fideles,
recolendo quod opitulante Ecclesia et propter Ecclesiam
memorandum facinus incepit, atque complevit, eorum ad-
miratio et pietas veluti sponte sua sese transformant in
devotum cultum, nihilque ardentius exoptant, quam ut
publici Ecclesiæ honores a Sancta Sede incomparabili homini
decernantur.*

*Eminentissimus quippe princeps, cardinalis Donnet, ar-
chiepiscopus Burdigalensis, quatuor ab hinc annis exposuit*
Sanctitati Tuæ *venerationem fidelium erga servum Dei*
Christophorum Columbum, *eniæe deprecans* pro introdu-
ctione illius *causæ exceptionali ordine.*

Faustum vero hujusce petitionis nuntium, brevi dierum

spatio, totam replevit gaudio, ac spe, Europam, Africam, Asiam et Americam; unde quamplurimi Ecclesiarum præsules, nec non ex cætu sæculari spectatissimi viri, gratulatoriis epistolis gratias egerunt prælaudato cardinali introductionis causæ initiatori. Quinquagenta de hinc supplices libelli ex diversarum orbis partibus, Sanctitati Tuæ porrecti fuere, devote pariter exposcentes præfatæ causæ introductionem; ardens hoc desiderium aperte etiam produnt publicæ ephemerides nonnullarum nationum, et non pauci egregii scriptores, in eorum operibus typis consignatis.

Ast præfatæ causæ introductioni prima fronte aliquibus videntur obstare notissima Ecclesiæ decreta, præsertim quod regulares processus supra Dei servi vitam atque virtutes nec olim confecti fuerint nec nunc temporisades feliciter confici queant.

Nihilominus, cum hic agatur de Servo Dei plane extraordinario, *tam in vita, quam post mortem, uti documenta jam parata super ejus operibus, virtutibus et prodigiis evidentissime comprobant, etiam sperare licet utipsius causa, juris ordine non adeo exacte servato, felicem exitum obtinere possit.*

Quapropter, Beatissime Pater, *infrascripti catholicæ Ecclesiæ cardinales, patriarchæ, primates, archiepiscopi, episcopi, etc.; enixe postulant, atque efflagitant a Sanctitate* Tua, *ut digneris signare introductionis causam præfati servi Dei, cum opportunis dispensationibus.*

Confidentes interim hoc totius orbis votum minime frustratum iri, apostolicam benedictionem implorant.

En 1866, c'est son Éminence le cardinal Donnet qui adresse au Souverain Pontife un *Postulatum* qui, répandu dans l'univers catholique, trouve dans l'épiscopat les plus encourageantes adhésions.

En 1867, c'est Msgr André Charvaz, archevêque de Gênes,

qui, en sa qualité d'archevêque du diocèse qui a donné le jour au grand serviteur de Dieu, demande au Saint Père, en son nom personnel et au nom de son clergé et de ses diocésains, l'introduction de la cause de béatification à la Sacrée Congrégation.

En 1876, c'est Mgr Ionchim Lluchy Garrya, évêque de Barcelonne (depuis archevêque de Séville), qui adresse un *Postulatum* pour qu'on introduise la cause de béatification de Christophe Colomb « qui a fait entrer dans le sein de l'Église tant d'âmes qui vivaient dans les ténèbres de l'ignorance et de la barbarie ».

En 1877, c'est Mgr Filippi, archevêque d'Aquila, qui adressa au pape un *Postulatum* pour demander l'introduction de cette cause exceptionnelle « pour glorifier celui qui, inspiré du Ciel, fut jugé le plus apte à mener à bonne fin l'entreprise la plus grande la plus féconde et la plus propre à procurer la gloire de Dieu ».

En 1877 (27 juillet), c'est T. R. P. Bernardin de Portogruaro, ministre général de l'ordre des Franciscains, qui adresse au Pape un *Postulatum* demandant, au nom de son ordre, l'introduction de la cause « de cet homme extraordinaire qui animé d'une foi très vive, d'un grand zèle pour faire connaître Jésus-Christ et favorisé d'une spéciale bénédiction du ciel, a réussi dans une mission qui n'a pas sa pareille, après celle du divin Rédempteur ».

En 1878 (31 août), c'est Mgr Rocco Cocchia, archevêque de Syracuse, délégué apostolique de Saint-Domingue, qui écrit à Léon XIII un *Postulatum* pour demander l'introduction de la cause « de l'illustre Génois qui, en entreprenant ses longs voyages, a eu pour but le rachat du Saint-Sépulcre, la diffusion de l'Église et la glorification du nom de Dieu ».

Enfin, en 1879, l'infatigable et distingué chevalier Joseph di Baldi de Gênes, qui a réuni avec un soin religieux tout ce qui concerne son illustre compatriote, a adressé au Souverain Pontif un *Postulatum* pour demander l'introduction d'une cause si chère.

Voici les noms des cardinaux, patriarches, archevêques et évêques qui ont adhéré aux postulations ci dessus, et, *brevitatis causa*, quelques fragments des lettres épiscopales adressées soit aux postulateurs, soit à Leurs Saintetés Pie IX et Léon XIII [1].

Cardinaux.

Leurs Éminences :

Donnet, archevêque de Bordeaux;

De la Puente, archevêque de Burgos;

De Bonnechose, archevêque de Rouen;

Riario Sforza, archevêque de Naples;

Guibert, archevêque de Paris;

Caverot, archevêque de Lyon;

Canossa, évêque de Vérone;

Deschamps, archevêque de Malines;

Franchi, secrétaire d'État de Léon XIII;

Paya y Roco, archevêque de Compostelle;

Benavides, patriarche des Indes;

Pie, évêque de Poitiers;

De Falloux, congréganiste de Rome;

Catani, archevêque de Ravenne;

Hergenrœther, congréganiste de Rome;

Manning, archevêque de Westminster;

Duech-Garriga, évêque de Barcelonne;

Lavigerie, archevêque d'Alger;

Haynald, archevêque de Colœza;

San Felice, archevêque de Naples;

---

1. Nous donnons à la fin, par ordre alphabétique, les noms des prélats adhérents et nous remercions le savant et gracieux chevalier Baldi de nous avoir aidé dans ce travail.

Massaja, archevêque de Staouropoli ;
Celesia, archevêque de Palerme ;
Ganglabauer, archevêque de Vienne ;
Gonzalez, archevêque de Séville ;
Mermillo, archevêque de Valence ;
Capecelatro, archevêque de Capoue ;
Battaglini, archevêque de Bologne ;
Schiaffino, congréganiste de Rome ;
Place, archevêque de Rennes ;
Langénieux, archevêque de Reims ;
Bernadou, archevêque de Sens ;
Mazzella, congréganiste de Rome ;
Desprez, archevêque de Toulouse ;
Richard, archevêque de Paris ;
Guilbert, archevêque de Bordeaux ;
Foulon, archevêque de Lyon ;
Mermillod, évêque d'Ebron ;
D'Annibal, évêque de Caristo ;
Galeati, évêque de Macerata ;
Bresso-Scilla, congréganiste de Rome.

Patriarches.

De Jérusalem.

« Je vous[1] remercie vivement de votre bel ouvrage, *la glorification du génie chrétien*, et du *Postulatum* que je vous retourne avec mon adhésion... Puisque l'immortel Pie IX a accueilli avec faveur la proposition verbale d'un procès exceptionnel pour la cause de l'admirable Christophe Colomb, et qu'il a dit ces paroles : *tentare non noce*, il n'existe à mes yeux aucune difficuté. »

« † VINCENZO. »

Jérusalem, 27 avril 1880.

1. Ces lettres ont été adressées au chevalier de Baldi.

D'Alexandrie.

« Je suis heureux de vous envoyer mon adhésion quoiqu'elle soit de minime valeur « pour l'introduction de la cause de béatification du grand Italien et fervent catholique, Christophe Colomb. Pardonnez-moi si je ne m'arrête pas à vous parler longuement du mérite de ce héros de la foi, je ne ferais que répéter ce que tant de prélats ont déjà mieux dit que je ne pourrais le faire ; mes pressantes occupations m'en empêchent d'ailleurs. »

« † Paolo Angelo, Patriarca d'Alessandria. »

De Cilicie, en Arménie.

« Plein de reconnaissance pour l'envoie de votre bel ouvrage et heureux de vos efforts pour la glorification du grand serviteur de Dieu, Christophe Colomb, je vous retourne le *Postulatum* que j'ai signé avec plaisir. En attendant, je désire heureux succès à votre entreprise en faveur de la gloire de Dieu, et de l'exaltation de notre sainte religion. »

« Antonio Piétro IX, Hassun,
Patriarca arm. cath. di Cilicia. »

Constantinople, 18 août 1880.

De Venise.

« C'est pour moi une grande consolation de pouvoir joindre mon nom à celui de tant d'illustres prélats qui ont demandé l'introduction de la cause du messager de Dieu dans le Nouveau-Monde. Je vous retourne donc le *Postulatum* muni de ma signature et de mon sceau et je veux espérer que les vœux de la catholicité seront couronnés de l'effet attendu ; et que si le nom de Christophe Colomb est depuis quatre siècles une des plus splendides gloires de l'Italie par l'importance et l'utilité de ses découvertes, il passera aux siècles futurs orné d'une auréole nouvelle bien plus glorieuse par la sainteté de sa vie et l'héroïsme de ses vertus solennellement reconnues et proclamées par l'Oracle du Vatican.

« DOMENICO, Patriarca di Venezia. »

Venezia, 18 juin 1880.

Archevêques.

Lettre de Mgr A. Charvaz, archevêque de Gênes.

« Très Saint-Père,

« Sachant qu'un prince de l'Église et quelques-uns de mes confrères dans l'épiscopat ont déjà exprimé à *Votre Sainteté* le désir de voir introduire devant la congrégation des rites la cause de béatification du pieux et illustre Christophe Colomb à qui le vieux monde doit la gloire de la découverte du Nouveau, en ma qualité d'archevêque du diocèse qui a donné le jour à ce grand et fidèle serviteur de Dieu, je viens moi-même très humblement, mais avec joie et confiance, vous exprimer le même vœu soit en mon nom particulier, soit en celui du clergé et des fidèles de mon diocèse. Quand on a lu l'histoire du célèbre navigateur Génois, écrite sous les auspices et par ordre de Votre Sainteté par le pieux et savant comte Roselly de Lorgues, on ne peut s'empêcher de reconnaître en lui une élection divine, une mission providentielle, un but éminemment élevé et saint ; la pratique des vertus chrétiennes portée jusqu'à l'héroïsme, et dans sa découverte du Nouveau-Monde qui a doublé le champ où travaillent les ouvriers évangéliques, une œuvre féconde pour l'extension du règne de Notre-Seigneur Jésus-Christ.

« La vie privée et publique de Christophe Colomb présente un tel ensemble de merveilleux et de surnaturel, fait briller de tels caractères de sainteté, que l'admiration, pour le grand homme se change en vénération pour le vrai disciple de l'Évangile et le fils dévoué de l'Église.

« Dès l'année 1854, avant la publication de l'*Histoire de*

Christophe Colomb, dans un discours prononcé à Gênes, en une circonstance solennelle en présence du roi, entouré de son auguste famille, de sa cour, de ses ministres et d'une foule immense de peuple, je signalais déjà, avec gloire et bonheur, la sainteté de la mission providentielle et évangélique de ce héros chrétien.

« Je ne me cache pourtant pas, Très Saint-Père, que la présente introduction de la cause de Christophe Colomb (qui fut successivement encouragé par trois papes, et dont Votre Sainteté, dans un Bref, loué le cœur évangélique, le zèle infatigable et le caractère providentiel) à cause de la nécessité de se conformer aux règles posées par le pape Benoist XIV ; mais Christophe Colomb, ayant passé sa vie presque tout entière sur les mers, sa grande œuvre étant exceptionnelle, la papauté l'ayant elle-même, à son époque, traité exceptionnellement, je supplie Votre Sainteté de vouloir user de son autorité souveraine pour introduire cette cause par voie d'exception.

« Ce serait, Très Saint-Père, un surcroît de gloire pour Votre Sainteté, un bonheur pour les fidèles de ce diocèse et pour tous les marins, à qui elle donnerait ainsi un glorieux patron et un admirable modèle qui leur manque encore, et dont ils sentent le besoin, si, un jour, l'on pouvait publiquement invoquer comme bienheureux ce grand navigateur, ce chrétien héroïque, que l'on regarde à juste titre comme une des plus majestueuses personnalités de l'histoire du monde et comme le premier apôtre de l'Amérique.

« Plein de cette douce espérance, je prie Votre Sainteté d'agréer l'hommage de ma profonde vénération et du parfait dévouement avec lesquels j'ai l'honneur d'être,

« Très Saint-Père,

« Votre très humble, très dévoué serviteur et obéissant fils,

« † ANDRÉ, Archevêque de Gênes. »

Gênes, 8 mai 1867.

Nosseigneurs :

D'Aquila.

« Vous accomplissez une œuvre sainte et éminemment patriotique en faisant ressortir la gloire humaine et divine du grand héros qui s'appelle Christophe Colomb. Je vous autorise à vous servir de la postulation que j'ai adressée à cet effet au Sa'nt-Siège le 6 janvier 1877. »

« É.-Louis Philippe, Arch. d'Aquila. »

23 février 1879.

De Siracusa.

« J'applaudis à votre idée pour la cause de Christophe Colomb; c'est un clou qu'il faut battre et rebattre conformément même à l'Évangile qui dit qu'il ne suffit pas de demander, *petite*, mais qu'il faut aussi frapper, *pulsate*..... L'héroïsme des vertus de Christophe Colomb est évident, les miracles viendront après. La Providence ne manquera pas d'en faire de nouveaux au besoin. »

« † E. Rocco, Arch. de Siracusa. »

San Domingo, 30 avril 1879.

De Palerme.

« J'ai lu d'un seul trait votre ouvrage, *La glorification du génie chrétien* et j'ai suivi avec attention le mouvement qui s'est produit depuis le Concile du Vatican pour revendiquer, à l'honneur de l'Église, l'illustre Génois. Et maintenant que vous apportez de nouveaux documents pour prouver avec tous les bons écrivains que la découverte du Nouveau-Monde est une œuvre toute chrétienne et que, suivant la parole du P. Ventura, Colomb est le génie le plus méritant du catholicisme dans les temps modernes, je joins mon approbation avec mon sceau au *Postulatum*. »

« Michelangelo Celesia, Arch. »

Palerme, 16 mai 1869.

Di Moureale.

« Il m'est agréable de vous dire que je fais des vœux pour que le Grand Colomb, le découvreur et l'apôtre du Nouveau-Monde qui a tant glorifié l'Église, soit enfin lui-même glorifié par l'Église. »

« † G.-M. PAPARDI DEL PARCO, Arch. »

Monreale, 2 juillet 1879.

D'Urbino.

« ... En vous accusant réception de votre livre *la glorification du génie chrétien*, et de la lettre de Son Em. Cardinal Donnet, je ne puis me dispenser de vous dire que c'est avec plaisir que j'appose ma signature au *Postulatum* que je vous retourne. »

« † ALESSANDRO ANGELONI, Arch. »

Urbino, 1er novembre 1879.

De Salerno.

« ... J'ai lu et admiré votre livre intitulé *La glorification du génie chrétien*, et je suis heureux de signer la supplique par laquelle on prie le Saint-Père d'introduire la cause de canonisation du grand serviteur de Dieu, Christophe Colomb.

« † VALERIO LASPRO, Arch. »

Salerno, 10 novembre 1879.

De Bari.

« ... Par ordre de Mgr l'Archevêque, je viens vous remercier de lui avoir envoyé votre livre : *La glorification du génie chrétien*, et vous dire qu'il a mis sa signature sur le *Postulatum* que je vous retourne.

« GÉNNÁRO, Card. délégué de l'Archevêque de Bari. »

Bari, 10 novembre 1879.

De Conza.

« ... Je ne vois aucune difficulté à joindre ma propre approbation à celle des éminents cardinaux et de mes vénérés confrères dans l'épiscopat pour la canonisation du héros du Nouveau-Monde. »

« † SALVATORE NAPPI, Arch. »

Conza, 2 décembre 1879.

De Cosenza.

« ... Quoique le plus petit dans la maison du Seigneur, je m'estime heureux si ma demande peut hâter la béatification de Christophe Colomb ; je renvoi le *Postulatum* signé de ma main.

« † CAMILLO SORGENTE, Arch. »

Cosenza, 15 décembre 1879.

De Naples.

« ... Je suis heureux de vous remercier la part de Mgr l'Archevêque pour vos ouvrages en faveur de la cause du découvreur du Nouveau-Monde et de vous transmettre son adhésion pour demander à Sa Sainteté l'introduction de cette même cause.

« FERDINANDO GRANATA, secrétaire. »

Naples, 28 décembre 1879.

D'Amalfi.

« ... Je suis d'avis pour glorifier le zèle apostolique d'un si illustre personnage destiné par la divine Providence à planter le premier la croix dans ces terres inhospitalières ; il est bon que les premiers pasteurs adressent au Saint-Siège des suppliques pour demander l'introduction de sa cause...

Je me rappelle que, me trouvant à Rome, j'eus occasion d'en parler à plusieurs évêques américains qui tous partageaient ma manière de voir à ce sujet.

« † FRANCESCO MAJORSINI, Arch. »

Amalfi, 16 décembre 1879.

De Durazzo.

« ... Bien volontiers je signe le *Postulatum* relatif à l'introduction de la cause du héros Christophe Colomb. »

« † F. Raffaele d'Ambrosio, Arch. »

Durazzo, 6 janvier 1880.

De Lanciano.

« ... Par ordre de M⁣ᵍʳ l'Archevêque, je vous retourne le *Postulatum* signé pour l'introduction de la cause de Christophe Colomb. »

« Francesco d'Amosi, secrétaire. »

Lanciano, 22 janvier 1880.

De Santa Severina.

« Je vous retourne la pétition signée par moi. Veuille le Ciel que les vœux universels de voir le Grand Colomb avec les honneurs de l'autel soient bientôt satisfaits.

« † Alessandro, Arch. »

S. Severina, 29 janvier 1880.

D'Udine.

« ... Adhérant de bon cœur aux désirs que vous m'avez manifestés dans votre lettre du 20 courant, je me suis joint aux éminents cardinaux et nos révérends collègues dans l'épiscopat en apposant ma signature à la pétition que je m'empresse de vous retourner. »

« † André, Arch. »

Udine, 23 février 1880.

De Camérino.

« ... Heureux que vous m'ayez donné l'occasion d'associer mon nom à celui de tant de cardinaux et évêques pour implorer le Saint-Père en faveur de l'introduction de la cause du serviteur de Dieu, Christophe Colomb, je vous renvoie la pétition dûment signée. »

« Félicissimo, Ach. di Camérino. »

Foligno, 18 mars 1880,

De Rossano.

« ... Je m'empresse de vous renvoyer le *Postulatum* pour
l'introduction de la cause du serviteur de Dieu, Christophe
Colomb; je l'ai signé avec plaisir. J'espère que les vœux de
l'épiscopat catholique et d'autres personnages distingués
finiront par décider le Souverain Pontife à signer, pour la
plus grande gloire de Dieu et le triomphe de l'Église, la
commission de l'introduction de la cause, en dispensant par
une faveur singulière de suivre la procédure ordinaire en
pareilles circonstances. »

« ✝ PIÈTRO, Arch. »

Rossano, 18 juin 1880.

De Cuglieri.

« ... En vous retournant le *Postulatum* signé par moi, je
souhaite de grand cœur, que non seulement le Saint-Siège
approuve l'introduction de la cause, mais aussi que cette
même cause obtienne un bon résultat et qu'elle serve à
rendre plus splendides les gloires de Gênes et de toute
l'Italie. »

« ✝ F. BOUFIGLIO MURA, Arch. »

Cuglieri, 18 juin 1880.

De Benvenuto.

« ... Je suis on ne peut plus heureux qu'un des premiers
actes de mon épiscopat puisse être l'apposition de mon nom
dans un supplique qui demande au Saint-Père la glorification
de Christophe Colomb. Je vous retourne donc la postulation
signée par moi et munie de mon sceau, plein d'espoir que le
vœu commun soit bientôt satisfait. »

« ✝ B. FEULI, Arch »

Benvenuto, 7 juillet 1880.

De Trani.

« ... Faisant pleine adhésion aux vœux des éminents cardinaux et évêques, touchant l'introduction de la cause sur

les vertus héroïques du méritant Christophe Colomb, courageux zélateur de la propagation du règne de Dieu dans le Nouveau-Monde. Je vous retourne le *Postulatum* muni de ma signature et du sceau épiscopal. »

« † GIUSEPPE DE BRANCHI DOTULLA, Arch. »

Trani, 7 juillet 1880.

Du Patriarche de Venise.

« ... Je vous retourne le *Postulatum* avec ma signature et mon sceau, et je veux espérer que les vœux de la catholicité en faveur d'une cause si belle seront couronnés de succès ; et que, si le nom de Christophe Colomb consitue depuis quatre siècles une des plus splendides gloires de l'Italie, il passera aux siècles futurs couronné d'une nouvelle auréole bien plus glorieuse que ses découvertes par la sainteté de sa vie et l'héroïsme de ses vertus solennellement reconnues et proclamées par l'Oracle du Vatican. »

« † DOMENICO Patriarcha. »

Venise, 18 juin 1880.

De Corfu.

« J'aurais signé depuis 1870 le *Postulatum* pour la béatification de Christophe Colomb, si le Concile du Vatican n'avait pas été interrompu ; lorsque l'illustre comte Tullius Dandolo me parla de ce projet quelques jours avant sa mort, j'y adhérai immédiatement. Je vous remercie néanmoins de me fournir l'occasion de satisfaire cet ancien désir, et je joins mon pauvre nom à celui de mes vénérables collègues, pour supplier le Saint-Père en faveur de la glorification du héros chrétien. »

« † SPIRIDIONE MADDALENA, Arch. »

Corfu, 8 août 1880.

D'Alessandria.

« ... Je suis heureux de concourir par mon adhésion, quoique de peu de valeur, à pousser la demande d'introduction de la cause de béatification du grand Italien et du fervent catholique Christophe Colomb. »

« † PAOLO ANGELO, Patriarcha d'Alessandria. »

Seregno, provincia di Milano, 9 août 1880.

D'Ephèse.

« ...C'est une véritable joie pour moi d'apposer ma signature sur une supplique qui a pour but de demander au Saint-Père l'introduction de la cause de canonisation du grand serviteur de Dieu qui a tant travaillé pour propager le royaume de Jésus-Christ. »

« † FRANCESCO FOLICALDI, Arch. »

Roma, 10 août 1880.

De Colosse.

« ...Votre lettre a renouvelé en moi l'émotion que j'ai éprouvée en Amérique en voyant des statues et des bustes répandus çà et là et surtout la colossale figure du héros génois peinte dans le cirque de Washington, portant en main la croix, comme cela convenait au premier apôtre du Nouveau-Monde Tout en respectant la sage et infaillible mesure que le Saint-Siège prendra à ce sujet, je suis heureux de répondre à votre invitation, d'apposer ma signature et mon sceau sur le *Postulatum* que vous m'envoyez... »

« † F. ANTONIO. M. a M. C., Arch. ».

Rome, 17 août 1880.

De Malte.

« ...Bien volontiers je mets ma signature et mon sceau au *Postulatum* que vous m'avez envoyé touchant la cause de canonisation de Christophe Colomb ; j'espère que Dieu, qui a déjà récompensé son fidèle serviteur au ciel, le glorifiera bientôt sur la terre, et ainsi seront satisfaits nos vœux et ceux de presque tout l'épiscopat catholique. »

« † CARMELO, Arch. »

Malte, 25 août 1880.

De Ravenne.

« .. Je vous retourne le *Postulatum* signé par moi, pour l'introduction de la cause du serviteur de Dieu, Christophe Colomb. »

« ✝ GIACOMO, card. CATTANI, Arch. »

Ravenna, 17 décembre 1880.

De Capoue.

Postulation spéciale de Mgr Capecelatro, archevêque de Capoue.

« Très Saint-Père,

« Personnne n'ignore que les vertus héroïques qui ont brillé dans l'illustre Christophe Colomb sont tellement connues dans tout l'univers que les évêques non seulement d'Italie, mais de la France, de la Belgique, de la Suisse et des autres nations ont demandé que les hommes de cette valeur soit placé sur le chandelier pour éclairer tous ceux qui sont dans la maison. Et comme tous les documents qui prouvent ses vertus, son esprit de prophétie et la gloire de ses miracles, ont été so'gneusement recueillis par la recommandation du Saint-Siège et qu'ils sont prêts à être soumis à votre jugement suprême; je me joins aux nombreux évêques, au vœu desquels je m'associe.

C'est pourquoi, Très Saint-Père, je demande instamment que Votre Sainteté daigne signer l'introduction de la cause de ce serviteur de Dieu, dans l'intérêt de la gloire de Dieu et de l'honneur de l'Église.

En attendant, appuyé sur cette espérance, prosterné aux pieds de Votre Sainteté, je vous prie de m'accorder la bénédiction apostolique ainsi qu'au troupeau qui m'est confié.

De Votre Sainteté, le très humble et très devoué serviteur.

« ✝ ALPHONSE, Arch. de Capoue. »

Capoue, 20 janvier 1881.

Évêques.

Nosseigneurs les évêques :

De Muro.

« ...Je suis heureux de vous déclarer qu'en adhérant à la glorification du génie chrétien, j'ai satisfait à un besoin ému et profond de mon âme. En visitant, en 1847, Gênes, je ne pu m'empêcher de m'écrier : Ingrate patrie, tu rends trop tard justice au mérite de ton illustre citoyen... J'unis mes humbles prières à celles des plus éminents représentants de l'Église pour qu'il plaise à Dieu de glorifier son serviteur jeté dans l'oubli par l'envie et la calomnie de ceux qui lui devraient une éternelle reconnaissance. »

« † F. Francesco Saverio d'Ambrogio,
Év. de Muro. »

De Cagli et Pergola.

« ...Je vous retourne le *Postulatum* signé par moi, en faisant des vœux non seulement pour vous, mais aussi pour la catholicité afin que la cause du grand ligure italien soit couronné d'un heureux résultat. »

« † Gioacchino cantagalli,
Év. de Cagli et Pergola. »

Pergola, 9 septembre 1879.

De Noto.

« ...Je ne puis m'empêcher de coopérer à la glorification du génie chrétien et je donne tout de suite ma signature d'adhétion au *Postulatum* que je vous retourne en vous remerciant de m'avoir fait participer à un si grand bien et à un si grand honneur.

« † Giovani Blandinni, Év. »

Noto, 4 novembre 1879.

De Girgenti.

« ... En m'unissant à l'épiscopat concernant les incompa-
rables vertus qui ornèrent l'inventeur du Nouveau-Monde, je
me hâte de vous retourner, munie de ma signature, la demande
adressée au Saint-Père pour l'introduction de la cause de sa
béatification. »

« † DOMENICO TURANO, Év. »

Girgenti, 14 novembre 1879.

De Caltagirone.

« ... Je vous retourne avec ma signature le *Postulatum* et
je désire que votre projet obtienne un bon résultat ; ainsi
sera augmentée la gloire de l'Italie, et nous glorifierons un
autre bienheureux qui a porté les lumières de l'Évangile
dans les contrées qu'il a découvertes..... »

« † GIO BATTA BONGIORNO, Év. »

Salazzoacreide, 9 novembre 1879.

D'Ivrea.

« ... Quelle gloire pour le christianisme si une parole
infaillible déclarait que la découverte du Nouveau-Monde fût
une inspiration de la foi ! mon approbation n'a aucune autorité ; cependant je vous l'envoie comme un encouragement
pour vos efforts en faveur d'une si noble cause et comme
témoignage de mon très vif désir de la voir triompher. »

« † DAVIDE RICCARDI, Év. »

Ivrea, 19 novembre 1879.

De Pinerolo.

« ... Ne pouvant faire grand'chose, je prierai Dieu qu'il
daigne vous accorder, ainsi qu'à tous ceux qui le désirent,
que le Saint-Siège prenne en considération la demande pour
l'introduction de béatification du grand héros Christophe
Colomb. »

« † GIOVANNI DOMENICO VASSAROTTI, Év. »

Pinerolo, 20 novembre 1879.

De Sarzana.

« Avec cette lettre, je vous renvoie le *Postulatum* signé par moi. Et, pour ne point prévenir aucun jugement de l'Église, j'ai jugé prudent de vous écrire deux mots par lesquels je me déclare disposé à m'en remettre, en tout, à la décision de Sa Sainteté. »

« † GIUSEPPE ROSATI, Év. »

Sarzana, 22 novembre 1879.

De Prenza.

Je vous retourne, signé par moi, le *Postulatum* auquel j'adhère de grand cœur. »

« † RAFAELE BIANCHI, Év. »

Prenza, 25 novembre 1879.

D'Alessandria.

« Je vous retourne le *Postulatum* avec ma signature. Il nous reste à prier de grand cœur pour que Dieu continue à rendre plus ardents les vœux pour la noble cause de notre héros, qu'il fasse mieux éclater encore sa sainteté, afin qu'au moment opportun, il console les vœux communs de la catholicité.

« † PIETRO GIOCONDO, Év. »

Alessandria, 25 novembre 1879.

De Trapani.

« ... Oui, elle a été souverainement chrétienne la vie de Christophe Colomb, ainsi que l'a démontré le savant et pieux comte Roselly de Lorgues, appuyé sur les documents les plus certains. D'où il résulte qu'il a été, à un degré héroïque, orné des vertus théologales et cardinales... Voilà pourquoi je crois qu'on peut conclure rigoureusement, que Christophe Colomb a été grand non pas seulement sur les choses naturelles, mais encore plus dans les surnaturelles ; qu'il a été non seulement un génie, mais un *saint* ; et qu'il y a lieu d'introduire la cause de sa béatification... »

« † FRANCESCO RAGUSA, Év. »

Trapani, 28 novembre 1879.

De Sora.

« ... Je vous retourne le *Postulatum* orné de ma signature
et de mon sceau et je m'unie ainsi aux nombreux collègues
dans l'épiscopat pour adresser cette demande à Sa Sainteté... »

« † IGNAZIO PERSICO, Év. »

Sora, 14 décembre 1879.

De Como.

« Je vous renvoie la copie du *Postulatum* avec ma signature et mon sceau. Espérons que le Saint-Père exaucera nos
supplications et donnera satisfaction à nos pieux désirs. »

« † PIETRO CARSANA, Év. »

Como, 20 décembre 1879.

De Patti.

« Je vous retourne un peu en retard le *Postulatum*, avec
ma signature. De mon côté, il me semble avoir fait tout ce
qui était nécessaire ; Dieu fera le reste. »

« † F. GIUSEPPE MARAGIOLO. »

Patti, 21 décembre 1879.

D'Avellino.

« Je vous restitue le *Postulatum* avec ma signature que
j'ai un peu tardé à vous retourner, voulant auparavant prendre connaissance de l'objet de la demande. »

« † FRANCESCO, Év. »

Avellino, 3 janvier 1880.

De Corneto.

« Mon adhésion ne peut vous faire défaut d'après tout ce
que vous me dites de notre compatriote Colomb. Soyez certain qu'allant à Rome, je travaillerai à ce que la cause soit
introduite et que soit prononcée la béatification, qui a procuré à l'Église les plus grands avantages. »

« † FRANCESCO, Év. »

Corneto, 3 janvier 1880.

D'Accera.

« Je me réjouis de vous transmettre, muni de ma signature
et du sceau épiscopal, le *Postulatum* pour la béatification du
découvreur du Nouveau-Monde, et il me sera agréable de
travailler, autant qu'il sera en moi, à ce que le héros qui
a, avec son zèle catholique, introduit la croix dans le Nouveau-Monde et enfanté tant d'enfants à l'Église. »

« † GIACÌNTO, Év. »

Acerra, 7 janvier 1880.

De Forli.

« ... Après l'exemple de tant de cardinaux, d'archevêques et
d'évêques, je n'ai point hésité à apposer ma signature sur
la postulation adressée au Saint-Père pour demander l'introduction de la cause du serviteur de Dieu, Christophe
Colomb... J'espère que Dieu voudra glorifier le messager de
la croix dans le Nouveau-Monde, qui a tant mérité de la religion et de la société. »

« † PIER-PAOLO, Év. »

Forli, 8 janvier 1880.

De Lecce.

« ... Déjà la presse m'avait appris les approbations et les
encouragements qui vous sont venus de tout côté pour votre
important projet... Je vous retourne le *Postulatum* signé
par moi, et j'espère que Dieu, bénissant vos efforts, daignera
glorifier ce grand homme par qui l'Église a pu faire briller
la lumière de la foi chez tant de peuples assis à l'ombre de
la mort. »

« † SALVATORE LUIGI, Év. »

Lecce, 8 janvier 1880.

De Massa Carrara.

« ... La trop belle vie de Christophe Colomb, écrit par le
comte Roselly de Lorgues, m'a donné de ce héros une si
grande estime, que je ne crains pas de m'approprier les pa-

roles de son éminence le cardinal Donnet, *la canonisation de Christophe Colomb est l'objet de mes espérances.* En attendant, il convient de former des vœux ardents pour que nos communes espérances soient bientôt réalisées.

« † GIO BATTA, Év. »

Mana-Carrara, 16 janvier 1880.

De Chioggia.

« ... Et moi aussi, quoique modeste enfant de l'ordre séraphique, j'éprouve une grande joie à joindre ma voix à celle de tant d'illustres cardinaux, archevêques et évêques pour demander l'introduction de la cause du grand Italien, devant la sainte congrégation des rites.

Daigne Dieu éclairer l'esprit du grand Pontife qui gouverne l'Église, pour réaliser tant d'espérances et satisfaire tant de vœux. »

« F. LUDOVICO MARANGONI, Év. »

Chioggia, 10 janvier 1880.

De Valle Lucano.

« ... J'ai toujours vu, dans les entreprises difficiles du héros Christophe Colomb, une pensée noble et divine, tendant à propager le règne de la foi. Maintenant que l'espérance de le voir sur les autels prend une grande consistance, je suis heureux de pouvoir donner, moi aussi, ma signature d'adhésion au *Postulatum*... Je prie Dieu de daigner couronner vos fatigues de succès et de nous voir, le plus tôt possible, glorifier celui qui, avec une si grande ardeur, a travaillé à élever le drapeau de la croix au milieu des infidèles et à le mettre à la place des idoles abattues. »

« † PRETO, Év. »

Valle Lucano, 11 janvier 1880.

De Castellamare.

« ... Je vous retourne ci-jointe la pétition signée par moi, pour demander la canonisation de Christophe Colomb. Dieu tout puissant qui voit nos cœurs voudra bien prendre en bonne part notre demande et la faire tourner à sa gloire. »

« † VINCENZO M, Év. »

Castellamare di Stabia, 27 janvier 1880.

De Nusco.

« En l'absence de Monseigneur, je vous transmets le *Postulatum* signé par lui. Que Dieu veuille vous bénir dans une cause si méritoire aux yeux de Dieu et des nations incultes. »

« PASQUALE MELUJEIS, délégué de l'évêque. »

Nusco, 7 février 1880.

De Ruvo et Bitonto.

« Avec un vif désir de voir exaucés les vœux de l'épiscopat, j'ai signé la pétition que je vous renvoie et que tout soit pour la plus grande gloire de Dieu. »

« † VINCENZO, Év. »

Napoli, 9 février 1880.

De Telese e Cerreto.

« Bien volontiers je mets ma signature à la pétition que vous m'avez envoyée en souhaitant que Dieu daigne inspirer au Saint-Père de condescendre aux vœux de l'épiscopat catholique et de satisfaire ainsi l'attente commune des fidèles pour l'introduction de la cause de béatification de Christophe Colomb. »

« † LUIGI SODO, Év. »

Cerreto-Sarmita, 10 février 1880.

D'Iscia.

« ... Je m'estime honoré de vous renvoyer le *Postulatum* pour la cause de canonisation de Christophe Colomb sur lequel Monseigneur l'évêque a apposé sa signature et son sceau avec une grande joie. »

« DOTTOZ, F. DIMARTIS, secr. de l'Év. »

Iscia, 10 février 1880.

De Catanzaro.

« ... Je me fais un devoir de vous retourner le *Postulatum* pour l'introduction de la cause du grand Christophe Colomb ; Monseigneur infirme, n'ayant pu vous répondre lui-même, a signé avec grand plaisir cette supplique. »

« CAN SAVERIO TIRIOLO, pro. vic. gén ».

Catarozaro, 10 février 1880.

De Lucera.

« ... Lecteur de l'ouvrage remarquable du comte Roselly, je ne puis ne pas sympathiser avec le héros génois, d'autant plus que j'ai tenu à en faire célébrer le mémoire dans mon séminaire soit dans les académies, soit dans les représentations théatrales. Voilà pourquoi, vous louant du zèle que vous employez pour en obtenir la glorification sur les autels, je prie Dieu qu'il daigne satisfaire tous nos désirs. »

« † GIUSEPP MARIA COTELESSA, Év. »

Lucera, 13 février 1880.

De Pracenza.

« ... Toute la vie de Christophe Colomb est un enchaînement continu, étonnant, merveilleux de vertus, les unes plus sublimes que les autres. Toutes ses entreprises, tous ses sacrifices, toutes ses paroles, toutes ses actions prouvent chez lui, non seulement le héros de la civilisation, mais le héros du christianisme, le héros de la croix, le fils très dévot et très tendre de la Vierge Marie, de l'Église cátholique, et du Pontife romain. Toutes ces choses prouvent en lui le précurseur de la foi dans le Nouveau-Monde, le génie le plus méritant de notre sainte religion, le régide observateur non seulement des préceptes, mais aussi des conseils évangéliques... Voilà pourquoi je fais des vœux pour qu'un jour nous puissions le voir orné de l'auréole de saints. »

« † GIOVANNI-BATTISTA, Év. »

Pracenza, 12 février 1880.

De Riéti.

« ... Je vous retourne la supplique avec ma signature. Vous m'excuserez si je ne vous ai pas répondu plus tôt. C'est que j'ai voulu prendre connaissance d'une question si importante. »

« † F. EGIDIO, Év. »

Rieti, 18 février 1880.

De Trivento.

« ... Bien volontiers j'ai apposé ma signature au *Postulatum* pour la canonisation de Christophe Colomb. J'espère que le Saint-Père, inspiré par l'esprit saint, daignera faire bonne figure au vœu de l'épiscopat catholique concernant la glorification de l'inventeur du Nouveau-Monde. »

« † F. LUIGI, Év. de Trivento »

De Cervia.

« ... Je vous retourne le *Postulatum*, signé par moi, quoique je n'aie pas eu le temps d'examiner en détail les vertus héroïques de notre glorieux Italien ; cependant, d'après les attestations de son Éminence le cardinal Donnet et de tant de vénérables confrères, je ne puis refuser mon assentiment à demander l'introduction d'une cause qui sera si glorieuse pour notre patrie. »

« † FREDERICO, Év. »

Cervia, 19 février 1880.

D'Andria.

« ... C'est avec une grande joie que j'ai signé le *Postulatum* qui a pour objet la cause de canonisation de l'admirable catholique Christophe Colomb. Je suis convaincu de l'héroïsme de ses vertus chrétiennes parce qu'il a été un miracle de patience qui *opus perfectum habet...* Il a été très grand en religion, très grand dans la foi et dans la charité... Je vous souhaite un très heureux succès pour une aussi bonne cause.

« † FREDERICO, Év. »

Andria, 18 février 1880.

D'Acquapendente.

« ... A peine ai-je fini de lire votre lire, moi qui avait été un des premiers à lire celui du comte Roselly de Lorgues, que je ne veux pas tarder une minute à vous renvoyer signée de ma main la supplique adressée au Saint-Père. »

« † CONCETTO, Év. »

Acquapendente, 19 février 1880.

D'Osimo.

« ... Je vous transmets le *Postulatum* avec ma signature. Admirateur, dès ma jeunesse, des grandes vertus de Christophe Colomb, je suis heureux de témoigner mon entière et affectueuse estime au héros chrétien en joignant ma demande à tant d'illustres confrères pour l'introduction de la cause de béatification. »

« † MICHELE, Év. »

Osimo, 22 février 1880.

De Ripatransone.

« ... Rien n'est plus agréable à Monseigneur l'évêque que de joindre ses vœux à ceux de l'épiscopat catholique pour la glorification de l'immortel Christophe Colomb, qu'il a toujours admiré et vénéré, voilà pourquoi je suis chargé de vous retourner le *Postulatum* signé de sa main. »

« † VINCENZO FRANCESCHINI, Pro, vic. gén. »

Ripatransone, 24 février 1880.

De Montalcino.

« ... J'ai signé avec plaisir et je vous retourne le *Postulatum* pour l'introduction de la cause du messager de la croix dans le Nouveau-Monde. »

« † DOMINO, Év. »

Barga, 25 février 1880.

De Montalto delle Marche.

« ... Je vous retourne, signée de ma main, la demande adressée au Saint-Père pour l'introduction de la cause de béatification du grand et pieux Christophe Colomb, qui a, au péril de sa vie, enrichi l'Église d'une multitude innombrable d'enfants. Dieu veuille que ce fidèle serviteur obtienne sur la terre la gloire immortelle qu'il possède au ciel. »

« † ELEONORE, Év. »

Montalto delle Marche, 25 février 1880.

De Fossombrone.

« ... Je vous retourne, avec ma signature et mon sceau, la pétition pour l'introduction de la cause du grand messager de la croix dans le Nouveau-Monde, très heureux de pouvoir concourir, d'une manière bien modeste, à la glorification d'un héros qui a tant fait pour la gloire de Dieu et le salut de ses frères et des nôtres. »

« † FILIPPO FRATELLINI, Év. »

Fossombrone, 26 février 1880.

De Nicotera e Tropea.

« ... Je me fais un devoir de vous retourner, muni de ma signature, le *Postulatum* que vous m'avez envoyé et vous remercie de la monographie qu'il vous a plu de m'offrir. »

« † FILIPPO DE SIMONE, Év. »

Acri, 24 février 1880.

De Nuoro.

« ... En apprenant l'histoire et la géographie dans ma jeunesse, j'ai été frappé de voir que Christophe Colomb avait donné des noms de saints ou de choses saintes aux pays et aux îles qu'il avait découverts. Cela m'apprit à admirer la piété et la religion de ce saint homme qui répondit aux contradictions, aux persécutions et aux complots, par la patience, la mansuétude et l'abnégation, mettant son espérance en ce Dieu qui lui avait inspiré la découverte du Nouveau-Monde. Je vous renvoie donc le *Postulatum* muni de ma signature et de mon sceau. »

« † F. SALVATORE AGELO MARIA, Év. »

Nuoro, 26 février 1880.

16.

De Terracina

« ... J'ai déjà signé des *postulata* pour l'introduction de la cause de Christophe Colomb dont je connaissais la vie et les vertus, puisqu'il a été tertiaire de mon ordre et le confident des P. Perez et d'autres religieux mes confrères qui furent ses premiers compagnons dans son entreprise; mais, pour vous être agréable, je signe ce nouveau *Postulatum* en demandant à Dieu de me faire la grâce de voir, avant ma mort, l'introduction ne cette cause. »

« † FR. BERNADIN TRINOFETTI, Év. »

Terracina, 27 février 1880.

De Veroli.

« ... Je me réjouis immensément en apprenant les démarches que l'on fait pour la cause de la canonisation du messager de la croix, Christophe Colomb. Je m'unis de grand cœur aux autres confrères dans l'épiscopat pour apposer ma signature sur le *Postulatum* rédigé par S. Ém. le cardinal Donnet. »

« † GIO-BATTA, Év. »

Veroli, 28 février 1880.

D'Alès.

« ... Je vous envoie, signée et timbrée, la pétition adressée au Saint-Père pour l'introduction de la cause de béatification de cet homme privilégié, que Dieu, dans les desseins de sa bonté, a destiné à planter le signe de la rédemption dans le Nouveau-Monde et appeler à la foi les peuples ignorants et barbares.

« Je ferai tout ce que vous désirez pour la glorification d'un héros pour lequel j'ai de l'admiration et de la dévotion, et je désire vivement que bientôt l'Église lui rende le culte que dans mon particulier je lui rends par mes prières. »

« † FRANCESCO, Év. »

Alès, 1er mars 1880.

De Teramo.

« ... J'accueille avec grand plaisir l'occasion que vous me
fournissez d'unir mes vœux à ceux de tant d'illustres confrères dans l'épiscopat pour proposer la canonisation du
grand et immortel inventeur du Nouveau-Monde. Et cela
parce que de récentes études historiques inspirées pas la
plus sévère critique ont rendu cette mémoire si brillante et
si vénérable que la calomnie la plus opiniâtre ne saurait
l'obscurcir, je vous retourne donc la postulation munie de ma
signature et de mon sceau. »

« † Michel, Év. »

Teramo, 19 mars 1880.

De Cremona.

« Je vous retourne avec ma signature le *Postulatum* pour
la sainte cause dont vous êtes l'infatigable promoteur. Je
fais des vœux du plus intime de mon cœur pour que l'âme
si courageuse et si héroïque et en même temps si humble
et si douce de Christophe Colomb, qui a tant fait et tant
souffert, puisse recevoir les honneurs des autels et que sa
gloire éclate pur et impérissable sur le front de l'Église. »

« † Geremia Boromelli, Év. »

Cremona, 13 juin 1880.

De Recanati.

« ... De grand cœur, j'appose ma signature sur le *Postulatum* adressé au Saint-Père pour l'introduction de la cause
du serviteur de Dieu, Christophe Colomb... »

« † Tommaso, Év. »

Recanati, 14 juin 1880.

De Tortana.

« ... Monseigneur l'évêque me charge de vous retourner,
muni de sa signature, le *Postulatum* pour l'introduction de
la cause de Christophe Colomb. »

« Gastaldi, Chanoine secrétaire. »

D'Ancona.

« ... Je me fais un devoir de répondre à votre invitation en vous retournant munie de ma pauvre signature la lettre postulatoire pour l'introduction de la cause du serviteur de Dieu, Christophe Colomb. Je prie Dieu de vouloir bien couronner votre zèle en glorifiant le génie qui a porté la croix dans un monde nouveau et qui a invité tant de peuples barbares à connaître le Seigneur. »

« † ACHILLE, Év. »

Ancona, 22 juin 1880.

De Cesena.

« ... Je me fais un devoir de vous retourner, muni de ma signature, le *Postulatum* que vous m'avez envoyé. »

« † PAOLO, Év. »

Cesena, 26 juin 1880.

De Gublio.

« ... Je vous retourne, avec ma signature, le *Postulatum* en faveur de Christophe Colomb.. En lui appliquant la règle connue du docteur Angélique, nous devons tenir pour certain que Dieu l'a orné de tous les dons de corps, de cœur, d'intelligence et d'âme qui l'ont rendu digne de la mission à laquelle il le destinait. Si ces qualités sont arrivées au point de vertus héroïques, c'est au Maître infaillible de la foi et de la morale chrétienne à le juger, et nous implorons instamment cette sentence. »

« † J. Év. »

Gublio, 1er juillet 1880.

De Comacchio.

« ... C'est avec plaisir que j'appose ma pauvre signature sur le *Postulatum* pour demander à la sainte Église que le nom du pieux et glorieux Italien soit arraché à la profanation de l'esprit révolutionnaire, et qu'il soit rendu à sa splendeur première, à l'honneur et à l'ornement de la religion catholique. »

« † LUIGI, Év. »

Comacchio, 2 juillet 1880.

De Lacédonia

« ... Persuadé qu'il faut profiter de toutes les occasions pour rappeller la société à le *surnaturel* dont elle s'éloigne, j'ai signé de bon cœur le *Postulatum* que vous m'avez envoyé. Si Dieu inspire à son vicaire d'élever Colomb sur les autels, nous aurons une raison de plus pour crier à la société : « Vois si le surnaturel t'est utile ou non, s'il empêche ou s'il favorise le développement des sciences naturelles »... »

« † PIETRO JORIO, Év. »

Lacédonia, 2 juillet 1880.

De Claudiopoli.

« ... Je voudrais avoir la plume et le cœur du vénérable et éminent comte Roselly de Lorgues pour formuler, d'une manière digne, un *Postulatum* au Saint-Père pour accélérer la cause de béatifiaction et de canonisation de Chritophe Colomb, ce saint apôtre qui, après sa glorification, deviendrait l'apôtre de l'Afrique centrale qui est aussi un nouveau monde encore peu connu. Cette cause me tient au cœur, et il me tarde de le voir élevé aux honneurs des autels. J'irais volontier dans le feu, comme on dit, pour avoir le plaisir de voir réussir cette cause, tant je suis persuadé que Colomb est un saint.

« DANIELE COMBONI, Év. de Claudiopoli et vicaire
apostolique de l'Afrique centrale. »

Verona dall Istituto africane, 3 juillet 1880.

D'Oria.

« ... J'adhère de grand cœur à la demande que vous me faites de joindre mon vœu à celui de l'épiscopat catholique pour demander au Souverain Pontife que le célèbre Christophe Colomb soit inscrit au catalogue des saints et qu'il en jouisse les honneurs et la gloire... »

« † Luigi Év. »

Francavilla-Fontana, 4 juillet 1880.

De Sarno et Cava.

« ... J'applaudis à votre pensée de poursuivre la glorification de votre grand compatriote Christophe Colomb, qui ne s'exposa à tant de dangers, ne traversa tant de mers et tant de contrées sauvages que pour propager notre foi catholique. De sorte que c'est à bon droit que l'on peut répéter de lui ce que l'on dit du précurseur : « Il fut un homme envoyé de Dieu ». Je vous retourne la postulation que j'ai signée avec plaisir. »

« † Giuseppe, Év. »

Cavadei Tirreni, 6 juillet 1880.

De Casale.

« ... La découverte d'un nouveau monde qui ne s'est pas faite sans une inspiration spéciale de Dieu, les vertus héroïques, pratiquées par Christophe Colomb dans l'exécution de sa difficile entreprise, la droiture et la sainteté de l'intention avec lesquelles il s'est adonné à cette entreprise si grande, méritent justement qu'elles soient prises en considération par le chef de l'Église pour glorifier, selon ses mérites, ce grand serviteur de Dieu et pour mieux accroître chez les fidèles le sentiment de la foi et de la charité. Il faut donc prier Dieu pour que — si tel est son plaisir — il daigne exalter et rendre plus éclatante la sainteté de Christophe Colomb qui, en découvrant l'Amérique, a donné à l'Église un monde nouveau. »

« † Pietro Maria, Év. »

Casal Monferrato, 6 juillet 1880.

De Tempio.

« Je m'associe bien volontiers au vœu de tant d'illustre

cardinaux et évêques pour supplier le Saint-Père de vouloir bien permettre l'introduction de la cause du serviteur de Dieu, Christophe Colomb. Je vous retourne donc le *Postulatum* signé et timbré. »

« † FILIPPO, Év. »

Tempio, 12 juillet 1880.

D'Oria.

« Je vous prie de transmettre à Sa Sainteté notre Saint-Père le pape Léon XIII la supplique ci-jointe, par laquelle je la prie de vouloir bien introduire la cause du grand serviteur de Dieu, Christophe Colomb, pour qu'il soit, s'il plaît à Dieu, inscrit au nombre des bienheureux. »

« † LUIGI, Év. »

Francavilla-Fontana, 15 juillet 1880.

D'Atri.

« Alité depuis six ans et ne pouvant faire aucun usage de mes mains, je charge une personne de l'évêché pour mettre le sceau épiscopal sur le *Postulatum,* pour la cause de la béatification de l'apôtre du Nouveau-Monde, Christophe Colomb. Je fais des vœux pour que les prières communes soient bientôt exaucées afin que les générations présentes et futures aient une nouvelle preuve que les plus grandes et les bienfaisantes entreprises sont inspirées par la croix du Nazaréen. »

« † VINCENZO D'ALFONSO, Év. »

Atri, 16 juillet 1880.

D'Alghero.

« ... Je vous renvoie, muni de ma signature et de mon sceau, le *Postulatum* pour l'introduction de la cause de l'immortel Christophe Colomb. »

« † GIOVANNI M., Év. »

Alghero, 15 juillet 1880.

De Potenza.

« J'ai l'honneur de vous renvoyer le *Postulatum* sur

lequel j'ai apposé, avec le plus grand plaisir, ma signature...

« Christophe Colomb a déjà conquis l'immortalité dans les plus précieuses annales historiques de notre Italie privilégiée; il n'y a aucun doute qu'il ne l'ait acquise aussi au ciel; il nous importe d'espérer fermement qu'avec l'aide infaillible du Saint-Siège apostolique, il acquerra aussi celle des autels. »

« † Luigi Cartelli, Év. »

Potenza, 17 juillet 1880.

De Galliopoli.

« En présence du *Postulatum* pour l'introduction de la cause de béatification du grand et pieux Christophe Colomb qui a ouvert aux apôtres de l'Évangile un nouveau monde, et qui a été approuvé par tant de cardinaux et d'évêques, illustres par la science et la vertu, je ne me puis, moi le dernier de tous, me refuser à donner mon adhésion; voilà pourquoi je vous retourne la postulation munie de ma signature et de mon cachet. »

« † Frat Enrico Carfagnini, Év. »

Roma, 18 juillet 1880.

De Boiano.

« Je m'associe aux saintes pensées de tant de respectables prélats et de l'Éminentissime cardinal Donnet, en mettant ma signature sur le *Postulatum* que je vous retourne...

Il n'y a pas moyen de révoquer en doute les grandes actions du serviteur de Dieu, Christophe Colomb, qui passe, à bon droit, dans l'opinion publique, à cause de ses rares vertus, pour le plus grand messager de la croix dans le Nouveau-Monde. »

« † Francesco, Év. »

Boiano, 19 juin 1880.

De Sessa Arunca.

« ... Je m'unis volontiers aux vœux de tant de cardinaux et d'évêques illustres, pour demander l'introduction de la

cause de béatification du grand serviteur de Dieu, le martyr
des souffrances et des ignominies dans les cachots et les
chaînes qu'il a subies héroïquement pour la gloire de Dieu
et le salut des âmes. »

« † RAFFAELE, Év. »

Sessa Arunca, 19 juillet 1880.

De Perugia.

« ... La Providence a voulu sagement que, de tous les points
du monde, on adresse au Souverain Pontife des demandes
de l'épiscopat catholique pour qu'on décerne les honneurs
publics de l'Église à Christophe Colomb qui a commencé la
découverte du Nouveau-Monde en levant l'ancre au nom de
Jésus-Christ et qui l'a achevée en y plantant l'étendard de
la Rédemption au chant de *Vexilla Regis prodeunt.*

« Mon vœu est de peu d'importance, mais je vous l'envoie
de tout cœur. »

« † FEDERICO, Év. »

Perugia, 20 juillet 1880.

D'Acireale.

« Dieu semble bénir les nobles et infatigables efforts que
vous déployez pour la glorification du génie chrétien dans
la personne du pieux et généreux messager de l'Évangile
dans le Nouveau-Monde, avec le vœu imposant et solennel
que vous réussissiez à recueillir dans l'épiscopat catholique...
Je m'unis volontiers à mes confrères pour adresser ma sup-
plication au Souverain Pontife. »

« † GERLANDO MARIA, Év. »

Acireale, 27 juillet 1880.

De Couversano.

« ... Du moment que l'opinion de tant et de si illustres
cardinaux et évêques s'est manifestée d'une manière si splen-
dide, il ne me reste qu'à me mettre à l'ombre de leurs jugements autorisés pour demander la glorification de l'intrépide

17

Génois ; voilà pourquoi je vous retourne le *Postulatum* muni de ma signature et de mon sceau. »

« ✝ AUGUSTO ANTONINO VICENTINI, Év. »

Couversano, 28 juillet 1880.

De Ceneda.

« J'ai voulu attendre le retour de mon coadjuteur, Mgr Sigismond des Comtes Brandolini des Roverdo, pour vous envoyer le *Postulatum* concernant la canonisation du grand découvreur du nouvel hémisphère, Christophe Colomb. Dans ce siècle où on fait l'apothéose de certaines fausses grandeurs, il est juste de travailler à la glorification de celui qui a été vraiment grand et qui a bien mérité de l'Église et de l'humanité et qui, par ses vertus, a étendu les effets de la Rédemption divine. »

« ✝ CORRADINO MARIA, Év. »

Ceneda, 3 août 1880.

De Troia.

« ... Et moi aussi, après avoir imploré l'aide de Dieu, j'ai l'honneur de me joindre à tant de confrères dans l'épiscopat, en vous envoyant le *Postulatum* signé de ma main.

« Veuille Dieu que, pour sa plus grande gloire et dans l'intérêt de l'Église catholique, on élève sur les autels le héros apostolique qui a révélé au monde la création du monde dans son entier. »

« ✝ F. TOMMASO, Év. »

Troia, 3 août 1880.

De Malta.

« Bien volontiers, j'ai mis ma signature sur le *Postulatum*, afin que Dieu qui a déjà récompensé son fidèle serviteur au ciel, daigne aussi le glorifier sur la terre ; ainsi seront exaucés mes vœux et ceux de l'épiscopat catholique. »

« ✝ CARMELO, Év. »

Malta, 25 août 1880.

De Zante.

« ... J'ai lu avec un grand plaisir la postulation que j'ai signée. Tout en faisant des vœux pour l'accomplissement de vos vœux et ceux de tant de personnages illustres, je vous félicite pour le zèle que vous déployez en faveur du héros chrétien, Christophe Colomb. »

« † F. EVANGELISTA BONI. »

Zante, 26 août 1880.

De Fossano.

« ... Christophe Colomb est un héros par son courage, et comme il a sanctifié le courage par la vertu de la religion chrétienne, son courage devient héroïsme en foi, un prodige de la grâce qui opérait en lui. La fin de sa vie est une preuve évidente qu'il a vécu par Jésus-Christ et son admirable entreprise n'avait d'autre but que la propagation de l'Évangile, la glorification du Christ et le salut des âmes. Si on y ajoute la faiblesse des moyens qu'il a employés, je dis que la sainteté de sa vie est inséparable du prodige de ses œuvres.

« Telles sont mes convictions et je désire que le Souverain Pontife avec sa parole infaillible l'affirme solennellement. »

« † EMILIANO MANACORDA, Év. »

Fossano, 27 août 1880.

De Venosa.

« C'est avec plaisir que je vous envoie mon adhésion à la glorification du grand Christophe Colomb. »

« † F. FRANCESCO, M. a. Év. »

De Colofonia.

« ... Je n'ai pas assez de paroles pour vous dire avec quelle reconnaissance et respectueuse affection j'ai reçu votre précieuse lettre et le sublime volume ayant pour titre : *La glorification du génie chrétien.* « Je vous renvoi le *Pos-*

tulatum muni de ma signature et de mon sceau en vous souhaitant de voir bientôt vos efforts couronnés de succès... »

« ✝ FIDELE DHEM, Év. de Colofonia. »

Jassy, 13 septembre 1880.

D'Isernia.

« ... Avec grand plaisir je joins ma signature à celle de l'épiscopat catholique pour l'introduction de la cause du grand Christophe Colomb, et je fais des vœux que le Souverain Pontife régnant donne satisfaction à vos désirs. »

« ✝ AGNELLO, Év. »

Isernia, 22 septembre 1880.

De Norcia.

« ... La maladie m'a empêché de signer plus tôt le *Postulatum* pour l'introduction de la cause de béatification du grand Christophe Colomb... »

« ✝ RAFFAELE, Év. »

(Umbria) Norcia, 5 octobre 1880.

D'Almira.

« Je vous retourne le *Postulatum* avec ma signature et mon sceau... Je me réjouis de voir tous les efforts que l'on fait pour exalter les vertus d'un homme qui a tant mérité de la chrétienté et qui a tant contribué à la gloire de Dieu et au salut des âmes, par son activité et ses vertus chrétiennes. Espérons que Dieu voudra bien lui accorder sur la terre les honneurs qu'il décerne à ses héros. »

« ✝ F. GAETANO CARLI, Év. »

Rome, couvent des Capucins, 26 novembre 1880.

De Scio.

« ... Je suis heureux de vous envoyer mon adhésion au *Postulatum* pour l'introduction de la cause de béatification et canonisation du serviteur de Dieu, Christophe Colomb, et cela d'une manière exceptionnelle de même que lui-même a été un héros et un saint exceptionnel... En attendant, je prie Dieu de vouloir bénir vos efforts qui seront d'un si grand profit pour la gloire de l'Église, de l'humanité et de Gênes. »

« † IGNAZIO N. GUISTINIANI DEI CONTI FORNETTI.

De Castellanata.

« Vous trouverez, ci-inclu, le *Postulatum* avec ma signature. Il est souverainement opportun, à notre époque, de démontrer, par les faits, que l'Église catholique a toujours été la bienfaitrice du monde et la civilisation de la société. Une grande preuve jointe à tant d'autre serait la canonisation de Christophe Colomb, le héros génois qui, poussé par la foi et animé par la charité, a conquis un nouveau continent avec l'étendart de la croix chrétienne. »

« † GAETANO, Év. »

Castellanata, 12 décembre 1880.

De Santorino.

« ... Je m'associe avec plaisir à cet acte de justice et de convenance. Il est certain que Christophe Colomb, par la découverte du Nouveau-Monde, a bien mérité, à bon droit, d'être proposé à la vénération des fidèles. »

« † ANTONI GALIBERT, Év. »

Santerino, 12 décembre 1880.

De Robbio.

« Je m'unis volontiers à mes collègues et avec l'épiscopat pour mettre ma signature et mon sceau sur le *Postulatum* dans lequel on demande la canonisation de Christophe Colomb. Cet hommage est bien dû au héros embrasé de zèle pour la foi catholique, à l'intrépide découvreur du Nouveau-Monde pour la glorification de Jésus-Christ. Demander la glorification du génie chrétien c'est aussi revendiquer pour notre terre classique des arts, du génie et de la sainteté, le génie qu'elle seule a inspiré et encouragé... »

« † GIOVANNI BATISTA, Év. »

Bobbio, 15 janvier 1881.

De Callinico.

« C'est pour moi une immense consolation de demander au Souverain Pontife, de vouloir bien signer l'introduction de la cause de béatification de Christophe Colomb. J'ai lu le pour et le contre sur ce héros ; mais je demeure convaincu que sa mémoire doit rester intacte... »

« † ANICETO, Év. »

Alvito, 18 janvier 1881.

De Rimini.

C'est avec grand plaisir que je m'unis à mes vénérés collègues les évêques pour demander la canonisation de Christophe Colomb... »

« FRANCESCO BATTAGLINI, Év. »

Rimini, 29 janvier 1881.

De Sira.

Christophe Colomb, à nos yeux, est non seulement un génie, mais un saint ; parce que le génie, tout seul, est incapable de déployer tant de force et tant de persévérance dans ses projets, tant de patience dans sa vicissitudes, et les terribles adversités et tant de confiance dans la réussite de sa grande entreprise.

« Je m'associe donc de grand cœur à la canonisation du serviteur de Dieu, Christophe Colomb. »

« † F. TOFILO MASSUCCI, Év. »

Sira, 14 février 1881.

Évêques espagnols.

Pour ne pas fatiguer le lecteur, nous nous contenterons de ne citer que quelques lettres d'évêques espagnols, nous réservant de donner les noms de tous ceux qui ont adhéré au *Postulatum*.

En tête, ils convient de citer celle de l'évêque de Salamanque où les projets du futur amiral de l'océan furent tant étudiés et discutés ; comme elle a une importance exceptionnelle nous allons citer, dans son entier, la lettre que Mgr Narcisse a adressé au Saint-Père à ce sujet.

Salamanque, 1er janvier, A. D. 1881.

Très Saint-Père.

« Comme évêque de Salamanque, je m'unis aux vœux de mes confrères pour prier Votre Sainteté de daigner signer, avec les dispenses requises, le décret d'introduction de la cause du serviteur de Dieu, Christophe Colomb. Le soussigné demande cette grâce, avec d'autant plus de plaisir qu'il est l'évêque d'un diocèse dont la ville principale a possédé les RR. PP. Dominicains qui ont entendu l'audacieux Christophe Colomb exposer son idée, qui l'ont approuvé après l'avoir écouté avec bienveillance, et qui l'ont si bien appuyé de leur pouvoir auprès des rois catholiques, que Christophe Colomb lui-même n'a pas hésité à affirmer qu'il devait le succès de son entreprise à la divine Providence d'abord et ensuite à la faveur et à la protection des Pères du couvent de Salamanque.

« Tout le monde sait que notre héros n'a reçu ni récompense ni reconnaissance. S'il est certain que Christophe Colomb a été victime de l'envie et des persécutions, il n'est pas moins certain que ce qu'on rapporte de l'hostilité qu'il aurait trouvée chez les docteurs de Salamanque, n'est qu'une invention des protestants et des ennemis de l'Espagne.

« Il est surtout avéré, à l'heure qu'il est, que les fameuses controverses que Christophe Colomb aurait eues avec les docteurs de Salamanque, controverses revêtues de couleurs poétiques, n'ont existé que dans l'imagination de ces auteurs.

« Donc, espérant que ce vœu de l'univers catholique ne restera pas sans résultat, le soussigné implore la bénédiction apostolique.

« † NARCISSUS, Ep. Salmaticencis

« Et adm. ap. Civitatens. in Vallisoletana. »

De Cuença.

« ... Avec grand plaisir je vous renvoie, signée par moi, la postulation pour demander à Sa Sainteté qu'il veuille bien procéder à la béatification de Christophe Colomb. »

« † L'Évêque de Cuença, en Espagne. »

Cuença, 11 décembre 1880.

De Grenade.

« ... C'est de grand cœur que je vous retourne signé le *Postulatum* pour la béatification de Christophe Colomb et cela non seulement pour certaines et générales raisons énumérées dans ce document, mais aussi pour d'autres spéciales qui me regardent personnellement. La première, parce que j'ai passé quatre ans comme archevêque dans l'île de Saint-Domingue, découverte par l'illustre Colomb et dans laquelle il a érigé le premier évêché américain ; la seconde, parce que je remplis la même charge et la même dignité dans cette ville de Grenade, pendant le siège de laquelle l'illustre citoyen génois demanda et obtint des rois catholiques Ferdinand et Isabelle des secours pour leur conquérir de nouveaux royaumes, et que, sortant de cette ville muni d'argent et de présents, il vola, monté sur de frêles caravelles, à la découverte d'un nouveau monde, poussé par l'inspiration divine. Voilà pourquoi je souhaite que Léon XIII accueille avec bienveillance vos désirs et ceux de tout l'univers, et que nous les voyons bientôt pleinement satisfaits. »

« † BENVENUTUS, Arch. de Grenade. »

Grenade, 14 décembre 1886.

De Lerida.

« ... Je me fais un honneur de vous renvoyer, munie de ma signature et du sceau épiscopal, la supplique adressée à Sa Sainteté pour l'introduction de la cause touchant les vertus de Christophe Colomb. Veuille Dieu, pour sa plus grande gloire, que la lumière du Saint-Esprit fasse connaître la sainteté de l'illustre marin qui, en découvrant un monde nouveau, a reculé les limites du royaume de Jésus-Christ sur la terre. »

« † THOMAS, Év. »

Lerida, 11 janvier 1881.

De Ténérif.

« ... Je m'unis avec grand plaisir à la manifestation de tant de prélats en faveur de l'illustre marin Christophe Colomb. J'ai des motifs de spéciale reconnaissance à ce sujet. Dans les premières années de mon ministère, j'ai été curé de la paroisse de Palos et du sanctuaire de la Rabida, où Christophe Colomb eut des conférences avec le célèbre gardien Marchena, confesseur de la reine catholique ; depuis mon élévation à l'épiscopat, je suis revenu à Palos et j'y ai pris une part active à la création d'une sociéte qui a pour but de célébrer les gloires de Christophe Colomb. »

« † Fr. ILDEFONSE, Év. »

Ténérif, 24 janvier 1881.

De Vich.

« ... Je me fais un honneur de vous renvoyer avec ma signature et le sceau de mes armes, la postulation pour demander à Sa Sainteté l'introduction de la cause de béatification de l'illustre Génois Christophe Colomb. Il m'est souverainement agréable, comme évêque et comme Espagnol, de joindre mon vœu à celui de tant d'évêques pour demander qu'on décerne les honneurs des autels au héros chrétien qui, enflammé d'amour de Dieu, a arraché au prix de grandes

17.

souffrances, aux ténèbres de la mort tant de milliers d'âmes pour les éclairer de la lumière de l'Évangile... »

« † PEDRO, Év. »

Vich, 27 janvier 1881.

— De Tuy.

« ... Comme évêque et comme Espagnol, je mets volontiers ma signature sur la supplique adressée à Sa Sainteté. L'immortel Christophe Colomb est une gloire espagnole et son nom, ses découvertes, ses vertus et son incomparable grandeur sont inscrits en caractères ineffaçables dans notre histoire nationale.

Veuille Dieu que vos louables désirs reçoivent bientôt leur accomplissement.

« † JUAN MARIA, Év. »

Tuy en Espagne, 31 janvier 1881.

Des Asturies.

« ... J'ai reçu avec grand plaisir votre lettre avec le *Postulatum* pour demander l'introduction de la cause de béatification de Christophe Colomb; je vous le renvoie très volontiers signée par moi.

« † MARIANUM, Év. »

Asturie, 9 décembre 1880.

Voici, maintenant, par ordre d'inscription, les autres évêques espagnols qui ont adhéré au *Postulatum*.

NN. SS :

De Valença. Antonio Monescillo y Viso, 1880.

De Barcellona. Guiseppe Maria de Urquinaona y Bidol, 1880.

De Plasencia. Pietro Casasy Sonto, 10 décembre 1880.

De Terruel e Albarricin. Tiburzio, vic. capit., 11 décembre 1880.

De Minorque. Emmanuel Mercader y Arroyo, 11 décembre 1880.

De Segorbe o Castellon de la Plana. Mariano Miguel Gomez, 11 décembre 1880.

De Coria. Pietro Nunez, 12 décembre 1880.

De Calahorra y la Calzada. Gabino Catalina del Amo, 17 décembre 1880.

De Guadix e Bastida. Vincenzo Pontes y Cantclar, 31 décembre 1880.

De Majorque y Irezza. Matteo Taume y Garau, 30 décembre 1880.

De Santender. Vincenzo Calvo y Valero, 6 janvier 1881.

De Burgos. Anastasio Rodrigo Yusto, arch., 7 janvier 1881.

De Cordova. Fernandino Ramez y Vasquez, 15 janvier 1881.

De Tortosa. Francesco Aznar y Duyeo, 8 janvier 1881.

De Canaries. Guiseppe Pazuelo y Herrero, 11 janvier 1881.

De Cartagena. Diego Mariano Alguacil y Rodriguez, 12 janvier 1881.

De Badajoz. Fernando Ramirez y Vasquez, 15 janvier 1881.

D'Orense. Cesareo Rodrigo, 18 janvier 1881.

D'Oviedo. Benedetto Sanz y Forez, 20 janvier 1881.

De S. Cristoforo de Laguna. Pietro Calomer y Mestres, 27 janvier 1881.

D'Astorga. Mariano Brezmeo y Arredondo, 9 décembre 1880.

D'Orihuela o Alicante. D. Pietro Cubero y Lopez de Padilla, 7 février 1881.

De Cadice y Albosa. Giacomo Catala y Albosa, 10 février 1881.

D'Urgel. Giuseppe Caixal y Estrade.

De Pamplona e Tudela. Guiseppe Oliver y Hurtado.

D'Almeria. Guiseppe Orbera y Carrion.

De Madrid. L'évêque auxiliaire.

De Zamora. Bernado Conde y Corral.

De Compostella. El cardinal Michele Paya y Rico.

De Seviglia P. Gioacchino Lluch y Garriga.

De Tarracone, de Valencia, de Sogobrice, de Calaguri-
ta, de Derthusen, d'Illerden, de Sagonte, de Tuda.

De Portugal. De Coimbra, Emmanuel Correa de Barlos
Pina, 6 décembre 1880.

ÉVÊQUES FRANÇAIS

Archevêché d'Aix : NN. SS. Théodore Forcade, archevêque.

   Ajaccio. — Paul de la Foata.

   Digne. — Ange Vigne.

   Fréjus. — Joseph Terris.

   Gap. — Jean-Louis Roche.

   Marseille. — Jean-Louis Robert.

   Nice. — Pierre Sola.

Archevêché d'Albi. — N. Lyonnet.

   Cahors. — Pierre Grimardier.

   Mende. — Jean Costes.

   Perpignan. — Étienne Ramadié.

   Rodez. — N. Dellale.

Archevêché d'Auch.

   Aix. — Victor Delannoy.

   Bayonne. — Arthur Ducellier.

   Tarbes. — Césaire Jourdan.

Archevêché d'Avignon. — Louis Dubreuil.

   Montpellier. — François-Anatole de Labrière.

   Nîmes. — Nicéphore Besson.

   Valence. — Pierre Cotton.

   Viviers. — Michel-Fréd. Bonnet.

Archevêché de Besançon. — Pierre Paulinier.

   Saint-Dié. — Albert de Briey.

Archevêché de Bordeaux. — S. Ém. le cardinal Ferdinand Donnet.

   Agen. — Jean Fonteneau.

   Angoulême. — Léopold Sébaux.

   Luçon. — Nicéphore Catteau.

   Périgueux. — Joseph Dabert.

   Poitiers. — S. Ém. le cardinal Pie.

   La Rochelle. — Benoît Thomas.

Archevêché de Bourges. — Prince Ch. de la Tour d'Auvergne.

   Saint-Flour. — François Baduel.

   Le Puy. — Pierre Lebreton.

   Limoges. — Albert Duquesnay.

   Tulle. — Henri Dénéchau.

   Clermont-Ferrand. — Jean-Pierre Boyer.

Archevêché de Cambrai.

   Arras. — J.-B. Lequette.

Archevêché de Chambéry. — Pierre Pichenot.

Archevêché de Lyon. — S. Ém. le cardinal Caverot.

   Autun. — Adolphe-Albert Perraud.

   Saint-Claude. — César Marpot.

   Grenoble. — Armand Fava.

   Langres. — Guillaume Bouange.

Archevêché de Paris. — S. Ém. le cardinal J.-Hyp. Guibert et S. Ém. le cardinal Benjamin Richard.

   Blois. — Charles Laborde.

   Versailles. — P.-An.-Paul Goux.

Archevêché de Reims. — S. Ém. le cardinal Langénieux.

   Amiens. — Aimé Guilbert.

   Châlons. — Guillaume Meignan.

   Soissons. — Gaston Thibaudier.

Archevêché de Rennes. — S. Ém. le cardinal Place.

   Saint-Brieuc. — Augustin David.

Vannes. — Jean Bécel.

Archevêché de Rouen. — S. Ém. le cardinal Gaston de Bonnechose.

Coutances. — Abel Germain.

Archevêché de Sens. — S. Ém. le cardinal Vict. Bernadou.

Nevers. — Étienne Lelong.

Troyes. — Emmanuel Ravinel.

Archevêché de Toulouse.

Carcassonne. — François Lenilleux.

Montauban. — Théodore Legain.

Pamiers. — Jean-Antoine Bélaval.

Archevêché de Tours. — Charles Colet.

Laval. — Jules le Hardy du Marais.

Le Mans. — Hector Chault d'Oultremont.

Nantes. — Jules le Coq.

ÉVÊQUES d'AUTRICHE

De S. Polten. Mathieu Joseph Bindez, 8 novembre 1880.

De Nitrie. Augustinus Roskovanyi, 10 novembre 1880.

S. Hippoliti, Regino., Gradicen , Leopolien., Armenorum., Cattaren., Bosniens., et *Sirm., Sebenicen., Eistellen., Wrastislavien., Varm., Luxemburgen., Limburgen.*

De RUSSIE

Arch. *Varsavien.,* et episcop. *Cracovien., Luceorien* et *Zytomerien.*

De GRÈCE et TURQUIE

Episcopi *Corcyren., Naxien., Dirrachien., Antibaren* et *Icodren., Smyrnen., Scopien., Adaes., Bucciarelli* et *Czarev., Zacyntien.,* et *Cefalon., Chien., Sanctorien., Pulaten., Moldavien., Syren.*

De BELGIQUE

Arch. *Meeliniensis* et *Leodien.;* episc. *Liège, Doutreloux,* 20 décembre 1880.

De la GRANDE-BRETAGNE et IRLANDE

S. Andreæ., et *Edimburgen., Loiden., Salopien., Rapoten., Limericien., Ergadien* et *Insularum., Cloynen., Shrewsbury.*

Irlande, Raphæ. Michel Logue, 3 décembre 1880.
Limerick. Georges Butler, 10 décembre 1880.
Eloyne. Jean Mac Carthy, 14 janvier 1880.

De Bosnie

« ... Je me joins volontiers et de tout cœur aux illustres évêques qui désirent et qui supplient qu'on introduise sans retard la cause sur la sainteté de l'immortel Christophe Colomb. Je suis convaincu qu'elle répond à la destinée de notre sainte mère l'Église, pour venger l'injure qu'on a faite à certains noms glorieux et restaurer l'honneur qui leur est dû.

« En foi de quoi je souscris de ma propre main le *Postulatum* et je le confirme de mon sceau. »

« † JOSEPH-GEORGES STROSSMAYER, Év. »
Diacovœ, 11 novembre 1880.

D'ALLEMAGNE

Treviri. Jean-Jacques Kraft, 8 décembre 1880.
Bavière, Eichstadt. François Baron Leopovus, 8 décembre 1880.
De *Warmia* ou *Ermeland.* Philippe Brementz, 24 décembre 1880.

D'AMÉRIQUE

Boston. Jean-Joseph Williams, 16 décembre 1880.
Buffalo. Etienne-Vincent Ryan, 20 décembre 1880.
Covington. Augustin-Marie Toëbe, 22 décembre 1880.
Leavenworth. Louis-Marie Finck, 24 décembre 1880.
Grass-Walley. Eugène O'Connell, 24 décembre 1880.
Green Bay. François-Xavier Krautbaouer, 29 décembre 1880.

Galveston. Claude-Marie Dubois, 3 janvier 1881.

De Montréal. Ignace Bourget, arch., 17 janvier 1881.

De Chicoutinu. Dominique Racine, 17 janvier 1881.

D'Ottava. Joseph-Thomas Duhamel, 19 janvier 1881.

De Toronto. Jean-Joseph Lynch, 20 janvier 1881.

S. Boniface (Canada). P. Alexandre Taché, 8 février 1881.

S. Alberto. G. Vital Grandin, 8 février 1881.

S. Germano di Rimouski. Jean Langevin, 11 février 1881.

De Signenza. Antoine Ochoa y Arenas, 21 février 1881.

D'Alleghery. D. Jean Tuigg, év. de Pittsburg.

DIVERS

De Bohême. De Konisgratz. Joseph-Jean Hais, 9 novembre 1880.

Galicie. D. Grégoire-Joseph Romaszckan, 11 novembre 1880.

Dalmatie. Casimir Forlani, év. de Callaro, 18 novembre 1880.

Dalmatie, De Sebenico. Joseph Fosco, 21 novembre 1880.

Écossse. Jean Strain, 1er décembre 1880.

Suisse. De Sion. Adrien Jardinier, 4 décembre 1880.

Suisse. De Schur. François-Constantin Rampa, 14 décembre, 1880.

D'Albanie. Californie. De Pulati. Albert Gracchi, 18 décembre 1880.

De Monterey e los Angelos. François Mora, 3 janvier 1881.

Écosse. D'Argyll and Isles. Enée Mac-Donal, 12 janvier 1881.

De Smyrne. André Timoni, 19 janvier 1881.

Serbie. De Scopia. Pierre-Fulgence Czarev, 23 janvier 1881.

De Bâle. Eugène Lachat.

Mexique. Pelage Ant. de Lavastidas y Davalos.

De Elascala o puebla de los Angeles. Charles M. Colina.

D'Antequera. Vincent Marquez.

De Zacateras. Ignace Marie.

De Rio-Janeiro. Pierre M. de Lacerda.

De Brésil (Para). Antoine de Macedo.

De Popayan. Charles Bermundez,

Équateur (Loja). Fr. Joseph Masia.

Cap de Bonne-Espérance. Jacques-David Ricardo.

Ile Maurice (Port-Louis). P. Guillaume Scharishik.

Nouvelle-Calédonie. Frédéric Titte, év. d'Anastasiopolis.

De Tche-le-sett (Pékin). Louis-Gab. de la Place.

Sut-chuen-Orient (Chine). J.-E. Desflèches, év. de Sinite.

Hu-pé. Orient (Chine). Fr. Eustache Vito Zanoli, év. de
Eleuteropolis.

Hu-pé occidental septentrional. Billi Pascal, év. de
Grazianopolis.

Hu-pé occidental méridional. Fr. Alexis Filippi, év. de
Paneade.

Hu-nan (Chine). Eusèbe Semprini, év. de Tiberiopolis.

De Chang-Tong. Eloi Cosi, év. de Biène.

De Chen-si. Aimé Pagnucci, év. d'Agotonique.

De Mandchouri. Emmanuel-Jean-François Verollez, év.
de Colombique.

De Kuang-tong. Zéphirin Guillaume, év. de Cibistra.

De Chan-Si. Louis Mocagatta, év. de Zenopolis.

D'Euria. Gabriel Grioglio, v. ap. du Chan-Si.

Du Japon méridional. Bernard Petitjean, év. de Mirio-
side.

Du Japon septentrional. Pierre M. Osouf, év. d'Arsinoé.

Nous savons qu'il y a d'autres évêques qui ont adhéré au
Postulatum, et que leur nombre n'est pas loin d'atteindre
mille.

Comme on le voit, c'est une imposante et magnifique manifestation en faveur de la béatification de Christophe Co-

lomb ; il n'y aurait même, croyons-nous, aucune témérité à avancer que jamais saint qui est sur les autels n'a atteint un si grand nombre de suffrages. Cette admirable unanimité de l'épiscopat catholique honore autant le corps épiscopal que le grand chrétien dont il voudrait béatifier les vertus.

Si la cause de la béatification n'est pas encore suffisamment instruite, s'il lui manque des éléments, si le fruit n'est pas mûr, il n'en demeure pas moins certain que les vœux, les supplications et les religieux efforts, faits à cette intention, resteront comme une semence précieuse qui, vivifiée et fécondée par la Providence, finira par germer et faire briller sur les autels celui qui a donné au monde tant de lumière, à l'Église tant de chrétiens et au Ciel tant de saints.

CHAPITRE IV

Christophe Colomb et Léon XIII.

L'esprit éminemment supérieur de Léon XIII glorieuse-
ment régnant, et qui s'occupe avec un intérêt éclairé, une
activité infatigable et une sollicitude paternelle de tout ce
qui touche au bien et au progrès matériel et moral, temporel et spirituel des individus, de la famille, des états et de
la société humaine, ne pouvait rester indifférent au quatrième
anniversaire de la découverte du Nouveau-Monde et à la
magnifique figure du hardi navigateur qui nous l'a révélé.
Aussi le voyons-nous s'associer et associer l'Église aux honneurs que l'univers s'apprête à décerner à Christophe Colomb ;
tantôt il daigne présider une académie placée sous le patro-
nage du grand marin ; tantôt il envoie à l'Exposition colombienne de Chicago, des cartes intéressantes et anciennes sur
la découverte des Indes.

Tantôt il fera écrire par son secrétaire d'État des lettres de
congratulation et d'approbation au président [1] *de l'Union*

1. « Illustre et révérend Monsieur,
« Le professeur Joseph Toniolo, conformément à ce que vous
m'annoncez dans votre lettre du 23 courant, m'a présenté le projet
d'un congrès scientifique à Gênes pour solenniser Christophe Colomb,
à l'occasion du quatrième centenaire de la découverte de l'Amérique,
projet émis par l'Union catholique des Études sociales en Italie.
Je me suis empressé de mettre sous les yeux du Saint-Père la lettre
que vous m'avez envoyée avec le document muni du sceau de la
présidence effective de l'Union. Non seulement Sa Sainteté a approuvé un pareil projet qui, exécuté sous la direction de la hiérarchie ecclésiastique, par une si recommandable société, ne peut

catholique pour les études sociales qui a eu la pensée de réunir un Congrès scientifique en l'honneur de Christophe Colomb, et à Mme Bertha Honoré Palmer, présidente du Comité des dames directrices de la section colombienne à l'Exposition de Chicago, qui lui demandait son approbation, pour lui dire « qu'il est heureux de voir les femmes catholiques prendre part à l'exécution de cette exposition si louable et souhaiter que le succès de cette entreprise soit prospère et fécond en bons fruits. »

Tantôt enfin Sa Sainteté écrira des lettres, des brefs et des encycliques pour célébrer la gloire de l'immortel Ligurien, pour bénir, encourager et approuver tous ceux qui préparent en son honneur d'imposantes manifestations.

Ce sont précisément ces documents pontificaux que nous avons religieusement recueillis et que nous sommes heureux de rapporter ici dans leur ordre chronologique.

Si Léon XIII, dans sa haute et prudente discrétion, ne touche pas à la question de la béatification de notre héros, il n'en est pas moins vrai qu'on devine à la lecture de ses écrits, et à l'expression de sa pieuse joie et de sa chrétienne admiration quand il parle de Christophe Colomb, on devine, disons-nous, que Sa Sainteté n'attend que des éléments sérieux, nombreux et probants, pour favoriser de son mieux l'introduction de la cause auprès de la Sacrée Congrégation des Rites et pour travailler efficacement à la canonisation de

manquer d'être mené à bonne fin, mais aussi elle loue et encourage votre seigneurie et les membres de cette même union, à se consacrer avec tout leur dévouement à préparer et à accomplir l'exécution d'un tel projet.

« En vous faisant part de cette nouvelle, je me déclare, avec l'estime la plus distinguée,

« Votre serviteur,
« M. Card. RAMPOLLA. »

Rome, 30 octobre 1890.

Celui dont les vertus méritent que la sainteté de la religion se joigne aux honneurs des solennités civiles[1], pour fêter ses merveilleuses découvertes. Voici ces documents :

« *Aux chers fils Luccano Cœsalledo et aux autres voyageurs de l'association dite « Centre-Gallego ».*

LÉON PP. XIII

« Chers fils, salut et bénédiction apostolique,

« Nous avons appris avec une grande satisfaction par votre lettre du 2 novembre qu'il a plu à votre comité d'élever dans cette ville un très somptueux monument pour glorifier auprès de la postérité la mémoire et le nom de Christophe Colomb.

« Vous avez jugé, à bon droit, que votre projet aurait reçu notre approbation, parce qu'il est convenable et utile d'honorer les personnages magnanimes qui ont grandement mérité de la religion chrétienne et de la société civile.

« L'étendue des choses qu'il a faites est si grande et les avantages que son génie et sa constance ont procurés aux deux mondes sont si nombreux, qu'il y a peu d'hommes qui puissent lui être comparés.

« Mais à nos yeux, sa mémoire est en grand honneur, surtout parce qu'en entreprenant des voyages fort difficiles, en supportant de grandes fatigues, en affrontant d'immenses dangers, il a eu pour but d'ouvrir la voie des contrées inconnues aux messagers de l'Évangile, afin qu'après avoir gémis dans les ténèbres, il se convertissent à la connaissance du vrai Dieu et devinssent les disciples de Jésus-Christ.

« Désireux cependant que les honneurs rendus à un si

1. *Ad celebritatem civilium decus religionis adhibenda sanctitas est.* Lettre aux archevêques et aux évêques d'Espagne d'Italie et des deux Amériques.

grand homme stimulent les personnes à devenir les émules
et les imitatrices de son zèle et de sa vertu, nous louons hautement l'objet de vos désirs et avec le témoignage de notre
paternelle affection, nous vous accordons à vous, chers fils,
à vous et à chacun des membres de l'association, la bénédiction apostolique.

« Donné à Rome, près Saint-Pierre, le 10 janvier 1887,
la neuvième année de notre pontificat. »

« LÉON PP. XIII. »

Bref à Mgr Magnasco, archevêque de Gênes

« Au vénérable Frère sauveur,
Archevêque de Gênes.

LÉON PP. XIII

« Vénérable Frère, salut et bénédiction apostolique,

« Il nous a été agréable d'apprendre par votre lettre du
4 janvier que vous vous appliquez, avec une affectueuse sollicitude, à faire chez vous des préparatifs, pour célébrer, par
des fêtes séculières, le voyage mémorable, par lequel, il y
quatre cents ans, Christophe Colomb, découvrait à l'Occident de l'univers, plusieurs contrées inconnues.

« Il est juste que cet honneur qui va être rendu par d'autres
et dans d'autres lieux, à l'immortel personnage, lui soit
surtout accordé dans la ville qui l'a vu naître et dont il est
l'ornement et la gloire.

« Voilà pourquoi nous approuvons hautement votre projet
de former un comité d'hommes d'élite pour s'en occuper et
nous avons lu avec pleine satisfaction la lettre pastorale que
vous avez adressée au clergé et aux fidèles de votre diocèse.

« Mais nous remarquons principalement, avec affection,
votre prudence et votre piété en ce que votre très grande
sollicitude s'applique à faire célébrer ces fêtes de la manière

qui convient à la nature de l'entreprise de Colomb, à son caractère et à l'esprit dont il était animé.

« C'est pourquoi, il est attesté par de très certains monuments de l'histoire, qu'il s'est mis à cette difficile entreprise pour faire briller la lumière de l'Évangile sur ces plages lointaines et pour devenir en quelque manière le ministre de la volonté du Christ qui avait dit à ses disciples : « Allez dans tout l'univers, prêchez l'Évangile à tous les hommes ». Aussi ferait-il injure à la mémoire et au nom de l'homme éminent, quiconque ne verrait dans son œuvre qu'une affaire profane et qui ne lui rendrait que les honneurs qu'on donne à ceux qui n'eurent aucun souci de la foi catholique, et qui ne brillèrent que par leur constance et leur génie.

« Connaissant bien la religion et la sagacité qui caractérisent vos Liguriens et les autres Italiens, nous ne doutons pas qu'ils ne comprennent tous que vous avez parfaitement répondu à la mémoire et à l'honneur d'un si grand personnage, et que, avec leur amour et leurs œuvres, ils prêtent aide et faveur au comité de pieux citoyens que vous avez formé.

« Nous espérons vraiment que les solennités et les exemples de Colomb enflammeront les cœurs de plusieurs, de manière que chacun s'efforcera de répandre sur la terre le règne du Christ.

« En attendant, nous implorons le Ciel d'aider le susdit comité, et avec amour nous lui accordons, aussi bien qu'à vous, vénérable frère, au clergé et au peuple confié à votre garde, la bénédiction apostolique.

« Donné à Rome, près Saint-Pierre, le 10 janvier 1891, la treizième année de notre pontificat. »

« LÉON PP. XIII ».

LEO PP. XIII

Venerabilis frater salutem et apostolicam benedictionem.

« Comperimus libenter ex litteris a Te datis pridie nonas Ianuarias, studiose Te operam dare ut parentur istic in posterum annum saecularia solemnia, quibus memorabile celebratur iter, quo Christophorus Columbus ante annos quadringentos ignotas antea regiones in aversa orbis parte detexit. Sane hic honor, quem plures etiam alibi certant persolvere immortali viro, imprimis tribuendus illi est in ea civitate unde ortum habuit, cuius praeclarum est ornamentum et decus. Hinc vehementer probavimus consilium a Te initum constituendi coetum lectissimorum civium qui eam curam suscipiant, ac perlibenter legimus pastorales litteras qúas ea super re dedisti ad Clerum et populum dioecesis cui praesides. Praesertim vero prudentiam ac pietatem tuam in eo dileximus, quod maximae Tibi curae sit ut haec celebratio ea ratione rituque fiat qui naturae rei a Colombo gestae, eius ingenio et spiritui quo agebatur conveniat. Certissimis enim testatum est historiae monumentis ipsum ideo arduum opus fuisse aggressum ut dissitis iis plagis affulgeret Evangelii lumen et ipse aliqua ex parte minister fieret voluntatis Christi qui discipulis suis praecepit : « Euntes in mundum universum praedicate evangelium omni creaturae. » Quare iniuriam egregii viri memoriae et nomini inferret quisquis nihil nisi profanum in eius inceptis agnosceret, eumque iisdem ornaret honoribus qui haberi solent iis quos nulla tetigit cura catholicae fidei, quique sola ingenii et constantiae laude floruerunt. Enimvero quum Nobis perspecta sit religio et mentis sagacitas qua Ligures tui et ceteri Itali praestant, non dubitamus quin passim intelligant tanti viri memoriae et honori optime per Te fuisse prospectum, adeoque studiis suis ultro faveant ferantque suppetias piorum virorum coetui a Te constituto. Confidimus porro per hanc solemnitatem et proposita Columbi exempla quamplurium animos incensum iri ut pro virili quisque parte contendat amplificare Christi regnum in terris. Interim praedicto coetui propitiam superni Numinis adprecamur opem eique non secus ac Tibi, Venerabilis Frater, ac reliquo Clero et populo tuae vigilantiae concredito Apostolicam Benedictionem peramanter impertimus.

« Datum Romae apud S Petrum die X. Ianuarii anno MDCCCXCI, Pontificatus Nostri decimo tertio.

« LEO PP. XIII. »

LETTRE DE N. T. S. P. LE PAPE LÉON XIII

AUX ARCHEVÊQUES ET ÉVÊQUES
D'ESPAGNE D'ITALIE ET DES DEUX AMÉRIQUES

SUR

CHRISTOPHE COLOMB

A NOS VÉNÉRABLES FRÈRES, ARCHEVÊQUES ET ÉVÊQUES D'ESPAGNE
D'ITALIE ET DES DEUX AMÉRIQUES

LÉON XIII, PAPE

« Vénérables Frères, Salut et bénédiction apostolique.

« Il s'est écoulé quatre siècles depuis qu'un homme de la Ligurie ' a, le premier, abordé, sous les auspices de Dieu, à des rivages inconnus en traversant l'Océan Atlantique; les hommes rivalisent de zèle pour célébrer joyeusement la mémoire de ce fait et en glorifier l'auteur. Il serait, en vérité,

1. C'est la seconde fois que Sa Sainteté Léon XIII proclame l'origine ligurienne de Christophe Colomb; c'est en vain qu'on vient nous dire que la Corse *faisait partie intégrante de la Ligurie*; est-ce que le bon sens ne dit pas que les mots Ligurie, Piémont et Toscane pour l'Italie, comme ceux de Bretagne, de Provence et d'Auvergne pour la France, implique l'idée de territoire et nullement l'idée de nationalité? Dire qu'au temps de Christophe Colomb, la Corse faisait partie de la Ligurie, est aussi absurde que de dire qu'à l'heure présente l'Algérie fait partie intégrante de la Bretagne et la Corse de l'Auvergne. De plus, il est vraiment regrettable au point de vue de la loyauté qu'on ne veuille pas comprendre que l'exclusion de l'épiscopat français de cette encyclique est la condamnation évidente de la thèse calvaise. Enfin, les faits sont plus éloquent que les paroles et les articles de journaux; or, ce n'est pas à Calvi que se rendent les flottes européennes et américaines, pour célébrer la mémoire de Christophe Colomb, mais à Gênes, à Huelva à et New-York.

difficile de trouver un motif plus digne d'émouvoir les âmes et d'enflammer les zèles. C'est, en effet, de toutes les actions qu'aucune époque ait jamais vu accomplir par des hommes, la plus grande et la plus belle; et celui qui l'a accomplie ne doit être comparé, pour l'élévation du cœur et du génie, qu'à un petit nombre, depuis tout le temps qu'existe l'humanité. Grâce à lui, un autre continent a surgi du sein inexploré de l'Océan; des centaines de milliers de mortels ont été tirés de l'oubli et des ténèbres, rendus à la société commune du genre humain, amenés de la sauvagerie à la douceur et à la civilisation, et, — avantage de beaucoup le plus important, — ont été arrachés à la mort pour entrer dans la vie éternelle, par la participation aux biens que Jésus-Christ a donnés au monde.

« L'Europe, d'abord étonnée par la nouveauté soudaine et le prodige de cet événement, comprit peu à peu, dans la suite, ce qu'elle devait à Christophe Colomb, quand, après l'établissement de colonies en Amérique, des relations continuelles, des échanges de services, un commerce maritime d'importation et d'exportation produisirent un accroissement incroyable des connaissances de la nature, des ressources communes et des richesses, et qu'en même temps le prestige de l'Europe grandit de façon étonnante.

« Aussi ne convient-il pas du tout qu'au milieu de si nombreux hommages et dans ce concert de félicitations, l'Église garde le silence, puisque, d'après son caractère et son institution, elle approuve volontiers et s'efforce de favoriser tout ce qui, en quelque lieu que ce soit, semble mériter des honneurs et des éloges. Sans doute, elle réserve des honneurs particuliers et très grands aux vertus suréminentes dans le domaine de la morale, en tant qu'elles sont intimement unies au salut éternel des âmes; néanmoins elle ne méprise pas les autres genres de mérites ni n'en fait pas peu de cas; au contraire, c'est son habitude de favoriser avec empressement et d'avoir toujours en honneur ceux qui ont bien mérité de la société civile et dont le nom est passé à la postérité. Dieu est surtout admirable dans ses saints; mais l'empreinte de sa puissance divine apparaît aussi en ceux chez qui brille une force d'âme et d'esprit supérieure, car la lumière du génie et l'élévation de l'âme humaine n'ont pas d'autres sources que Dieu, père et créateur de l'humanité.

« Il y a, de plus, une autre raison, raison toute spéciale, qui nous engage à célébrer avec reconnaissance le souvenir de cet événement immortel : c'est que Christophe Colomb est nôtre. Pour peu que l'on considère, en effet, le mobile principal qui l'a poussé à explorer la *mer ténébreuse* et en vue de quel but il s'est efforcé de réaliser ce dessein, on ne saurait douter que la foi catholique a souverainement inspiré l'entreprise et son exécution, de telle sorte qu'à ce titre aussi l'humanité entière n'est pas peu redevable à l'Église.

« On compte, à la vérité, nombre d'hommes hardis et pleins d'expérience qui, avant Christophe Colomb comme après lui, explorèrent avec ténacité des terres inconnues et des mers plus inconnues encore. La renommée, reconnaissante de leurs bienfaits, célèbre et célébrera, à bon droit, leur mémoire, parce qu'ils ont reculé les frontières de la science et de la civilisation, accru la prospérité commune, et cela non par de légers efforts, mais avec la dernière opiniâtreté et assez souvent à travers les plus grands périls.

« Il existe pourtant, entre ceux-ci et celui dont nous parlons une grande différence. Le trait éminemment distinctif de Christophe Colomb, c'est qu'en sillonnant à l'aller et au retour les surfaces immenses de l'Océan, il poursuivait un but plus élevé et plus noble que les autres. Non qu'il ne fût mû en aucune façon par la très honorable ambition de la science et le désir de rendre service à ses semblables; non qu'il méprisât la gloire dont le stimulant est d'ordinaire plus sensible aux grands cœurs, ou qu'il dédaignât complètement ses propres intérêts ; mais sur tous ces mobiles humains le mobile de la religion de ses ancêtres l'emportait de beaucoup en lui, car ce fut elle, à n'en pas douter, qui lui inspira ce courage et cette volonté et souvent au milieu d'extrêmes difficultés lui donna la constance avec la consolation. Il est certain, en effet, que son dessein principal, la résolution qui était gravée dans son âme, furent d'ouvrir les voies à l'Évangile dans de nouvelles terres et à travers de nouvelles mers.

« La chose peut présenter peu de vraisemblance pour ceux qui, concentrant toutes leurs pensées et tous leurs soins sur ce monde que perçoivent nos sens, se refusent à regarder plus haut. Mais, par contre, les esprits éminents ont comme une tendance à préférer s'élever, car ils sont de tous les mieux doués pour comprendre les impulsions et les inspirations de la foi divine. Assurément, Christophe Colomb avait joint à l'étude de la nature celle de la religion, et il avait formé son esprit d'après les enseignements puisés aux sources intimes de la foi catholique.

« C'est pour cette raison qu'après avoir découvert, à l'aide de la science astronomique et des documents anciens, que de vastes espaces de terres, jusqu'ici complètement inexplorés, s'étendaient vers l'Occident au delà des bornes du monde connu, l'idée de cette grande multitude plongée dans des ténèbres lamentables, adonnée à des rites insensés et aux superstitions de vaines divinités, se présentait à lui. Il est malheureux de vivre misérablement et avec des coutumes féroces ; il est encore plus malheureux d'être privé de la connaissance des choses essentielles et d'ignorer un Dieu unique et vrai. Envisageant tout cela en lui-même, il demanda tout d'abord à propager en Occident le nom chrétien, les bienfaits de la charité chrétienne : ce fait est surabondamment prouvé par toute l'histoire de l'événement. Lorsqu'en premier lieu il alla supplier Ferdinand et Isabelle, souverains d'Espagne, pour les déterminer à ne pas craindre de se charger de l'entreprise, il leur exposa le motif : *Leur gloire s'accroîtrait jusqu'à devenir immortelle s'ils décidaient de porter le nom de Jésus-Christ dans d'aussi lointaines régions.* Et, lorsque non longtemps après, ses vœux furent exaucés, il atteste *vouloir obtenir de Dieu que ces souverains, soutenus par son aide et par sa grâce persévèrent à faire pénétrer l'Évangile sur de nouveaux rivages et dans de nouvelles terres.*

« Au pape Alexandre VI, il s'empresse de demander des missionnaires dans des lettres où se trouve exprimée cette pensée : *J'ai le ferme espoir de pouvoir, un jour, avec l'aide de Dieu, propager au loin le très saint nom de Jésus-Christ et son Évangile.* Aussi débordait-il, ce semble, de joie lorsqu'à son premier retour des Indes à Lisbonne, il écrivait à Raphaël Sanchez *que l'on devait rendre à Dieu d'immortelles actions de grâces de lui avoir, dans sa bonté, accordé de si étonnants succès; que Jésus-Christ devait se réjouir et triompher sur la terre comme au ciel à l'approche du salut de nations innombrables qui auparavant couraient à la mort.* S'il conseille à Ferdinand et à Isabelle de ne permettre qu'aux chrétiens catholiques l'accès du Nouveau-Monde et l'établissement du commerce avec les indigènes, il en donne cette raison, *qu'il n'a cherché dans sa laborieuse entreprise que l'accroissement et l'honneur de la religion chrétienne.* Et cela était parfaitement connu d'Isabelle, qui mieux que personne avait pénétré la pensée de ce grand homme; bien plus, il est constant que cette femme si recommandable par la virilité de son génie et la grandeur de son caractère, partageait pleinement le même dessein. Car elle avait dit de Colomb, qu'il devait courageusement se livrer au vaste Océan *pour accomplir en l'honneur de la gloire divine* une entreprise tout à fait insigne. Et à Colomb lui-même, après son retour, elle écrit que les dépenses qu'elle avait faites et était disposée à faire pour ces mêmes expé-

18.

ditions dans les Indes étaient d'excellents placements, car il en devait sortir l'agrandissement de la catholicité.

« Au reste, en dehors du mobile supérieur à tout motif humain, où aurait-il pu puiser la constance et le courage à supporter tout ce qu'il a dû endurer et souffrir jusqu'au bout? c'est-à-dire les avis contraires des savants, les refus des princes, les terribles tempêtes de l'Océan, les veilles assidues où il a plus d'une fois perdu l'usage de la vue. Ajoutez les combats avec les barbares, les infidélités des amis et des compagnons, les conspirations criminelles, la trahison des envieux, les calomnies des détracteurs, et enfin les chaînes imposées à son innocence. Il eut nécessairement succombé à de si grandes peines, s'il ne se fût soutenu par la conscience de la magnifique entreprise, qu'il considérait comme devant être glorieuse au nom chrétien et salutaire à d'innombrables multitudes.

« Les circonstances du temps prêtent une lumière merveilleuse à ce fait. Cristophe Colomb a ouvert l'Amérique à l'époque où une grande tempête allait fondre sur l'Église. Autant donc que l'homme peut juger les voies de la Providence divine d'après l'issue des événements, c'est vraiment une prévoyance particulière de Dieu qui semble avoir fait naître cet homme, la gloire de la Ligurie, pour alléger les dommages qui menaçaient en Europe le nom catholique.

« C'était, assurément, la tâche et l'œuvre de l'Église d'amener la race des Indiens aux institutions chrétiennes. Cette tâche, qui fut ébauchée dès le commencement, elle persista à s'y appliquer avec un perpétuel dévouement et elle la continue en s'avançant, dans ces derniers temps, jusqu'aux extrémités de la Patagonie. Cependant Christophe Colomb, assuré d'arriver le premier et d'assurer des voies à l'Évangile, et complètement absorbé par cette pensée, employa tous ses efforts dans ce but, n'entreprenant rien à peu près s'il n'avait la religion pour guide, la piété pour compagne. Nous rappelons des faits connus de tous, mais bien propres à montrer son esprit et son cœur. Sans doute, lorsque les Portugais, les Génois, le forcèrent à partir sans avoir achevé son œuvre et qu'il se fut retiré en Espagne, derrière les murailles d'un couvent, il mûrit, avec le concours et les conseils d'un religieux disciple de Saint-François d'Assise, un grand projet de conquête qu'il avait médité.

« Quand enfin, après sept années révolues, il va retourner sur l'Océan, son premier soin est de purifier son âme : il supplie la Reine du Ciel de favoriser son entreprise et de diriger sa course, et il ordonne de ne pas mettre à la voile avant d'avoir imploré le nom de la Très Sainte Trinité. Peu après, en haute mer, au milieu des fureurs des eaux, des cris des rameurs, il garde sa constante tranquillité d'âme, confiant en Dieu. Son but est démontré par les nouveaux noms qu'il a donnés aux nouvelles îles; dès qu'il a abordé à l'une d'elles, il adore humblement le Dieu tout-puissant et n'en prend possession qu'au nom de Jésus-Christ. Quels que soient les bords auxquels il touche, il n'a rien de plus pressé que de planter sur le rivage l'image de la croix sainte ; le nom divin du Rédempteur, qu'il avait fait si souvent retentir en pleine mer au murmure des flots grondants, il l'apporte le premier à de nouvelles îles, et c'est pour cette raison qu'à Haïti il commence à bâtir en construisant une église, et inaugure les solennités populaires par de pieuses cérémonies.

« Voilà donc le but que se proposait et la conduite que tint Christophe Colomb dans des contrées d'une vaste étendue de côtes et de terres à reconnaître, inexplorées jusqu'à ce jour et incultes, et dont pourtant la civilisation, le nom et les richesses ont crû, par une marche rapide, jusqu'au point où nous les voyons. Dans tout cet événement, la grandeur de l'action, l'efficacité et la diversité des bienfaits qui en sont résultés invitent à glorifier l'homme, en lui accordant un souvenir de reconnaissance et en lui rendant toutes sortes d'honneurs; mais avant tout il est nécessaire de reconnaître et de révérer très spécialement la volonté et les desseins de la Providence, à qui obéissait l'inventeur du nouveau continent et dont il était l'instrument conscient.

« En conséquence, pour célébrer dignement et conformément à la vérité les fêtes en l'honneur de Christophe Colomb, la sainteté de la religion doit s'ajouter aux honneurs des solennités civiles. Jadis, à la première nouvelle du fait, on rendit des actions de grâces publiques au Dieu immortel et très bon, sous la conduite du Pontife suprême. Nous jugeons qu'il faut en agir de même aujourd'hui, à l'occasion de l'anniversaire de cet événement si heureux.

« Aussi ordonnons-nous que le 12 octobre ou le dimanche suivant, si l'ordinaire du lieu en décide ainsi, dans toutes les églises cathédrales et collégiales d'Espagne, d'Italie et des deux Amériques, on célèbre après l'office du jour, une messe solennelle de la *Très Sainte Trinité*. Pour les nations autres que celles qui sont énumérées ci-dessus, nous avons l'espoir que, grâce à l'initiative des évêques, les mêmes solennités auront lieu, car il convient que tous célèbrent pieusement et avec reconnaissance ce qui a profité à tous.

« En gage des faveurs divines et en témoignage de Notre bienveillance paternelle, Nous accordons très affectueusement en Dieu, à vous, vénérables Frères, à votre clergé et à vos peuples la bénédiction apostolique.

« Donné à Rome, près Saint-Pierre, le 16 juillet de l'année 1892, la quinzième de Notre Pontificat.

« LÉON XIII, PAPE. »

SANCTISSIMI DOMINI NOSTRI

LEONIS

DIVINA PROVIDENTIA

PAPÆ XIII

EPISTOLA

AD ARCHIEPISCOPOS ET EPISCOPOS EX HISPANIA, ITALIA ET UTRAQUE AMERICA

DE CRISTOPHORO COLUMBO

VENERABILIBUS FRATRIBUS ARCHIEPISCOPIS ET EPISCOPIS EX HISPANIA, ITALIA
ET UTRAQUE AMERICA

LEO PP. XIII

Venerabiles fratres salutem et apostolicam benedictionem.

Quarto abeunte sæculo, postea quam homo Ligur ad ignotas trans Oceanum Atlanticum oras, Deo auspice, primus appulit, gestiunt homines et memoriam rei grata recordatione celebrare et auctorem extollere. Nec sane facile reperiatur, quæ permoveat animos studiaque inflammet, causa ulla dignior. Res enim per se omnium est, quas ulla ætas unquam ab hominibus effectas vidit, maxima et pulcherrima : is vero qui fecit, pectoris ingeniique magnitudine post natos homines cum paucis comparandus. Ejus operà, ex inexplorato Oceani sinu alter emersit orbis : centena mortalium millia ex oblivione et tenebris in communem humani generis societatem restituta, ex fero cultu ad mansuetudinem atque humanitatem traducta; quodque est longe maximum, eorum communicatione bonorum, quæ Jesus Christus peperit, ad vitam sempiternam ab interitu revocata. — Europa quidem, subitæ rei novitate et miraculo tunc attonita, quid Columbo debeat, sensim postea cognovit, cum nimirum deductis in Americam coloniis, commeatu assiduo, mutatione officiorum, dandis accipiendisque mari rebus, ad naturæ cognitionem, ad communes copias, ad opes incredibilis est accessio facta

unàque simul Europæi nominis mire crevit auctoritas. — In hac
igitur tam multiplici significatione honoris, atque in hoc velut con-
centu gratulantium, omnino silere non decet Ecclesiam, quippe
quæ more atque instituto suo, quidquid usquam honestum ac laudabile videatur, probat libens ac provehere nititur. Honores illa
quidem singulares et maximos reservat præstantissimis in genere
morum virtutibus qua saluti æternæ animorum cohærent; non
idcirco tamen spernit aut parvi æstimat ceterum genus : immo vero
magna voluntate favere honoremque semper habere consuevit egre-
gie de civili hominum conjunctione meritis atque immortalitatem
apud posteros consecutis. *Mirabilis* enim *Deus est* maxime *in sanctis suis;* sed divinæ virtutis ejus in iis quoque apparent impressa
vestigia, in quibus eluceat vis quædam animi ac mentis excellens,
quia non aliunde in homines lumen ingenii atque excelsitas animi,
nisi a parente procreatore Deo proficiscuntur.

Sed præterea alia est causa, eademque prorsus singularis, quamo-
brem recolendum nobis memori gratulatione putemus immortale
factum. Nimirum Columbus noster est : quandoquidem si paulisper
spectetur qua potissimum causà consilium cepit *tenebrosum mare*
conquirere, et qua ratione consilium conatus est exequi, dubitari
non potest, plurimum in re suscipienda perficiendaque potuisse
fidem catholicam, ita ut non parum hoc etiam nomine universum
hominum genus debeat Ecclesiæ.

Fortes quidem atque experientes viri, cum ante Christophorum
Columbum tum postea, numerantur non pauci, qui ignotas terras,
ignotiora maria pertinaci studio exquisierint. Quorum memoriam
fama hominum, beneficiorum memor, jure prædicat, prædicabit,
propterea quod scientiarum atque humanitatis propagavere fines,
communemque prosperitatem auxere : idque non levi negotio, sed
per summam animi contentionem, nec raro per summa pericula.
— Est tamen, quod hos inter atque eum, de que loquimur, magnopere differat. Videlicet hæc præcipue nota Columbum distinguit
quod emetiendo remetiendoque immensa Oceani spatia, majus
quiddam atque altius quam ceteri, petebat. Non quod nihil ille mo-
veretur honestissima cupidate sciendi beneque de hominum socie-
tate merendi; nec quod gloriam contemneret, cujus acriores in
magnis pectoribus solent esse morsus, aut spem utilitatum suarum
funditus aspernaretur : verum præ his humanis rationibus universis
longe in illo ratio valuit religionis avitæ, quippe quæ sine ulla du-
bitatione et eam mentem voluntatemque homini dedit, et in sum-
mis sæpe difficultatibus constantiam cum solatio præbuit. Hanc
enim præcipue sententiam atque hoc propositum ejus insedisse

animo constat; aditum Evangelio per novas terras novaque maria patefacere.

Id quidem parum verisimile videri eis potest, qui in hanc rerum naturam, quæ percipitur sensibus, cogitatione omni curàque contractà, recusant intueri majora. Sed contra in maximis ingeniis hoc fere existit, ut malint altius assurgere; sunt enim ad concipiendos divinæ fidei instinctus afflatusque optime omnium comparata. Certe studium naturæ cum religionis studio Colombus conjunxerat, atque haustis ex intima fide catholica præceptis mentem conformarat. Hac de causa cum ex astronomica disciplina et veterum monumentis comperisset, trans noti orbis terminos magna terrarum spatia etiam in occidentem patere, nulli hominum ad eam diem explorata, obversabatur animo multitudo ingens, miserandis circumfusa tenebris, vesanis ritibus ac Deorum inanium superstitionibus implicita. Miserum agresti cultu ferisque moribus vivere : miserius carere notitia rerum maximarum, atque in unius veri Dei ignoratione versari. Hæc igitur apud animum suum agitans, primum omnium expetivit, christianum nomen, christianæ beneficia caritatis in occidentem extendere : quod totà rei gestæ historià abunde comprobatur. Sane cum a Ferdinando et Isabella Hispanæ regibus primum petiit, rem suscipere ne gravarentur, plane exponit causam, *fore ut ipsorum gloria ad immortalitem cresceret, si nomen ac doctrinam Jesu Christi inferre in regiones tam longe dissitas instituissent.* Nec multo serius compos votorum factus, *contendere se a Deo testatur ut reges divina ejus ope gratidque velle pergant novas oras nova littora Evangelio imbuere.* Ab Alexandro VI Pontifice maximo viros apostolicos maturat per litteras petere, in quibus ea est sententia : *sacrosanctum Jesu Christi nomen et Evangelium quam latissime disseminare me aliquando posse, Deo adjutore, confido.* Atque efferebatur putamus, gaudio, cum Raphaeli Sanchesio primum ab Indio redux Olisipone scriberet, *agendas Deo immortales gratias, quod sibi successus tam prosperos benigne dedisset : gaudere ac triumphare Jesum Christum in terris æque ac in cælis oportere, proxima jam gentium innumerabilium, quæ antea ad interitum ruerent, salute.* Quod si Ferdinando et Isabellæ auctor est ut novum orbem adiri commerciaque cum indigenis institui nisi a christianis catholicis ne sinant, eam affert causam, quod *incepto conatuque suo nihil petivit aliud, quam religionis christianæ incrementum et decus.* Idque Isabellæ, quæ summi viri mentem introspexerat ut nemo melius, optime cognitum : immo idem plane propositum pientissimæ et ingenio virili magnoque animo feminæ constat fuisse. Illa enim de Columbo affirmarat, futurum ut in vastum Oceanum se animose daret, *rem effecturus, divinæ gloriæ causâ, magnopere insignem.* Et ad ipsum Columbum secondo, reducem, *optime collocatos,* scribit, *quos ipsamet in expeditiones Indicas fecisset, quosque esset factura, sumptus : inde enim amplificationem catholicæ rei consecuturam.*

Alioqui præter causam humanà, majorem, unde erat ille constantiam animique robur hausturus ad ea perferenda, quæ coactus est usque ad extremum perferre et perpeti? contrarias intelligimus eruditorum sententias, virorum principum repulsas, furentis Oceani tempestates, assiduas vigilias, quibus usum luminum plus semel amisit. Accessere prœlia cum barbaris, amicorum et sociorum infidelitates, consceleratæ conspirationes, invidorum perfidiæ, obtrectarorum calumniæ, impositæ innocenti compedes. Omnino necesse homini erat laboribus tantæ molis ac tanto concursu succumbere, nisi se ipse conscientià sustentasset pulcherrimi facti, quod nomini christiano gloriosum, atque infinitatæ multitudini salutare perspiciebat fore. — Quod quidem factum ipsa temporis adjuncta mirifice illustrant. Siquidem Americam Columbus aperuit quo tempore propre erat ut magna in Ecclesiam procella incumberet. Quantum igitur ex rerum eventis divinæ providentiæ vias existimare homini licet, vere singulari Dei consilio natus videtur ille Liguriæ ornementum ad ea, quæ catholico nomini ab Europa impenderent, detrimenta sarcienda.

Vocare Indorum genus ad instituta christiana, erat profecto Ecclesiæ munus atque opus. Quod illa munus statim a principio incohatum, insistere perpetuo caritatis tenore perrexit, itemque pergit, ad ultimam Patagoniam novissimo tempore progressa. Columbus tamen certus præcurrere ac munire vias Evangelio, penitusque hac in cogitatione defixus, omnen operam suam ad id retulit, nihil fere aggressus nisi religione duce, pietate comite. Res commemoramus vulgo compertas, sed ad mentem animumque viri declarandum insignes. Scilicet coactus a Lusitanis, a Genuensibus, infectà re, abire, cum in Hispaniam se contulisset, intra parietes religiosæ domus ad maturitatem alit meditatæ conquisitionis grande consilium, conscio ac suasore religioso viro, Francisci Assisiensis alumno. In Oceanum, circumacto septennio, denique egressurus, quæ ad expiandum animum pertinent, curat in procintu : Cœli Reginam precatur ut cœptis adsit cursumque dirigat : nec prius vela solvi, quam implorato numine Trinitatis augustæ, imperat. Mox in altum provectus, sæviente mari vociferante remige, tranquillam mentis constantiam tuetur, fretus Deo. Propositum hominis ipsa loquuntur imposita insulis novis nova nomina : quas quidem ubi singulas attigit, Deum omnipotentem supplex adorat, neque

possessionem carum init, nisi *in nomine Jesu Christi*. Quibuscumque
appulsus oris, non habet quicquam antiquius, quam ut Crucis'
sacrosanctæ simulacrum defigat in littore ; divinumque Redemptoris
nomen, quod toties aperto salo cecinerat ad sonitum murmuran-
tium fluctuum, in novas insulas primus infert ; eamque ob causam
ad Hispaniolam ædificandi initium a molitione templi facit, popu-
laresque celebritates a sanctissimis cærimoniis exorditur.

En igitur quo spectavit, quid egit Columbus in regionibus tanto
maris terræque tractu indagandis, inaccessis ad eam diem atque
incultis, quarum tamen humanitas et nomen et opes celeri cursu in
tantam amplitudinem, quantam videmus, postea crevere. Qua tota
in re magnitudo facti, et vis varietasque beneficiorum, quæ inde
consecuta sunt, grata quidem recordatione atque omni honoris
significatione celebrari hominem jubent : sed primum omnium
agnoscere ac venerari singulari ratione oportet æternæ mentis
numen atque consilium cui sciens paruit atque inservivit novi
inventor orbis.

Quo igitur digne et convenienter veritati solemnia Colombiana
agantur, ad celebritatum civilium decus religionis adhibenda sanctitas est. Proptereaque sicut olim ad primum facti nuntium grates
Deo immortali, providentissimo, publice actæ sunt, præeunte Pontifice maximo : ita nunc in renovanda auspicatissimi eventus memoria idem arbitramur faciendum. Edicimus itaque ut die XII
Octobris, aut proximo die Dominico, si Ordinarius loci ita expedire
censuerit, in Ecclesiis Cathedralibus et Collegiatis ex Hspania, Italia,
atque ex utraque America, post Officium diei solemni ritu Missa cele-
bretur de *Sanctissima Trinitate*. Quod, præter nationes quæ supra
memoratæ sunt, apud ceteras quoque confidimus fore ut idem,
Episcopis auctoribus, peragatur : quod enim omnibus profuit, id
convenit pie grateque ab omnibus celebrari.

Interim divinorum munerum auspicem et paternæ Nostræ bene-
volentiæ testem, vobis, Venerabiles Fratres, et Clero populoque
vestro apostolicam benedictionem paramanter in Domino impertimus.

Datum Romæ apud S. Petrum, die XVi Julii, An MDCCCXCII, Pontificatus Nostri decimo quinto.

LEO PP. XIII.

ÉPILOGUE

Un homme qui, sans fortune, sans protection et sans prestige, se dit simplement inspiré de Dieu pour concevoir, élaborer et exécuter l'entreprise aussi hardie que gigantesque de découvrir un Nouveau-Monde dans le but d'étendre la gloire de Dieu, de travailler à la conversion des âmes, à l'indépendance de l'Église et au rachat des Lieux-Saints. Un homme dont la mission surnaturelle, prouvée par ses paroles, ses écrits et ses actes, est publiquement et solennellement reconnue et confirmée par des papes, des princes chrétiens, des légats apostoliques, des prélats distingués, des religieux éminents en science et en vertu, et par d'illustres historiens contemporains et postérieurs, ecclésiastiques et laïques, catholiques et protestants. Un homme qui, fermement appuyé sur la foi, résout un problème jusqu'alors insoluble, en dépit des préjugés de l'époque, des fausses données de la science et de certaines mesquines considérations humaines. Un homme qui ne se laisse intimider, arrêter ni vaincre, ni par l'ignorance des uns ni par la mauvaise foi des autres, ni par les attaques de la haine, ni par les sourdes menées de la jalousie, ni par la lâcheté des trahisons, ni par les morsures de la calomnie. Un homme qui, vivant de l'esprit de Dieu, pratique les plus sublimes vertus dans l'ordre surnaturel, dans l'ordre moral et dans l'ordre humain et qui accomplit sur terre et sur mer, durant sa vie et après sa mort, des faits étonnants, extraordinaires, merveilleux ! Un homme qui expie une défaillance momentanée par une confession publique et humiliante ; par le silence le plus religieux, la patience la plus résignée et la douceur la plus chrétienne au milieu des calomnies, des révoltes et des trahisons ; dans les persécutions, les injustices et les ingratitudes ; au milieu des maladies, des infirmités et des abandons ; au sein des tempêtes, au milieu des vents déchaînés et dans les plus horribles dangers ; un homme qui s'impose les plus dures mortifications et les plus austères pénitences et qui, ne se contentant pas de verser toutes les larmes de ses yeux, demande à toutes les créatures de l'aider à pleurer ses péchés. Un homme que plusieurs Souverains Pontifes et plus de neuf cents évêques reconnaissent et proclament comme l'envoyé du Ciel, l'ambassadeur de Dieu, et qui, au lieu de mourir dans les richesses et les splendeurs — lui qui avait conquis tant d'empires — meurt au contraire dans la misère et l'humiliation ; cet homme-là, disons-nous, est plus grand et plus glorieux que Jean de Mont-Corvin, l'apôtre de la Tartarie ; qu'Odoric de Port-Mahon, l'apôtre de Malabar ; que Franco de Pérouse, l'apôtre de la Perse ; il est plus grand et plus glorieux que Don Bueil, Las Casas et Ximénès ; que les Pères Ricci, Robriga et de Brébeuf, que les Cheverus et les Flaget ; il est aussi grand et aussi illustre que les François-Xavier, les Perboyre, les Gagelin, les Defresse et les Marchand. Cet homme ne doit plus rester dans l'obscurité et l'humiliation ; son nom doit briller parmi les plus magnifiques illustrations civiles et religieuses ; il mérite d'être glorifié par l'Église, de recevoir les honneurs des autels et d'être vénéré par les chrétiens ; car ce grand homme, ce vaillant chevalier de Dieu, Christophe Colomb, est plus qu'un homme extraordinaire, plus qu'un génie, plus qu'un héros, c'est un ambassadeur de Dieu, c'est un martyr, c'est un saint.

TABLE ALPHABÉTIQUE

DES ARCHEVÊQUES ET DES ÉVÊQUES ADHÉRENTS

A

Acerenza. — Loschirico, arch.
Acerra. — Maglinlo, évêque.
Aci-Réale. — Gennardi, évêque.
Acquapendente. — Jocacetti, év.
Acqui. — Sciendria, évêque.
Adria. — Appolonio, évêque.
Agata (Sant'). — Romaschiello, évêque.
Agen. — Cœuret-Varin, évêque.
  » — Fonteneau, évêque.
Ajaccio. — De la Foata, évêque.
Aire. — Delannoy, évêque.
Aix. — Forcade, archevêque.
Alatri. — Saulini, évêque.
Alberto (Sant'). — Grandin, év.
Alby. — Lyonnet, archevêque.
Aleppo. — Matar, archevêque.
  » — Hakim, archevêque.
Ales e Tarralba. — Qunnui, év.
Algérie. — Lavigerie, archevêque.
Alessandria Piem. — Salvay. év.
Alghero. — Filia, évêque.
Alife. — Volpe, évêque.
Allegheny. — Tuigy, évêque.
  » — Llorrence, évêque.
Almeria. — Orbera, évêque.
  » — Qorate et Martinez, évêques.
Amalfi. — Mojorsini, arch.

Amiens. — Guilbert, évêque.
Ampurias. — Compus, évêque.
  » — Pinna, évêque.
Ancona. — Manara, évêque.
Andrea (Sant') di Edimbourgo. — Strain, archevêque.
Andria. — Galdi, évêque.
Angelo (S.). — Majoli, évêque.
Anglona e Turgi. — Acciardi, évêque.
Angola e Congo. — Neto, év.
Angoulême. — Sébaux, évêque.
Angra. — Pereira, évêque.
Antequera. — Marquez, évêque.
Antioquia. — Gonzalez, évêque.
Antivari. — Pooten, archevêque.
  » — Abilinovic, arch.
Aosta. — Duc, évêque.
Aquila. — Filippi, archevêque.
Aquino. — Persico, évêque.
Argyll. — Mac Donald, évêque.
Ariano. — Trotta, évêque.
  » — D'agostino, évêque.
Arras. — Lequette, évêque.
Ascoli. — Ortolani, évêque.
Cerignola. — Sena, évêque.
Asti. — Ronco, évêque.
Astorga. — Brezmes, évêque.
  — — Gran, évêque.
Auch. — Gouzot, archevêque.

Autun. — Perraud, évêque.
Avana. — Pierola, évêque.
Avellino. — Gallo, évêque.
Averja. — Quelo, évêque.
Avignone. —Louis, arch.
»   — Dubreil, arch.
»   —Hasley, archevêque.
Alessandria — Ballerini, pat.
Asisi. — Tofoni, évêque.
»   — Priori, évêque.
Aberdeen. — Mac Donald, év.
Avila. —Munoz, évêque.
Auchland. — Luck, évêque.

B

Badajoz. — Ramirez, évêque.
Bagnorea. — Corradi, évêque.
»   — Boffi, évêque.
Bayonne. — Lacroix, évêque.
»   — Francesco, év.
»   — Jouffret, évêque.
Bâle. — Lachat, évêque.
Barcellona. — Bidot, évêque.
Beauvais. — Giuseppe, év.
Bari. — Pedicini, archevêque.
»   — Mazrella, archevêque.
Belem. — De Macedo, évêque.
»   — De Silva, évêque.
Bergamo. — Guindani, évêque.
Bertinoro. — Ruggeri, évêque.
Besançon. — Paulinier, arch.
Biella. — Leto, évêque.
Bisarchio. — Corrias, évêque.
Blois. — Laborde, évêque.
Bobbio. — Porrati, évêque.
Bojano. — Macarone, évêque.
Bologna. — Battaglini, arch.
Bonifacio (S.). — Taché, arch.
Bordeaux. — Donnet, arch.
Borgo S. Donnino. — Monicardi, évêque.

Busa. — Cano, évêque.
Bosnia. — Strossmayer, évêque.
Boston. — Williams, arch.
Bourges. — De la Tour, arch.
Bova. — De Simone, évêque.
Bovino. — Cantoli, évêque.
»   — Bressi, évêque.
»   — De Zorio, évêque.
Braga. — Pessoa, archevêque.
Bragonza. — De Maris, év.
Breslavia. — Herzog, évêque.
»   -- Iverster, évêque.
Brieux (S.). — David, év.
»   — Eugène év.
»   — Fallieres, év.
Brindisi. — Aguilard, arch.
Brünn. — Bauer, évêque.
Buenos Aires. — Aneyos, arch.
Buffalo. — Ryan, évêque.
Burgos. — De la Puente, arch.
»   — Zusto, archevêque.
Burlington. —DeGoesbriand, év.
Borgo S. Sepolcro. —Puletti. év.
Belleville. — Zanssen, évêque.
Bois-le-Duc. — Godschalk, év.
Budweis. — Riha, évêque.

C

Caceres — Herrera, évêque.
Cadice. — Albosa, évêque.
Cagli. — Cntagalii, évêque.
Cagliari. — Berchiala, arch.
Cahors. — Grimardias, évêque.
Cajarzo. — Spinelli, évêque.
Colabozo. — Crespo, évêque.
Calahorra. — Gubino, évêque.
Collagirone. — Buogiorno, év.
Canarie. —Pozuello, évêque.
Candia. — Cannavo, évêque.
Capaccio. — Maglione, évêque.
Capo Haitiano. — Hillion, év.

Càpua. — Capecelatro, arch.
Carcassonne. — Leuillieux, év.
Carlo (S.). — Di Avend-Ves-Solar, évêque.
　　　» 　　　— Lucero, év.
Carlagena. — Alguacil, évêque.
Cosale. — Ferré, évêque.
Caserla. — De Rossi, évêque.
Cassano. — Basille, évêque.
Castellamare. — Sarnelli, év.
Castellaneta. — Bacile, évêque.
　　　» 　　　— De Nittis, év.
Calanzaro. — De Franco, év.
Calaro. — Forlani, évêque.
　　　» 　　　— Bradonicich, évêque.
Cava. — Carrano, évêque.
　　　» 　　　— Yzro, évêque.
Ceneda. — Brandolini, évêque.
Cervia: — Foschi, évêque.
Cesena. — Bentini, évêque.
　　　» 　　　— Strocchi, évêque.
　　　» 　　　— Vespignani, évêque.
Chalons. — Meignan, évêque.
Chambery. — Pichenot, arch.
Chiapas. — Moreno, évêque.
Chicontimi. — Racine, évêque.
　　　» 　　　— Bigin, évêque.
Chieti. — Ruffo, archevêque.
　　　» 　　　— Cocchia, évêque.
Chioggia. — Marangoni, évêque.
Chinji. — Bianchi, évêque.
　　　» 　　　— Belluccie, évêque.
Cincinnali. — Elder, archevêque.
Cilla di Castello. — Moreschi, év.
　　　» 　　　— Fegatelli, év.
Cilla della Pieve. — Foschini, évêque.
Christchurch. — Grimes, évêque.
Claude (S.). — Marpot, évêque.
Clermont-Ferrand. — Boyer, év.
Cochabamba. — Granado, év.
Coimbra. — Correa, évêque.

Coira. — Rampa, évêque.
Cochin. — Gomes, évêque.
Comacchio. — Pistocchi, évêque.
Comayagua. — Zepeda, évêque.
Como-Nicora. — Carsana, év.
Compostella. — Paya, arch.
Concezione (S.). — Solas, évêque.
Concordia. — Capellari, évêque.
　　　» 　　　— Rossi, évêque.
Converfano. — Vicentini, év.
Conza. — Nappi, archevêque.
Cordova. — Espinosa, évêque.
Cordova in Zudiis. — Tissera, év.
Corfù. — Spiridion, archevêque.
Coria. — Nunez, évêque.
　　　» 　　　— Ortiz, évêque.
Cornela. — Gandolfi, évêque.
Cosenza. — Sorgente, arch.
Costanline. — Las Cases, év.
　　　» 　　　— Ludovico év.
　　　» 　　　— Combes, év.
Cotrone. — Lembo, évêque.
　　　» 　　　— Cavalière, évêque.
Coulances. — Germain, évêque.
Covington. — Maes, évêque.
　　　» 　　　— Toëbbe, évêque.
Crema. — Sabbia, évêque.
Cremona. — Bonomelli, évêque.
Cristoforo (S.). — Macias, év.
　　　» 　　　— Cervera, év.
Cuenca. — Mareno, évêque.
Cuenca America. — Esteves, év.
Cujuba. — D'Amour, évêque.
Cuneo. — Fornica, évêque.
Cilicia degli Armeni. — Hassun, patriarche.
Camerino. — Salvini, arch.
Chachapoyas. — Solano-Risco, évêque.
Cloyne. — Mac Carthy, évêque.
Cefalie. — D'Allessandro, év.
Cerlosini. — P. Anselmo Maria

Bruniaux, ministre général.
Chartres. — Lagrange, évêque.
Cristoforo. (S.). — Di Habava, év.
    »   — Sautouder Frutos, évêque.

D

Damasco. — David, archevêque.
Davenport. — Mullen, évêque.
    »   — Cosgrove, év.
Diamantino. — Dos Sontos, év.
Diano. — Fanelli, évêque.
    »   — Adessi, évêque.
Dié (S.). — De Briey, évêque.
    ..   — Sonnois, évêque.
Digne. — Vigne, évêque.
    »   — Henri, évêque.
    »   — Servonnet, évêque.
Dionisio (S.).—Clemente, év.
Durango. — Salinas, évêque.
Durazzo. — D'Ambrosio, arch.
Domao. — Da Costa, évêque.
Down et Connor. — Alister, év.
Derry. — Keys, évêque.
Denoer. — Matz, évêque.
Duluth. — Gobrick, évêque.
Dijon. — Oury, évêque.

E

Eichstädt. — Leopovus, évêque.
Eperies. — Toth, évêque.
Erzeroum. — Garabed, évêque.
Evreux. — Haulin, évêque.

F

Fabriano e Mathelica. — Santanché, évêque.
Faro. — Mendes-Bello, évêque.
Fede (S.) — Salpointe, arch.

Flour (S.). — Baduel, évêque.
Foggia. — Cosenza, évêque.
Foligno. — Serarcangeli, év.
    »   — Marinangeli, év.
Forli. — Trucchi, évêque.
    »   — Svampa, évêque.
Fossano. — Manacorda, évêque.
Fossombrone. — Fratellini, év.
Frejus. — Jordany, évêque.
    »   — Terris, évêque.
Fulda. — Weyland, évêque.
Funchal. — Barreto, évêque.
Faenza. — Pionori, évêque.

G

Gallipoli. — Corfagnini, év.
Gallo (S.). — Greith, évêque.
    »   — Egger, évêque.
Galtelli Nuoro. — Demartis, év.
Galveston. — Dubois, évêque.
Gap. — Roche, évêque.
    »   — Berthet, évêque.
    »   — Alfonse, évêque.
Genova. — Charvaz, archevêque.
Germano (S.) *di Remouski,* — Longevin, évêque.
Giacomo (S.) *di Benezuela.* — — Uzcategui, archevêque.
Genève. — Mermillod, évêque.
Girgenti. — Turand, évêque.
Giulia Césarea, — Blandini, év.
Giuseppe (S.) *di Costarica.* — Thiel, évêque.
Granata. — Monzon, arch.
Grasse-Walley. — O Connell, évêque.
Gravina. — Salvatore, évêque.
Green-Boy. — Kratbauer, év.
Grenoble. — Fava, évêque.
Grosseto. — Bogalà-Blasini, év.
Guadalascara. — Loza, arch.

Guadalupa. — Blanger, évêque.
Guadix. — Cautelar, évêque.
Guastalla. — Benassi, évêque.
Gubbio. — Sannibale, évêque.
Gérusalemme. — Bracco, patr.
Gualimala. — Casanova, arch.
Gozo. — Camilleri, évêque.
Gurk. — Kalm, évêque.

H

Huesca. — De Onaindria, év.
Hyacinthe (S.). — Moreau, év.
Harbour Grace. — Carfagnini, évêque.
Hamilton. — Carbery, évêque.
Harlem. — Bottemanne, évêque.

I

Ibarra. — Gonzalez, évêque.
Iglesias. — Inghéo, évêque.
Ippolito (S.). — Binder, év.
Ischia. — Di Niccola, évêque.
    » — Nicastro, évêque.
Isernia. — Renzullo, évêque.
Ispahan. — Cluzel, archevêque.
Ivrea. — Riccardi, évêque.

J

Jaca. — Laffitta, évêque.
Jaro. — Eurico, évêque.
    » — Cuartero, évêque.
Jaen. — Souchez, évêque.
Jesi. — Magagnini, évêque.
Jucatan — De la Gala, évêque.

K

Königgratz. — Hais, évêque.
Kilmore. — Jinegan, évêque.

L

Lacédonia. — Jorie, évêque.
    » — Diamare, évêque.
    » — Niola, évêque.
Lamego. — De Vasconcellas, év.
Lanciono. — Petrarca, arch.
Langres. — Bouange, évêque.
    » — Larue, évêque.
Larino. — Giampaolo, évêque.
Laval. — Le Hardy, évêque.
Leavenworth. — Fink, évêque.
Lecce. — Zola, évêque.
Leeds. — Cornthwaite, évêque.
Leon. — Quniga, évêque.
Leopoli. — Isakowicz, arch.
Lérida. — Fornaguera, évêque.
Liége. — Doutreleux, évêque.
Limburgo. — Blum, évêque.
Limerick. — Butler, évêque.
Limoges. — Duquesnay, évêque.
    » — Renouard, évêque.
    » — Henri, évêque.
Lyon. — Caverot, archevêque.
    » — Foulon, archevêque.
Lipori. — Ideo, évêque.
Livorno. — Pacini, évêque.
    » — Mezretti, évêque.
Lodi. — Gelmini, évêque.
Loja. — Mosia, évêque.
Lucca. — Ghilardi, archevêque.
Luceoria. — Borowski, évêque.
Lucera. — Cotellessa, évêque.
Luçon. — Catteau, évêque.
Lugo. — Gorcia, évêque.
Luni. — Rosati, évêque.
Luxembourg. — Adames, évêque.
    » — Koppes.
Louisville. — Closkey, évêque.
Leon. — Lalazar, évêque.
Linares. — Lopez, évêque.
Lahore. — Monard, évêque.

Laguna di Teneriffe. — Gomez, évêque.
Linz. — Doppelbauer, évêque.
» — Muller, évêque.
Le Mans. — Labouré, évêque.

M

Macerata. — Galeati, évêque.
» — Papiri, évêque.
Majorca. — Jaume, évêque.
Malaga. — Gomez Lucio, év.
Malines. — Déchamps, arch.
Malta. — Scicluna, archevêque.
Maufredonia. — Feuli, évêque.
Manchester. — Bradley, évêque.
Manilla. — Payo, archevêque.
Mantova. — Berengo, évêque.
Marco (S.). — Parladore, év.
Marsi. — De Giocomo, évêque.
» — De Dominicis, év.
Marseille. — Filippo, évêque.
» — Robert, évêque.
Marianna. — Correa, évêque.
Marta (S.). — Romero, évêque.
Mazrara. — Valenti, évêque.
Mechoacan. — Arciga, arch.
Medellin. — Herrera Bestrepo, évêque.
Medellini. — Montoya, évêque.
Melfi. — Camassa, évêque.
Melitene. — Korkoruni, arch.
Mende. — Foulquier, évêque.
» — Costes, évêque.
Merida. — Lovera, évêque.
Messico. — Davalos, archevêque.
Messina. — Guarino, arch.
Milelo. — Mincione, évêque.
» — De Lorenzo, évêque.
Miniato (S.). — Barabesi, évêque.
Minorca. — Arroyo, évêque.
Modigliana. — Giounotti, év.

Molletta. — Rossini, évêque.
Monaco. — Theuret, évêque.
Monopoli. — Dalena, évêque.
» — D'Albore, évêque.
Monreale. — Papardo, arch.
Montalcino. — Donnini, évêque.
Montalto. — Aronne, évêque.
» — Benetti, évêque.
Montauban. — Legain, évêque.
Montefeltro. — Mariotti, évêque.
Montepuciano. — Paoletti, év.
Monterey. — Mora, évêque.
Montevideo. — Yeregui, évêque.
Montpellier. — Anatole, évêque.
Montreal. — Fabre, évêque.
Mossoul. — Benham, évêque.
Muro. — D'Ambrosio, évêque.
Mondonedo. — Macho, évêque.
» — Castro, évêque.
Madurè. — Conoz, évêque.
Moulins. — de Dreux, évêque.

N

Namur. — Belin, évêque.
Nancy. — Foulon, évêque.
Nantes. — Le Coq, évêque.
Napoli. — Sforza, archevêque.
» — Sanfelice, arch.
Nardo. — Mantone, évêque.
Natchez. — Joussens, évêque.
Nepi. — Costantini, évêque.
Nevers. — Augustin, évêque.
» — Lelong, évêque.
Nicostro. — Barberi, évêque.
Nicopoli. — Agosto, évêque.
Nicosia. — Cozruoli, évêque.
Nicolera. — De Simone, évêque.
Nîmes. — Plantier, évêque.
» — Besson, évêque.
Nitria. — Roskovanyi, évêque.
Nizra. — Sala, évêque.

Nocera. — Petlinari, évêque.
Nocéra pagana. — Del Forno, évêque.
Nola. — Formisano, évêque.
Nome di Gesu o Cebù. —Romero, évêque.
Norcia. — Buchettoni, évêque.
Notto. — Blandini, évêque.
Nottingham. — Bagshawe, év.
Nuova Orléans. — Perché, arch.
Nanos. — Quaffino, évêque.
Nusco. — Acquaviva, évêque.
Nicolet. — Gravel, évêque.
Narni. — Boccanera, évêque.
New Wesminster. — Durieux.

O

Ogliostra. — Serci, évêque.
Oran. — Soubiran, évêque.
» — Ardin, archevêque.
Orégon City. — Blanchet, év.
Orense. — Rodrigo, évêque.
Oria. — Margarita, évêque.
» — Montefusco, évêque.
Orihuela. — Cubero, évêque.
» — Guisasola, évêque.
Oristano. — Mura, archevêque.
Orvieto. — Briganti, évêque.
Osimo. — Molini, évêque.
Otranto. — Cojuzro, archevêque.
Ottawa. — Duhamel, évêque.
Oviedo. — Espinosa, évêque.
» — Vigil, évêque.
» — Sanz y Fares, évêque.

P

Paderborn. — Drobe, évêque.
Palermo. —Celesia, archevêque.
Pamiers. — Eugène, évêque.
Pamplona. — Oliver, évêque.

Panama. — Paul, évêque.
« — Peralta, évêque.
Paraguay. — Aponte, évêque.
Parenzo. — Happ, évêque.
Paris. — Guibert, archevêque.
» — Richard, archevêque.
Parma. — Villa, évêque.
Pasto. — Restrepo, évêque.
Patti. — Maragioglio, évêque.
Penne ed Atri. -- d'Alfonso, év.
» — Martucci, év.
Peoria.—Lancaster Spalding, év.
Perigueux. — Dabert, évêque.
Perpignan. — Emile Goussaud, évêque.
Perugia. — Foschi, archevêque.
Pesaro. — Fares, évêque.
Pescia. — Benini, évêque.
Piacenza. — Scalabrini, évêque.
Piazra. — Gerbino, évêque.
Pinerolo. — Vassarotti, évêque.
« — Chiesa, évêque.
Pisa. — Micaleff, archevêque.
Plasencia. — Casas y Sonto, év.
Plata (La). — Solona, arch.
Poggio. — Rossi, évêque.
» — Saraconi, évêque.
» — De Sanctis, évêque.
Poitiers. — Pie, évêque.
» — Juteau, évêque.
Pontremoli. —⋅Milani, évêque.
Popayan. —Bermundez, évêque.
Porto-Principe. — Guilloux, archevêque.
Porte-Vecchio. — Tola, évêque.
Potenza. — Fania, évêque.
» — Carvelli, évêque.
Pozruali. — De Vico, évêque.
Providenza. — Harkins, évêque.
Pulati. — Cracchi, évêque.
» — De Petrix, évêque.
Puy (Le). — Le Breton, évêque.

Puy (Le). — Petit, évêque.
Porto-Luigi. — Scarisbrick, év.
Perth. — Griver, évêque.

Q

Queretaro. — Raimondo, évêque.
»   — Comacho, évêque.
»   — Raffaele Comacho.
. évêque.
Quito. — Ordonez, archevêque.
Quilon. — Ossi, évêque.
Quimper. — Lamarche, évêque.

R

Ragusa. — Vodopic, évêque.
Raphoe. — Logne, évêque.
Ravenna. — Cattani, archevêque.
Recanati. — Gallucci, évêque.
Reggio. — Converti, archevêque.
Reggio-Emilia. — Rocca, évêque.
Reims. — Langénieux, arch.
Rieti. — Mauri, évêque.
Rimini. — Battaglini, évêque.
Riobamba. — Andrade, évêque.
Ripatransone. — Alessandrini, évêque.
Rochelle (La). — Thomas, évêque.
Ross. — Fitz-Gérale, évêque.
Rossano. — Cilento, archevêque.
Rouen. — De Bonnechose, arch.
Ruvo e Bitonto. — Materozri, év.

S

Salamanca. — Ysquierdo, év.
Salerno. — Laspro, archevêque.
Salisburgo. — Eder, archevêque.
Salta. — Rizo Patron, évêque.
Sandhurst. — Crane, évêque.
Santander. — Calvo y Valero, év.
Santorino. — Galibert, évêque.

Santorino. — Abbati, évêque.
Sappa. — Marsilli, évêque.
Sarsina. — Mattei, évêque.
Savona. — Cerruti, évêque.
Scio. — Giustiniani, évêque.
»   — Abbati, évêque.
Scopia. — Bucciarelli, arch.
»   — Czarev, archevêque.
»   — Logorezri, arch.
Sebastiano (S). — De Lacerda, archevêque.
Sebenico. — Fosco, archevêque.
Seert. — Naamo, archevêque.
Seez. — Tregaro, évêque.
Segni. — Testa, évêque.
Segorbe. — Gomez, évêque.
Segovia. — Garcia, évêque.
Senigaglia. — Latoni, évêque.
Sens. — Bernadou, archevêque.
Serena (La). — Orrego, évêque.
Sessa. — De Caprio, évêque.
»   — Gagliardi, évêque.
Severina (S.). — De Rigio, év.
Severino (S.). — Qonghi, év.
Severo (S.). — La Scala, évêque.
Shrensbury. — Brown, évêque.
Siena. — Pierrallini, évêque.
Siguenza. — Ochoa, évêque.
Sion. — Jardinier, évêque.
Siracusa. — Guarneri, arch.
Siviglia. — Lluch, archevêque.
»   — Gonzalez y Dias, arch.
Smirne. — Timoni, arch.
Soissons. — Thibaudier, évêque.
»   — Duval, évêque.
Sonora. — De Lopez, évêque.
Sorrento. — Rugiero, arch.
Sovano. — Sbrolli, évêque.
»   — Matteoli, évêque.
Spolato. — Pagliari, archevêque.
Squillace. — Morisciano, évêque.
Strasbourg. Racss, évêque.

Susa. — Rosaz, évêque.
Sydney. — Beda, archevêque.
Szathmar. — Mezzlenyi, évêque.
Sira. — Massucci, évêque.
Stanislaou. — Pelesz, évêque.
Spalato. — Nakic, évêque.

T

Tabasco. — Torres, évêque.
Tarantaise. — Bouvier, évêque.
Tarazona. — Marodan, évêque.
Tarbes. — Jourdan, évêque.
Tarragona. — Vila, archevêque.
Telese. — Sodo, évêque.
Teramo. — Millella, évêque.
Termoli. — Bisiglia, évêque.
Terracina. — Bernardo Mesmer, évêque.
» — Trionfetti, évêque.
» — Tommaso Mesmer, évêque.
Teruel. — Baguena, évêque.
Tlascala. — Colina y Rubio, év.
» — Verea, évêque.
Todi. — Rosati, évêque.
» — Roschi, évêque.
Tommaso (S.). — Reed, év.
Torino. — Riccardi, archevêque.
Toronto. — Lynch, archevêque.
Tortona. — Capelli, évêque.
Tortosa. — Aznar, évêque.
Tours. — Colet, archevêque.
Trani. — De Bianchi, év.
Trapani. — Ragusa, évêque.
Trenta. — Della Bona, évêque.
» — Valussi, évêque.
Treviri. — Korum, évêque.
Treviso. — Callegori, évêque.
Tricarico. — Onorati.
Trivento. — De Agazio, évêque.
» — Tempesta, évêque.
Troia. — Passero, évêque.

Trois Rivières. — La Flèche, év.
Troyes. — Ravinet, évêque.
Tulle. — Dénéchau, évêque.
Tuy. — Hué, évêque.
» — Nacarino, évêque.
Tournay. — Du Roussaux, év.
Toulouse. — Desprez, évêque.
Trichinopoly. — Barthe, évêque.

U

Udine. — Casasola, archevêque.
Ugento. — Maselli, évêque.
Urbino. — Angeloni, arch.
Urgel. — Giuseppe, évêque.
Utrecht. — Snickers, évêque.

V

Valence. — Cotton, évêque.
Valenza. — Monescillo, arch.
Vannes. — Becel, évêque.
Verdun. — Pagis, évêque.
Varsovia. — Felinski, évêque.
Venosa. — Imparati, évêque.
Vera-Cruz. — Mora, évêque.
» — Suarez, évêque.
Veroli. — Moneschi, évêque.
Verona. — Di Canossa, évêque.
Versailles. — Goux, évêque.
Vienza. — Farina, évêque.
Vich. — Colomer, évêque.
Vienna. — Gangbauer évêque.
Vittoria. — Gomez, évêque.
Viviers. — Bonnet, évêque.
Venezia. — Agostini, patr.
Valva. — Patroni, évêque.
Verapoly. — Mellano, arch.
Vizagapatam. — Tissot, évêque.

W

Warmia. — Thiel, évêque.
» — Krementz, évêque.
Wheeling. — Kain, évêque.

Westminster. — Manning, arch.
Wichita. — Hennezy, évêque.

Z

Zacatecas. — Ignazio, év..
Zahale. — Malluk, évêque.
  »   — Malatios, évêque.
Zamora. — Coude, évêque.
Zant e Cefalonia. — Boni, év.

SIÈGES TITULAIRES

A

Abido. — Dekkan, évêque.
Adana. — Spadoni, archevêque.
Adrianopoli. — La Place, évêque.
Agatonica. — Pagnucci, évêque.
Almira. — Carli, évêque.
Anasbusiopoli. — Vitte, évêque.
Antedona. — Gay, évêque.
Antifello. — Vuicic, évêque.
Apollonia. — Laucaigne, évêque.
Arcadiapoli. — Lynch, évêque.
Arsinoe. — Osouf, évêque.
Ascalon. — Meurin, évêque.
Auria. — Pitera, évêque.
Areopoli. — Sancha, évêque.
Alicarnasso. — Banci, évêque.
Adra. — Haller, évêque.
Adrumento. — Brincat, évêque.

B

Babilonia. — Altmayer, évêque.
Basilopoli. — Lions, évêque.
Berissa. — Ruszkiewiecz, évêque.
Bellemme. — Ragnoud, évêque.
Birta. — Zoderosa, évêque.
  »   — Pinsonnault, évêque.
Balina. — Verolles, évêque.
  »   — Dubail, évêque.

C

Callinico. — Ferrante, évêque.

Capsa. — Chausse, évêque.
Caristo. — D'Annibale, évêque.
Carre. — Gruscha, évêque.
Castoria. — Kraft, évêque.
Cribista. — Guillemin, évêque.
Cirene. — Cappelari, évêque.
Cizico. — Lamy, archevêque.
Claudiopoli. — Comboni, év.
Colofonia. — Dehm, évêque.
Colossi. — Grasseli, archevêque.
Cisopoli. — Coadou, évêque.
Cidonia. — Vitagliano, évêque.
Cassia. — Bonfigli, évêque.
Combisopoli. — Walfing, évêque.

D

Derbe. — Cirino, évêque.
Diana. — Biet, évêque.
Dioclea. — Gialdini, évêque.
Draso. — Del Carona, évêque.
Daulia. — Serra, évêque.
Dumasio. — Agostinos, évêque.

E

Echinus. — Ryon, évêque.
Edessa. — Salzano, évêque.
Efeso. — Folicaldi, évêque.
Efesto. — Paguani, évêque.
Elenferapoli. — Qauoli, évêque.
Eraclea. — Cluzel, archevêque.
Eritrea. — De Reeth, évêque.
Esebon. — Capone, évêque.
Eucorpia. — Gasnier, évêque.
Euria. — Grioglio, évêque.

F

Fe se. — Isley, évêque.
Filippopoli. — Mazrarosa, év.

G

Gadara. — Macchi, évêque.
Grapali. — Belonino, évêque.

Ginopoli. — Duddi, évêque.
Giuliopoli. — Sembratowicz, év.
Grazianopoli. — Billi, évêque.

I

Imeria. — Del Frate, évêque.
Irina. — Di Nonno, évêque.
Irenopoli. — Ciurcia, évêque.

L

Lenca. — Lobos, évêque.
Larima. — Pribek, évêque.
Lero. — Carrillo, évêque.
Lidda. — Mounier, évêque.

M

Marzianopoli. — Bourget, arch.
Massimopoli. — Higuera, év.
Meunith. — Meunella, évêque.
Metellcpoli. — Kralzevici, év.
Milta. — Palin, évêque.
Miriofidi. — Petitjean, évêque.
Marcianna. — Pesci, évêque.
Marcianopoli. — Borgna, arch.

N

Nilopoli. — Szabô, évêque.

O

Orope. — Rota, évêque.
Ortosia. — Grassi, évêque.

P

Pancade. — Filippi, évêque.
Patara. — Bersani, évêque.
Patrasso. — Gallo, archevêque.

Pirgi. — Roullet, archevêque.
»   — Nunez, archevêque.
Priene. — Cosi, évêque.
Pario. — Berardi, évêque.

R

Ramata. — Bourdou, évêque.
Resina. — Bichi, évêque.
Rosca. — De Briey, évêque.
»   — Jourdan, évêque.
Retimo. — Ricards, évêque.
Rafanee. — Duboin, évêque.

S

Somosata. — Colombert, évêque.
Satala. — Kuliuski, évêque.
Sebaste. — Le Courtier, évêque.
Sidinia. — Frensberg, évêque.
Sinita. — Desflèches, évêque.
»   — Gaetani, évêque.
»   — Angouard, évêque.
Sinopoli. — Pistocchi, évêque.
Siunia. — Piavi, évêque.
Sirace. — Claessens, évêque.
»   — Cocchia, évêque.

T

Tanasia. — Ballsieper, évêque.
Tanes. — Suiegon, évêque.
Tebe. — Amadori, archevêque.
Tialira. - · Delprete, évêque.
Tripoli. — Grossi, évêque.
Tiberiopoli. — Semprini, évêque.

Z

Zenapoli. — Moccagatta, év.

TABLE DES MATIÈRES

DEUXIÈME PARTIE

LES VERTUS DE CHRISTOPHE COLOMB

TROISIÈME PARTIE

ANGERS, IMP. BURDIN ET Cⁱᵉ.